차트 선교학

박용민 著

기독교문서선교회

Chronological and Background Charts of Missiology

By

Yongmin Park

1999
Christian Literature Crusade
Seoul, Korea

이 책을 편저자로 하여금

세계선교에 눈을 뜨도록 격려해 주신

송파제일교회 박병식 목사님께 바칩니다.

머리말

이 책은 신학의 여러 분야 중에서 선교학에 관한 내용을 2가지 목적을 위해 차트 형식으로 집필되었습니다. 첫째, 선교학 제 분야에서 언급되는 내용들을 조직화하고, 독자들로 하여금 쉽게 선교학에 접근할 수 있도록 하기 위함입니다. 선교학을 공부하는 사람으로서 방대한 선교학의 분야를 보다 쉽게 이해하고 조직화하여서 선교에 관심있는 모든 분들에 쉽게 선교학을 접근하게 함입니다. 그래서 신학도, 선교 관심자, 교회의 선교위원회 등 여러분들에게 간략하게 선교 전반에 대한 것을 이해할 수 있도록 하였습니다. 차트 형식으로 되어 있기 때문에 선교학을 깊게 이해하기보다는 개괄적으로 선교학 전체를 파악할 수 있도록 하였습니다.

둘째, 이 책을 통해 선교학의 자료를 제시하기 위함입니다. 끝부분에 있는 각 부분의 참고문헌은 선교학의 제반 분야에 대해 독자 여러분들이 좀더 깊게 연구할 수 있도록 주제별로 분류해 놓았습니다.

그러나 선교학의 분야가 매우 방대하여서 원래 의도한 만큼 이루어지지 못했습니다. 가능한 한 빠른 시일 내에 기타 새롭게 제기되는 선교학의 여러 분야들을 보충하도록 하겠습니다.

이 책은 저 혼자서 이룬 것이 아니라 실제로는 일일이 열거하지 못하는 여러분들의 협력으로 이루어졌습니다. 어떤 자료들은 시간이 오래되었거나, 컴퓨터 통신을 통해 입수한 자료라서 각주가 누락되어 있는 부분도 있습니다. 책에 대한 독자 여러분들의 의견이나 잘못된 부분을 지적해 주시면 다음 증보판에서 보완하도록 하겠습니다.

여기에서 제시된 차트 형식의 선교학은 필자의 선별적 작업으로 인해 주관적일 수 있습니다. 독자 여러분들의 기탄없는 지적을 부탁드립니다. 그리고 더 보완되기를 원하는 부분도 말씀해 주시면 좋겠습니다. 선교에 도움을 줄 수 있어 함께 나누기를 원하는 자료가 있다면 보내주시면 좋겠습니다. 여러분들의 의견을 parkpia@hotmail.com으로 보내주시면 고맙겠습니다.

이 책이 선교에 관심을 가지신 여러분들께 조그만 도움이 되길 바랍니다. 또한 본서가 나오기까지 오랫동안 인내하며 수고해 주신 기독교문서선교회 여러분들께 감사를 드립니다.

1999. 4. 12.
저자 박용민

목 차

제1부 선교신학의 성경적 근거 / 9

선교학의 정의/11
종교개혁 이후의 개신교 선교학/12
사도행전에 나타난 선교 확장 단계/13

제2부 선교역사 / 15

선교 역사의 구분/17

* 초대교회

사도시대 선교의 선포(케뤼그마) 내용/18
선교 역사(사도시대)/19
12사도들의 선교 활동/20
사도 바울의 선교 여행/21
사도 바울의 선교 여행(체포 및 구금)/23
로마제국의 10대 박해 사건/24
로마세계의 기독교 선교(100-500년)/26
유럽의 기독교 선교(500-1200년)/28
유럽 복음화의 특징과 선교적 방법/31
아시아의 기독교 선교(100-700년)/32
아시아의 기독교 선교(700-1500년)/34

* 중세교회

십자군 전쟁/35
회교도의 성전(聖戰)과 십자군의 비교/36

* 종교개혁시대-근대

개신교 선교(1500-1792년)-아메리카, 아프리카/37
개신교 선교(1500-1792년)-아시아/38
개신교 선교(1793-1914년)-아메리카/39
개신교 선교(1793-1914년)-아프리카/40
개신교 선교(1793-1914년)-아시아/41
개신교 선교(1793-1914년)-오세아니아/43
17-20세기 초 개신교 선교사들/44
17-19세기에 세워진 선교단체들/46
19세기 선교지에서 개최된 선교협의회들/47
19세기 영국, 미국에서 개최된 선교협의회들/48
19세기 학생선교운동/49
켐브리지 7인(The Cambridge Seven)/50

* 현대

에딘버러 세계선교대회/51
19-20세기 아프리카 기독교 토착화 운동들/52
(에큐메니칼 진영) 20세기 선교대회 흐름도/53

세계교회협의회(WCC) 발전 과정/54
세계교회협의회(WCC)의 조직/55
WCC 1차 총회(네덜란드 암스테르담, 1948)/56
WCC 2차 총회(미국 에반스톤, 1954)/57
WCC 3차 총회(인도 뉴델리, 1961)/58
WCC 4차 총회(스웨덴 웁살라, 1968)/59
WCC 5차 총회(케냐 나이로비, 1975)/60
WCC 6차 총회(캐나다 뱅쿠버, 1983)/61
WCC 7차 총회(호주 캔버라, 1991)/62
에큐메니칼 진영의 선교대회들/63
20세기 복음주의 선교대회 흐름도/64
복음주의 진영의 선교대회들/65
선교 활동에 대한 반성 및 회고/66
21세기 선교전망/67

* 천주교
천주교의 선교 역사(사도시대-유럽)/68
천주교의 선교 역사(중세기의 비서구세계)/69
천주교의 선교 역사(보호령 시대의 비서구세계)/70
천주교의 선교 역사(보호령 시대의 아시아세계-인도)/72
천주교의 선교 역사(보호령 시대의 아시아세계-중국)/73
천주교의 선교 역사(보호령 시대의 아시아세계-기타)/74
천주교의 선교 역사(근대 식민지 세계)/75
천주교의 선교 역사(근대 식민지 세계: 중국, 일본)/78
천주교의 선교 역사(근대 이슬람 세계)/79
천주교의 선교관련 단체들/80
천주교의 선교사들/81

* 한국교회
선교사들의 한국선교정책들/82
주한 선교사들의 선교정책들/83
네비우스 선교정책의 영향에 대한 평가/85
초기 한국교회의 선교사 파송 현황/86

제3부 선교 연구 / 87

* 자녀교육
선교사 자녀교육/89
선교사 자녀교육 유형/91

* 기타 자료
20, 21세기 상황에서 본 1998년의 세계선교 현황/93
복음화의 다양한 분류에 대한 용어 분류/95

제4부 기독교와 타종교 / 97

기독교와 타종교의 발생과정/99

* 물활주의
애니미즘(Animism)/100
샤머니즘(Shamanism)/101
샤머니즘의 종교현상/102
애니미즘/샤머니즘 비판/103

* 힌두교
힌두교의 경전/104
힌두교의 가르침/106

* 자이나교
자이나교의 가르침/107

힌두교와 자이나교의 차이점/108

* **불교**

  석가모니(釋迦牟尼)의 삶/109
  불교의 성립과정/110
  불교의 요리(要理)—사제, 팔정도/111
  불교의 요리(要理)—인연법(因緣法)과 삼법인(三法印)/112
  소승불교와 대승불교의 비교/113
  힌두교, 자이나교, 불교의 공통점/114
  힌두교, 자이나교, 불교의 비교/115

* **도교/유교**

  제자백가 — 유가/116
  제자백가 — 도가, 묵가/117
  제자백가 — 법가, 명가/118
  제자백가 — 음양가, 종횡가, 농가/119
  제자백가 — 소설가, 잡가/120

* **이슬람**

  이슬람의 신앙/121
  이슬람의 기원과 발전에 대한 기독교와 이슬람의 차이/121
  이슬람의 신앙교리/122
  이슬람의 5대 신앙의식(5개의 기둥)/124
  꾸란(코란)/126
  암소의 장/128
  무하맛과 정통 칼리프 시대의 계보/129
  이슬람 분파의 역사와 의미/130
  이슬람 분파(수피파)의 역사와 의미/131
  이슬람 율법(샤리아)/132
  현대의 이슬람/134

민속 이슬람의 질병과 치료법/135
민속 이슬람의 일주일/135
공식 이슬람과 민속 이슬람의 비교(종교사회적인 면)/136

제5부 타문화 선교 / 137

* **타문화 비교와 접촉점**

  기독교와 타종교/139
  복음과 타종교의 관계에 대한 확신/140
  복음 대 종교/142
  힌두교와 기독교의 비교/143
  기독교와의 대조점과 장애요소/145
  힌두교와의 접촉점과 선교전략/146
  불교와 기독교의 비교/148
  불교와 기독교의 대조점/149
  불교와 기독교의 접촉점/150
  불교도를 위한 복음/151
  보리수와 십자가(十字架)/153
  유교와 기독교의 비교/154
  유교의 비판/155
  유교와의 접촉점/156
  회교와 기독교의 비교/157
  민속 회교의 본원적 욕구와 기독교적 답변/158
  회교의 사제와 기독교 선교사에 대한 대중들의 인식 비교/159
  회교에 대한 선교와 방법들/160
  샤머니즘과 기독교의 대조와 전도방법/161
  뉴에이지 운동과 기독교의 비교/162

* 영적 대결
    사도행전에 나타난 능력대결의 사례들/163
    능력대결에 대한 몇 가지 관점들/164

* 타문화 복음 전도
    타문화 복음 전달의 접근 방법들/165
    타문화 복음 전달을 위한 준비들/166
    타문화 복음 전달의 기본적 원리들/167
    타문화 복음 전달에 대한 장애 극복 방법들/169
    성경의 상황화(문화의 적응성 예제)/170

제6부 선교 실제 / 173

* 선교사
    선교사와 선교단체/175
    선교사의 종류(자비량 선교사)/176
    단기 선교/177

* 선교사와 건강
    건강기록부/178

* 교회
    교회의 선교 사역을 위한 자기진단표/179

* 선교지
    타문화 교회 개척 10단계 과정(바울의 모델)/180

제7부 인류학과 선교 / 181

* 세계관
    세계관과 문화/183
    샤머니즘의 세계관/184
    인도 세계의 존재의 고리(Chain of beings)/185
    서양문화권의 세계관/186
    서양문화권의 존재의 고리(Chain of beings)/187
    서구 사상의 전이/188
    중동문화권의 세계관/189
    이슬람의 세계관과 문화/190
    서구와 이슬람의 '존재'와 '능력'에 대한 견해/191
    민속 이슬람의 우주관/192
    세계관 비교(유대인, 무슬림, 기독교인)/193
    인본주의, 뉴에이지운동, 기독교의 세계관 비교/194
    신관/195
    다양한 신관들/198

주제별 참고문헌 / 199

제 1 부

선교 신학의 성경적 근거

선교학(Missiology)의 정의

어원	신 약: 아포스텔로(ἀποστέλλω, 135번), 펨포(πέμπω, 80번) – 보내다 라틴어: missio ⟨--mitto (보내다) 영 어: missiology (missio⟨라⟩ + logos⟨희⟩) 　　* missionary는 13세기 수도원에서 처음 사용된 언어임. 　　　- 의미는 '사도의 생활과 사역을 위해 세상에 보냄을 받은 자'였음 　　　- 16세기 이후 복음 전도를 위해 타문화권에 파송된 자를 지칭하게됨
정의	삼위일체이신 성부, 성자, 성령께서 인간의 타락 이후부터 종말까지 교회를 통하여 땅끝까지 구원 사역을 이루어 가시는 방법과, 이러한 구원 사역을 위한 교회의 복음 전도 및 봉사의 사명과 복음의 현재적 적용과 미래적 전망에 관한 모든 이론을 신학적으로 정립하는 학문
분야	* 선교 신학: 성경선교 신학, 역사선교 신학 * 선교 역사: 성경선교 역사, 교회선교 역사, 현대 선교들, 에큐메니칼 연구 * 타 종 교: 세계관, 샤머니즘, 힌두교, 불교, 도교, 유교, 이슬람, 뉴에이지 * 선교 실제: 선교 철학, 선교사, 선교부, 선교지, 선교전략 * 타문화 선교: 타문화 대화, 종족언어학, 문화 및 개성, 원시종교, 인류학
역사 - 초기	순교자 저스틴(Justin Martyr)의 글들 클레멘트(Clement of Alexandria)의 글들 어거스틴의 글들 요한 크리소스톰의 글들 작자 미상의『모든 백성의 부름에 대하여』(About the Call of All Peoples) 그레고리 대제의『서신들과 교훈들』(Letters and Instructions)
역사 - 중세	보니페이스의 글들 성 콜룸반의 글들 토마스 아퀴나스의『이교도 반박』(Summa Contra Gentiles) 레이몬드 룔의 313편의 선교에 관한 글들 크리스토퍼 콜럼부스의『예언서』(Libro de las Profecias, 1502)

종교개혁 이후의 개신교 선교학

화란	* 사라비아(H. Saravia, 1531-1613)의 『복음 전도자들』(De Diversis Ministrorum Evangelii Gradibus)-교회의 선교적 임무를 강조 * 호르니우스(J. Heurnius, 1589-1676)의 『인도 선교를 위한 권면』(1648) (An Exortation, Worthy of Consideration to Embark upon an Evangelical Mission among the Indians)-식민지 선교의 위험성 지적 　- 174년 후의 윌리암 캐리의 『연구』와 비슷함 * 보에티우스(J. H. Boetius, 1589-1676)의 『교회정치』(Politica Ecclesiastica) 　-이교도의 개종, 교회 개척, 하나님의 은총과 영광을 지적함 * 1930년 네이메이헌 카톨릭대학에서 알퐁스 물더스가 선교학 강의를 시작함 * 1939년 바빙크가 화란자유대학에서 선교학을 강의함-『선교학개론』
독일	* 폰 벨츠(J. Von Welz, 1621-1668)가 자발적 선교회를 주장하지만 호응을 못얻음 * 스페너와 프랑케가 전도의 방향과 교회 설립의 이론을 세움 * 슐라이어마흐의 『신학연구소론』(Kurze das Darstellung des Theologischen Studiums) * 그라울(Karl Graul, 1814-1864)-라이프찌히 선교부 책임자, 집단개종론을 주장 * 구스타프 바르넥(Warneck, 1934-1910)의 『복음주의 선교학』, 『개신교선교 역사』 　-근대 선교학의 아버지로 불리움 　-"선교학"(Missionslehre) 용어를 처음 사용함 　-1896년 할레대학에서 선교학 강의를 시작함 * 마틴 케헐러(M. 1835-1912)의 『기독론과 선교에 관한 문서』 * 할텐슈타인의 『선교본질의 새 의미』, 『신학적 문제로서의 선교』
영국	* 윌리암 캐리의 『이방인의 회심을 위한 수단 사용에 대한 신자의 의무 연구』 * 헨리 벤(Henry Venn, 1796-1873)의 선교의 삼자원리 * 알렌(R. Allen, 1868-1947)의 『선교방법론』 * 1867년 두프(A. Duff)가 근대 최초로 에딘버러 대학에 선교학부를 설치함
미국	* 앤더슨(R. Anderson)의 『해외선교론』(Foreign Missions) * 무디와 피어슨이 선교 운동을 주도함 * 1911년 하트포드신학교재단이 케네디 선교학교를 설립함 * 1918년 유니온신학교에서 프레밍이 선교학 강의를 시작함 * 라투렛(K. S. Latourette, 1884-1970)의 『기독교 확장사』 * 맥가브런의 『하나님의 가교』, 『교회성장학』

사도행전에 나타난 선교 확장 단계

분류	본문	내용	핵심구
1단계	1:1-6:7	* 예루살렘 교회의 첫 사건 * 오순절날: 베드로의 설교 * 베드로와 요한의 앉은뱅이 치유 이적 * 첫 박해 * 교회의 유무상통 * 아나니아와 삽비라의 죽음 * 히브리파 유대인과 헬라파 유대인 사이의 갈등	6:7
2단계	6:8-9:31	* 유대 전역에 걸친 교회의 확장 * 스데반의 설교 및 순교 * 유대인과 기독교인과의 갈등	9:31
3단계	9:32-12:24	* 안디옥까지의 교회 확장 * 베드로의 설교 및 고넬료의 회심 * 더욱 심화된 유대인과 기독교인과의 갈등 * 헤롯 아그립바 1세의 박해	12:24
4단계	12:25-16:5	* 소아시아 남부와 중부까지 진출한 교회 * 구브로와 소아시아를 순회하는 바울의 1차 선교여행	16:5
5단계	16:6-19:20	* 유럽까지 진출한 교회 * 빌립보, 아덴, 고린도, 에베소의 바울의 2차 선교여행	19:20
6단계	19:21-28:31	* 로마까지 확장되는 교회 * 바울의 체포와 예루살렘, 가이사랴에서의 변호 * 로마에로의 여행과 로마 체류	28:30-31

웨인 하우스, 『차트 신약』, 박용성 역(서울: 기독교문서선교회, 1991), 117쪽.

제 2 부

선교역사

선교 역사의 구분

1	랄프 윈터, *Perspective on the World Christian Movement*		
		0- 400년	로마인
		400- 800년	바바리안
		800-1600년	모슬렘
		1600- ?	땅끝
2	케네쓰 라투렛, *A History of the Expansion of Christianity*		
		30- 500년	첫 5세기
		500-1500년	불확실의 천년
		1500-1800년	진출의 3세기
		1800-1914년	위대한 세기
3	허버트 케인, *A Concise History the Christian World Movement*		
	제1부	시대별 선교 활동	300- 500년 로마제국의 기독교 500-1200년 유럽의 기독교 600-1200년 이슬람과의 대결 1200-1700년 로마 천주교의 선교 1600-1800년 유럽 개신교 선교 1750-1850년 영국/미국의 개신교 선교

	제2부	세계적 선교 활동	19세기 개신교 선교의 확장
			20세기 개신교 선교의 발전
			   이슬람세계 신교
			   아시아 선교
			   아프리카 선교
			   라틴 아메리카 선교
			   유럽 선교

4	스티븐 니일, *A History of Christian Mission*		
	제1부		100- 500년 로마세계의 정복 500-1000년 암흑시대 1000-1500년 초기 유럽의 팽창 1500-1600년 발견의 시대 1600-1787년 로마 천주교의 선교 1600-1800년 동양과 서양에서의 새로운 출발
	제2부		1792-1858년 유럽과 아메리카의 새로운 세력들 1858-1914년 식민지의 전성기 1815-1914년 로마, 정교회 그리고 세계

사도시대 선교의 선포(케뤼그마) 내용

1	예수님의 성육신으로 구약에서 예언된 하나님의 약속이 메시야 이루어짐 행 2:30, 3:19, 24, 10:43, 26:6,7; 롬 1:2-4; 딤전 3:16; 히 1:1-2; 벧전 1:10-12 벧후 1:18-19
2	예수께서 세례받으실 때, 하나님께서 그를 메시야로 기름부으심 행 10:38
3	예수님은 세례 후 갈릴리로 가셔서 첫 사역을 시작하심 행 10:37
4	예수님은 하나님의 능력을 받아서 은혜의 사역, 즉 능력을 행하심 막 10:45; 행 2:22, 10:38
5	예수님은 메시야로 하나님의 뜻대로 십자가에 달려 죽으심 막 10:45; 요 3:16; 행 2:23, 3:13-15, 18, 4:11, 10:39, 26:23; 롬 8:34, 10:9; 고전 1:17, 18, 15:3; 갈 1:4; 히 1:3; 벧전 1:2, 21 3:18,21
6	예수님은 무덤에서 부활하셔서 제자들에게 나타나심 행 2:24, 31-32, 3:15, 26, 10:40-41, 17:31, 26:23; 롬 8:34, 10:9; 고전 15:4-7, 12이하; 살전 1:10; 딤전 3:16; 벧전 1:2, 21, 3:18, 21
7	예수님은 하늘로 승천하시고 "주"라는 호칭을 받으심 행 2:25-29, 33-36, 3:13, 10:36; 롬 8:34, 10:9; 딤전 3:16; 히 1:3; 벧전 3:22
8	예수님은 새로운 하나님의 공동체(교회)를 이루도록 성령을 보내주심 행 1:8, 2:14-18, 33, 38, 39, 10:44-47; 벧전 1:12
9	예수님은 세상을 심판하시기 위해 다시 오시며, 만물을 새롭게 하실 것임 행 3:20, 21, 10:42, 17:31; 고전 15:20-28; 살전 1:10
10	예수님이 말씀하신 복음을 듣는 모든 사람은 회개하고 세례를 받아야 함 행 2:21, 38, 3:19, 10:43, 47, 48, 17:30, 26:20; 롬 1:17, 10:9; 벧전 3:21

선교 역사(사도시대)

연 대	내 용
B.C. 4년	예수 그리스도의 탄생
26-27년	세례 요한의 사역
26-29년	예수 그리스도의 공생애
29년	예수 그리스도의 십자가형, 장사되심, 부활, 승천하심 오순절 성령 강림
32-35년	스데반 집사가 순교당함
33-35년	바울이 회심함
41-44년	야고보의 순교, 베드로가 투옥당함
46-47년	유대의 기근, 바울이 구제헌금을 전달하기 위해 예루살렘을 방문함
47-49년	바울의 1차 선교여행을 함
49년	예루살렘 총회
49-51년	바울의 2차 선교여행을 함
52-57년	바울의 3차 선교여행을 함
56-57년	바울이 구금당함
58-59년	베스도와 아그립바 2세 앞에 재판을 받는 바울 바울이 가이사에게 자신의 억울함을 호소함
60년	바울이 로마로 압송당함
62년	주의 형제 야고보가 순교당함. 베드로가 로마로 감
64-68년	바울과 베드로가 로마에서 순교당함
70년	예루살렘이 로마의 장군 티투스(Titus)에게 멸망당함
81-96년	로마에서 기독교에 대한 대박해가 발생함
93-96년	사도 요한이 밧모섬에 유배당함
98년	사도 요한이 죽음

이 연대는 대략 추정한 것임

12사도들의 선교 활동

이 름	전 승 내 용
시몬 베드로	* 골지방(프랑스)과 브리튼(영국)과 방문함 * 네로황제 박해시 로마에서 십자가에 거꾸로 순교당함(64-68년)
안드레	* 스구디아, 소아시아, 희랍에서 설교함 * 아가야의 파트라에서 십자가형으로 순교당함
세베대의 아들 야고보	* 헤롯 아그립바 1세 때 순교당함(44년경)
요한	* 에베소에서 사역함 * 초기 영지주의자 케린투스를 비판함 * 100년경 에베소에서 죽음
빌립	* 소아시아 히에라폴리스에서 십자가형으로 순교당함
마태	* 이디오피아, 파르티아, 페르샤 또는 마게도냐에서 활동함
도마	* 바벨론에서 설교함 * 인도에 가서 교회를 세웠으며, 그 곳에서 순교당함
바돌로매	* 빌립과 함께 히에라폴리스로 가서 활동함 * 아라비아 지역에서 처음으로 복음을 전하기도 함 * 아르메니아 지방에서 사역한 후 순교당함
알패오의 아들 야고보	* 시리아에서 사역함
다대오	* 아르메니아와 에뎃사에서 사역함 * 에뎃사의 아겔 하스나(Agel Hasna)에서 순교당함
열심당원 시몬	* 페르시아, 애굽, 카르타고, 브리튼 등지에서 다양하게 활동함 * 다대오와 함께 페르시아에서 순교당함

이 내용은 전승에 따른 것임

사도 바울의 선교 여행

	활동장소	연대	관련구절	주 요 사 건
1차 선교 여행	구브로	47-48	13:1-12	거짓 선지자 바 예수가 소경이 됨 총독 서기오 바울의 회심 사울이 바울로 바뀜
	밤빌리아 버가	48-49	13:13	마가가 선교여행 도중 고향으로 되돌아 감
	비시디아 안디옥		13:14-52	바울과 바나바가 회당에서 유대인과 이방인에게 설교함 유대인과 이방인이 바울과 바나바를 반대하여 추방시킴
	이고니온		14:1-4	많은 유대인과 이방인들이 믿게 됨 불신 유대인들 때문에 성안의 무리가 나뉘어짐
	루스드라		14:6-20	바나바를 쓰스로, 바울을 허메라고 부름 바울이 돌에 맞음
	더베		14:20-21	많은 제자들이 생김
	루스드라 이고니온 비시디아 안디옥		14:21-23	제자들에게 마음을 굳게 하라고 격려함 각 교회에 장로들을 택하여 세움
	밤빌리아 앗달리아		14:24-25	밤빌리아, 버가, 앗달리아로 내려감
	안디옥		14:26-28	복음이 어떻게 이방인에게 전파된 것을 보고함
예루살렘 총회	안디옥	49	15:1-2	유대 출신의 사람과 바울, 바나바 간에 다툼과 변론함
	베니게		15:3	이방인들이 어떻게 주님을 영접했는가를 보고함 이에 많은 형제들이 기뻐함
	사마리아		15:4-6	교회의 환영
	예루살렘		15:7-21	하나님께서 이방인을 받으신 것에 대한 논의 베드로, 바울, 바나바, 야고보의 연설
			15:22-29	문제 해결 총회 결의를 편지로 바울, 바나바, 유다, 실라 편에 보냄
			15:30-35	편지 접수 안디옥 형제들이 위로받고 더욱 강해짐 바울과 바나바는 남아서 계속 가르침

사도 바울의 선교 여행(계속)

	활동장소	연대	관련구절	주요 사건
2차 선교 여행	안디옥	49-51	15:36-40	여행의 출발 마가의 동참 문제로 바울과 바나바의 의견 대립 바나바는 마가와 함께 여행을 떠남
	수리아 길리기아	50-52	15:41	바울은 실라와 함께 선교여행을 떠남
	더베 루스드라		16: 1- 5	디모데의 합류 여러 교회가 믿음이 더해지고 수가 날마다 더해감
			16: 6- 7	브루기아, 갈라디아, 무시아를 지나감
	드로아		16:8- 9	마게도니아로 오라는 바울의 환상 누가는 10절에서 처음으로 1인칭을 사용하여 기록함
	빌립보		16:10-40	자주장사 루디아의 회심 귀신들린 점장이 여종의 구원 바울과 실라의 투옥; 지진; 간수의 회심
	데살로니가		17:1-9	유대인, 헬라인, 귀부인들의 회심 유대인들이 시기하여 폭동을 일으켜 야손의 집으로 옴
	베뢰아		17:10-14	유대인, 헬라인, 귀부인들의 회심 유대인들이 시기하여 데살로니가에서 쫓겨와 소동함
	아덴		17:15-34	바울은 "보이지 않는 신"에 대하여 설교함
	고린도	52	18:1-17	회당장 그리스보의 회심 오래 머물라는 지시를 환상을 통해서 받음 많은 고린도 사람들이 믿고 세례받음 아굴라와 브리스길라를 만남 회당장 소스데네가 몰매를 맞음
	에베소		18:18-21	더 머물러 설교해 줄 것을 요청받으나 바울은 거절함
	가이사랴		18:22	교회의 안부를 물은 후 안디옥으로 내려감
3차 선교 여행	안디옥	52-56	18:23	여행의 출발
	갈라디아 브루기아	53-56	18:23	모든 제자들을 굳게 함
	에베소		18:24- 19:41	이적, 주님의 말씀이 확장되고 능력있게 전파됨 은장색 데메드리오 사건
	마게도냐 그리스		20:1-6	항해 중 바울을 해하려는 음모가 있었음
	드로아		20:7-12	유두고가 창에서 떨어져 죽으나 바울이 다시 살려냄
	밀레도		20:13-38	에베소 장로들에게 행한 바울의 고별사-당부의 말
	가이사랴		21:8-16	아가보가 바울에게 예루살렘에서 있을 일을 예언함
	예루살렘		21:17-26	하나님께서 이방인들에게 베푸셨던 일을 바울이 보고함 바울이 유대식 결례를 행함

사도 바울의 선교 여행(체포 및 구금)

활동장소	연대	관련구절	주요 사건
예루살렘	56	21:27-36	예루살렘에서 소동이 일어남; 로마군대가 바울을 체포함
예루살렘		21:37-22:22	바울이 자기을 변호함; 증언; 군중들이 다시 분노함
		22:23-29	성난 군중으로 인해 바울이 채찍질당하려고 함 바울의 로마 시민권으로 인해 백부장과 천부장이 놀람
		22:30-23:11	바울의 증언으로 바리새파와 사두개인들이 다툼
		23:12-22	바울의 생질이 천부장에게 바울의 살해 음모를 알려줌
가이사랴	57	23:23-30	바울이 군사에 대동되어 가이사랴의 벨릭스 총독에게 감
	58/59	23:31-25:12	바울이 벨릭스와 베스도 앞에서 심문을 받음
	59	25:13-26	아그립바는 베스도에게 바울이 만일 로마 황제에게 호소하지 않았다면 풀려날 수도 있었음을 말함
로마로⇒	59-60	27:1-20	로마로의 항해가 시작됨; 항해하지 말라는 충고가 거절당함
		27:21-26	바울이 배안에 있는 사람들에게 용기를 북돋아 줌 천사의 메시지와 하나님께 대한 믿음을 증거함
멜리데섬		27:27-44	아드리아 바다에서 배가 좌초당함; 안전하게 육지에 다달음
		28:1-10	독사에 물렸으나 죽지 않음; 보블리오 부친의 병을 고쳐줌
로마	60	28:11-28	바울이 1차로 로마 감옥에 투옥됨
	61-62	28:30-31	2년 동안 로마에서 하나님의 나라를 전파함
에베소	62		바울이 에베소와 골로새에서 복음을 전함
마게도냐	62/63		바울이 마게도냐로 선교 여행을 함
소아시아	63/64		바울이 소아시아로 선교 여행을 함
서바나	64/66		바울이 서바나로 선교 여행을 함
그레데	66		바울이 그레데로 선교 여행을 함
소아시아	66		바울이 재차 소아시아로 선교 여행을 함
니고볼리	66/67		바울이 니고볼리로 선교 여행을 함
마게도냐	67		바울이 마게도냐 및 그리스로 선교 여행을 함
로마	67		바울이 체포되어 로마로 압송당함
로마	68		네로황제의 박해시 순교당함

로마제국의 10대 박해 사건

시 기	황 제	박해의 내용과 범위	유명한 순교자
64년경	네로(Nero)	* 로마와 그 변두리에서만 발생 * 기독교인이 로마 방화의 희생양이 됨 * 네로황제의 정원을 밝힐 정도로 기독교인들이 불태워짐	바울 베드로
90-96	도미티안(Domitian)	* 주로 로마와 소아시아 지역에서 발생. * 황제 숭배를 거절함으로 박해당함	로마의 클레멘트 요한(밧모섬 유배)
98-117	트라얀(Trajan)	* 산발적으로 가해짐. * 애국심이 의심받던 다른 모임과 함께 당함. * 기독교인은 발견되기만 하면 살해당함.	이그나시우스 시므온 조지무스 루푸스
117-138	하드리안(Hadrian)	* 산발적으로 가해짐. * 트라얀 황제의 정책이 고수됨. * 기독교인에 대해 거짓 증거하는 자도 처벌.	텔레스포루스
161-180	마르쿠스 아우렐리우스 (Marcus Aurelius)	* 황제 자신이 기독교를 반대하는 스토아철학자였음. * 기독교인들 때문에 자연재해가 발생했다는 비난을 받음	순교자 저스틴 포티누스 블란디나
202-211	셉티무스 세베루스 (Septimus Severus)	* 기독교로 개종이 금지됨.	레오니다스 이레내우스 페르페투아
235-236	막시미누스 (Maximus the Thracian)	* 기독교 성직자들을 처형하라고 명령. * 기독교인들이 암살당한 전임 황제를 지지하였다는 이유로 박해받음.	우르술라 히폴리투스
249-251	데키우스(Decius)	* 처음으로 제국 전체로 박해가 확산됨. * 황제 숭배가 요구됨. * 이교주의에 대한 열광은 기독교를 박멸코자 함임.	파비아누스 예루살렘의 알렉산더
257-260	발레리안(Valerian)	* 기독교인들의 재산이 몰수됨. * 기독교인들의 모임이 금지됨	오리겐, 씨프리안 식스투스 2세
303-311	디오클레티안 갈레리우스 (Diocletian Galerius)	* 이 때가 가장 최악의 박해 시기임. * 교회가 파괴되고, 성경이 불태워짐. * 기독교인들의 모든 시민권이 정지됨. * 이방신들에 대한 제사를 요구함.	마우리티우스 알반

Robert C. Walton, *Church History* (Grand Rapids: Acadimic Books, 1986), 10쪽.

로마제국의 10대 박해 사건(계속)

원인	* 종교적 이유 – 로마의 다신교와 기독교의 유일신 사상이 충돌함 　　　　　　– 황제 숭배를 반대함 * 국가적 이유 – 징집반대, 공직 취임 반대 등 국가의 일에 간여하지 않음 * 사회적 이유 – 사치와 향락을 죄로 여겨 * 기독교인에 대한 오해 – 무신론자(우상과 황제 숭배를 거부함) 　　　　　　　　　　– 식인종(성찬식〈피와 살〉을 오해함) 　　　　　　　　　　– 부도덕한 사람(거룩한 입맞춤을 오해함) 　　　　　　　　　　– 근친상간(형제 사랑을 오해함) 　　　　　　　　　　– 매국노(국가의 정책에 협조하지 않음)
방법	* 사회에서의 추방(직업 방해, 재산 몰수) * 폭력, 방화, 화형, 십자가 형벌, 짐승의 밥 * 문서적 핍박(문서를 통해 기독교를 비판함) * 기독교와 관계를 끊었다는 표시로 성경과 기물을 가져오게 하여 부수게 함
결과	* 예수 그리스도가 하나님의 아들되심과 구주되심을 더욱 확신케 되었다. * 신약 정경의 형성을 촉진하게 하였다. * 복음의 진리가 로마제국 전체로 확대되었다. * 정치와 종교, 국가와 교회의 구별을 명확히 하는 계기가 되었다. * 기독교의 공인과 국교가 되는 중요한 계기가 되었다.

로마세계의 기독교 선교(100-500년)

지역		선교 내용
팔레스틴	예루살렘	* 기독교 복음의 근거지 * 스데반의 순교와 제자들의 사역으로 인해 복음이 확산됨 * 유대교에 가까운 교회들이 세워짐 * 주후 70년 예루살렘의 멸망 후 교회는 사라지게 됨
팔레스틴	안디옥	* 바나바와 바울의 인도하에 교회가 성장함 * 시초부터 거대한 유대인의 거주지가 형성됨 * 이곳에서 제자들이 그리스도인으로 불리우게 됨 * 바울을 파송하였으며, 그의 선교활동의 근거지가 됨 * 예루살렘에 이어 기독교 활동의 중심지가 됨 * 이그나티우스가 감독으로 활약함―110년경 순교당함 * 나중에 동방교회의 대교구가 됨
북아프리카	알렉산드리아	* 주전 332년 알렉산더 대왕에 의해 세워짐 * 시초부터 거대한 유대인의 거주지가 형성됨 * 기독교 활동의 중심지가 됨 * 나중에 동방교회의 대교구가 됨 * 판테누스, 클레멘트, 오리겐 등이 활약함 * 3세기 중반 콥틱어로 성경이 번역되기 시작함―콥틱교회의 형성
북아프리카	카르타고	* 당시 북아프리카의 로마문명의 중심지였음 * 터툴리안, 키프리안, 락탄티우스, 어거스틴 등이 활동함 * 라틴어족에게는 확고하게 뿌리를 내렸지만, 원주민인 베르베르족에게는 거의 복음의 영향을 주지 못함―7세기경 이슬람의 도전을 극복하지 못함

로마세계의 기독교 선교(100-500년) (계속)

나라	선 교 내 용
로마	* 예루살렘, 안디옥에 이어 제3의 기독교 중심지가 됨 * 베드로와 바울의 순교와 지리적 여건으로 인해 중심적 위치를 차지함 * 초기에는 빈민층과 노예 계층에 복음이 전파됨 1세기말부터 일부 최고 상류층에도 복음이 전파됨
프랑스	* 2세기 경 리용과 비엔나를 중심으로 남부지역에 교회가 세워짐 * 골지역에는 동부로부터 복음이 전해짐 * 이레니우스(175-200)가 켈트족과 라틴족에게 복음을 전함 * 3세기경 투르의 마틴(316-97)이 군사적 전략을 사용한 선교를 실시함 * 496년 프랑크 왕 클로비스가 그의 신하들과 함께 집단 개종을 함 이 사건은 북유럽 선교의 가장 중요한 역할을 함
스페인	* 로마의 클레멘트가 복음을 전함 * 3세기 초엽 스페인 남부에 기독교가 뿌리를 내림
영국	* 어떻게 복음이 전해졌는지는 확실하지 않음 * 2세기 중엽에 복음이 전해짐 * 314년 골 지방의 아를(Arles) 종교회의에 3명의 감독이 참석함 * 앵글로 색슨족의 침략으로 교회가 쇠퇴하고, 웨일즈에서 명맥을 유지함 * 6세기 경에야 기독교가 뿌리를 내리게 됨
아일랜드	* 4세기 초 패트릭(389-461)의 선교활동으로 복음화 됨 그는 수도원을 세워 선교의 전초기지 역할을 하게 함 * 이 지역의 켈트교회는 감독의 교구가 아니라 수도원이 중심이 됨
고트족	* 고트족은 다뉴브강의 북부의 튜튼족 중 가장 먼저 복음을 받아들임 * 로마제국을 공격하여 포로로 잡은 기독교인들로부터 복음을 받게 됨 * 울필라스(Ulfilas, 311-380)가 이들을 대상으로 선교활동을 함 그는 고트어로 성경을 번역하여 언어학적, 문학적 공헌을 함

유럽의 기독교 선교(500-1200년)

나라			선 교 내 용
특징			* 이 시기는 로마제국의 변방에서 제국을 침략하는 '야만족'의 개종에 몰두함 * 일부 야만족들은 이미 아리안주의의 영향을 받고 있었음 * 대부분은 이교도들이며, 문화적 경험이 없었음 * 개종의 과정에서 교회는 제국교회에서 봉건교회로 바뀌어 감 * 14세기 말엽 외형적으로 야만족의 개종이 달성됨 * 유럽 각국의 왕실의 협조, 선교사들의 순교, 수도원이 큰 역할을 함
유럽	영국		* 영국은 브리튼교회, 켈트교회, 로마교회의 세력이 조우함 * 로마교회와 켈틱교회 사이에 부활절과 수도사의 삭발방식에 차이를 가짐 이 문제에 대한 결정권의 귀속문제가 대두됨 * 663/4년 휘트비 모임에서 노텀브리아의 왕이 로마교회에 유리한 결정을 함 이로 인해 1000년간 영국교회는 로마의 획일화된 의식을 강요당함 * 668년 타르소스의 테오도르가 캔터베리에서 로마방식으로 영국교회를 바꿈 * 고정된 구역을 따라 관구들이 형성되고, 성직자 대회도 소집됨(673, 680년)
		스코틀랜드	* 이 교회들은 아일랜드의 영향을 받아 켈틱 교회들이 형성됨 * 갈로웨이 지역에서 성 니니안(St. Ninian, 360-432)이 활동함 * 스코틀랜드의 사도는 돈갈 출신인 성 콜룸바(St. Columba, 521-597)임 * 563년 그에 의해 선교 전초지 아이오나(Iona) 섬의 수도원이 세워짐 * 633/4년 노텀브리아의 왕 오스왈드가 개종함 * 아이단(Aidan)과 쿠쓰버트(Cuthbert, ?-687)가 뒤를 이어 활동함 * 비드(Bede)는 중세의 최대 역사가임 전생애를 노텀브리아의 자로우(Jarrow) 수도원에서 생활함 요한복음서를 앵글로 색슨어로 번역함
		잉글랜드	* 596년 그레고리 대제가 어거스틴과 수도사들을 캔터베리에 파견함 * 어거스틴의 첫 사역은 왕들과 통치자들을 개종시키는 것이었음 * 요오크의 감독으로 윌프리드(Wilfrid, 634-709)가 활동함 * 686-7년 윌프리드가 서섹스 색슨족을 개종시킴으로 복음화가 완성됨
	프랑크		* 소 콜룸바가 그의 수도승들과 함께 아이랜드를 떠나 유럽에서 활동함 * 그는 처음 동부에서 룩사이유 수도원을 세움 부르군드 왕에 의해 쫓겨난 그는 콘스탄스 지역에서 복음을 전파함 말년에 북부 이탈리아에서 그가 세운 보비오(Bobio) 수도원에서 사망함 * 아를(Arles)에서 캐사리우스(Caesarius) 감독이 활동함
	스위스		* 콜룸반과 아일랜드를 떠난 성 갈(St. Gall)이 동북부를 위한 사도가 됨

유럽의 기독교 선교(500-1200년) (계속)

	선 교 내 용
게르만족	**윌리브로드(Willibrord, 658-739)** * 그는 리폰에 세워진 윌프리드의 수도원 출신의 수도사였음 * 화란과 벨기에의 일부에 사는 프리시아족(Frisians)의 사도로 활동함 * 프랑크의 궁재(宮宰) 피핀(Pepin 혹은 Pippin)의 도움을 많이 받음 * 그와 11명의 수도사들이 지금의 유트레흐트(Utrecht) 지역에서 활동을 시작함 * 695년 독일의 추기경으로 서품되어 사망할 때까지 프리시아 지역에서 사역함 * 유트레흐트, 엔트워프(Antwerp), 에흐터마호(Echtermach)와 서스테른에 수도원 건립 **보니페이스(Boniface, 680-754) : 원명은 크레디톤의 윈프리쓰(Wynfrith) 임** * 영국 출신, 독일의 사도, 유럽의 역사에 깊은 영향을 끼침 * 처음에는 윌리브로드의 지도를 받으며 프리시아족에게 사역함 * 722년 그레고리 2세로부터 독일 변방의 감독으로 임명됨 * 722년 헷세의 가이스마르에 있는 토르(Thor) 신의 떡갈나무를 찍어버림 이 나무로 베드로 기념교회를 건축함 * 프라이싱, 파사우, 라티스본, 잘쯔부르크에 감독교구를 설치함 * 아이히스태드와 뷔르쯔부르크에 감독교구를 설치함 * 744년 풀다에 수도원을 설립함 - 지금까지 중부독일의 카톨릭에 영향을 줌 * 741년 프랑크 교회를 개혁해야할 중책을 맡게 됨-마인쯔의 대주교가 됨 * 751년 궁재 피핀의 왕위 대관식을 주재함 * 753년 변방의 쥐데르 지(Zuider Zee)의 지역으로 가서 동료들과 함께 사역함 * 754년 독쿰(Dokkum)에서 수도사 50명과 함께 이교도들에게 순교당함 * 여자들을 위한 수도원이 그의 시대에 세워짐 * 선교정책 - 집단 개종시 지체하지 않고 세례를 줌(주로 부활절과 성령강림절 때) 　　　　　- 이 명목상의 기독교인들을 교화시키는데 주력함 　　　　　- 이를 위해 참회 규칙들과 관습이 발전하게 됨
색슨족	* 772-798년 사이 샤를마뉴 대제에 의해 정복되고 강제 개종당함 * 색슨족의 반란 때는 사제들과 수도사들이 공격이 대상이 되어 순교함 * 정복된 영토는 6개의 감독 관구로 조직이 됨 　브레멘(Bremen, 787), 민덴(780)이 가장 큰 관구였음. 함부르크(804)

유럽의 기독교 선교(500-1200년) (계속)

나 라		선 교 내 용
스칸디나비아반도	데인족	* 색슨족의 정복에 위험을 느낀 데인족은 801년에 슬레스비히(Slesvig) 지협을 가로지르는 거대한 성벽(Dannervirke)을 쌓음 * 경건 황제 루이가 라임스의 주교 에보(Ebo)를 파송함 * 경건 황제 루이가 데인족의 망명 왕자 헤랄드 클라크와 접촉함 * 826년 세례를 받고, 안스카르와 함께 고국으로 돌아가지만 실패함 * 848년 브레멘의 감독에 임명된 안스카르가 슬레스비히에 교회를 세움 * 865년 안스카르의 사후 데인족에 대한 선교는 흐지부지됨 * 안스카르는 '북부의 사도'로 불리워짐 * 1018-1035년 기독교왕 카누트의 치세 때 기독교가 확고하게 세워짐 * 1104년 대주교 관구가 설립됨
	노르웨이	* 영국에서 성장한 노르웨이 왕 학콘(Haakon)이 기독교를 소개함 * 올라프(Olaf Tryggvason, 963-10000) 왕 때 기독교가 뿌리를 내림 * 그는 무력과 회유를 겸한 독특한 정책으로 기독교화함
	스웨덴	* 스웨덴의 비르카(Virka)에 있는 상인들이 선교사의 파송을 요청함 * 피카디리 출신인 안스카르(Anscar, 801-65)가 다시 파송됨 * 국왕 비요른(Bjorn)은 복음전파와 교회 설립을 허락함 * 올라프(Olaf Scotkonung, 993-1024) 왕이 최초로 기독교 신앙을 고백함 * 그의 아들 야곱(Anund Jacob, 1024-1066)의 치세 중 전 나라에 전파됨 * 1164년 웁살라에 최초의 관구가 설립됨
슬라브족	불가리아	* 865년 보리스 왕은 프랑크족에게 선교사를 요청하여 세례를 받음 * 그는 아들 시므온을 콘스탄티노플로 보내어 수도사 훈련을 받게 함 * 907년경 기독교 지도자들이 슬라브 세계에서 활동함
	모라비아	* 모라비아의 군주 라티슬라브는 동로마황제에게 선교사의 파견을 요청함 * 콘스탄틴(Constantine, 826-69)과 메쏘디우스(Methodius, 815-85)가 파견됨 * 이들은 알파벳을 창안하여 슬라브어를 문자화함—글라골라(Glagolitic) 문자 * 이 알파벳을 기초로 슬라브 언어들이 지금까지 기술되고 있음 * 메쏘디우스가 슬라브어로 성경 전체를 번역함
	폴란드	* 폴란드의 미에스즈카 공이 966/7년에 세례를 받음 * 968년 포즈난에 폴란드를 위한 감독 교구가 설립됨 * 그의 아들 용감왕(The Brave) 볼레슬라(967-1025)때 기독교가 뿌리를 내림
	헝가리	* 975년 헝가리 왕 가이사가 아들 바이크와 함께 세례를 받음 * 스테파노스(975-1038) 왕의 치세시 헝가리가 기독교국이 됨 * 두 개의 대감독 관구와 8개의 감독 교구가 형성됨
	러시아	* 957년 키에프의 올가 공주가 콘스탄티노플에서 세례받음 * 그녀의 아들 스비아토슬라브는 반기독교적 태도를 보임 * 그의 아들 블라디미르(Vladimir, 980-1015) 때 러시아가 기독교국가가 됨

유럽 복음화의 특징과 선교적 방법

	* 500-1200년은 로마제국의 변방에 있는 '야만인들'에 대한 복음화 기간임 * 이 시기에 로마 변방의 게르만족의 이동이 로마제국 내로 진행됨 * 복음은 로마제국을 벗어나 로마 변방과 야만족들을 향하여 뻗어나감 * 1200년경 유럽의 전역은 거의 명목상 기독교인을 채워짐
복음화의 시기	* 프랑크족: 클로비스의 개종 후 집단 개종함(496, 혹은 506년) – 프랑스 골 지방 * 부르군디족: 왕 시기스문트와 부족들은 아리안주의에서 집단 개종함(496년경). * 롬바르드 족(이탈리아) : 650년경 집단 개종함. * 앵글로 색슨족(영국) : 7세기경에 복음화 됨. * 비시고트족(스페인) : 왕 레카레드가 586년에 개종함. * 게르만족: 프리시아, 헤스, 투린기아, 바바리아, 섹슨〈6~8세기〉 * 스칸디나비아반도: 덴마크, 스웨덴〈9-11세기〉 * 남부의 슬라브족: 슬로벤족, 세르비아족, 크로아트족, 불가르족〈7-9세기〉 * 서부의 슬라브족: 포메라니아인, 체코인, 슬르박인, 모라비안, 북극인, 발틱족〈9-14세기〉 * 동부의 슬라브족: 러시아, 헝가리〈10세기부터〉

특징	★ 유럽 복음화의 특징은 왕을 중심한 집단 개종이 중요한 계기가 됨
	   왕의 개종에는 여성(어머니)의 역할이 큼(예:클로비스, 에텔버트)
	★ 선교사들은 주로 수도사들이었으며, 선교가 이루어진 곳에 수도원을 세움
	   이 수도원 중심으로 선교가 계속적으로 진행됨
	★ 교황과 주교, 황제와 왕들이 선교 계획을 세우고 선교사들을 파송하기도 함
	★ 무력에 의한 개종의 경우도 있었음(샤를마뉴 대제의 색슨족 정복 때)

아시아의 기독교 선교(100-700년)

나라		선교 내용
중동	오스로에네	* 오스로에네 왕국은 파르티아(안식)국과 로마제국 사이에 있었던 소국 * 수도는 에데사이며, 안디옥에서 동쪽으로 100Km 거리에 있음 * 지리적으로는 동서양의 중간이지만, 문화적으로는 시리아 문화였음 * 도마와 다대오가 이곳에서 복음을 전파함 * 아브가 8세(176-213)가 최초의 기독교 왕이었음 * 주후 216년 로마제국에 편입됨. 350년의 역사를 지님 * 325년 에데사의 감독인 에브라엠이 니케아공의회에 참석함 * 에데사교회는 중동 지역의 선교의 터전이 됨 * 동양교회의 최초의 교구이며, 페르시아, 인도 및 중국에 복음의 기지가 됨
	페르시아	* 페르시아는 에데사에서 복음이 전해진 것으로 생각됨 * 2세기경 사산 왕조 시기에 360여개의 교회가 존재함 * 4세기경 '페르시아의 성자'인 감독 아프라아테스가 중심인물임 * 배화교를 신봉하는 사산 왕조로부터 기독교인들은 계속 박해를 받음 * 5세기 말 피루쯔(Pirus) 왕의 치세시 기독교의 박해가 멈춤 * 에데사에서 200Km 떨어진 니시비스가 동방 시리아교회의 중심지였음
	아라비아	* 사도 바돌로매가 처음으로 예멘 왕조의 시조인 에미르족에게 복음을 전함 * 225년경 예멘의 카타스 지방의 카트라예에 감독교구가 있었음 * 512년 히르타 왕국의 왕 알문다르가 감독 시몬에게 세례를 받음
경교(景敎)의 활동	활동	* 네스토리우스파가 서방교회의 박해를 피하여 아라비아의 니시비스에 정착함 * 신학교와 수도원 및 병원들을 건립하고 교회 활동의 중심지로 삼음 * 이들은 이곳을 중심으로 동방으로 선교를 전개해 나감 * 시리아와 페르시아에 서양의 헬라주의 문물을 소개하는 선구자가 됨 * 목공, 기계공, 직물공, 수공업과 교육 상업, 의술의 기술도 소개함 * 431년 에베소공의회에서 정죄받은 네스토리우스파들이 시리아교회를 장악함 * 496년 네스토리우스파 총회가 열림 * 서방 로마교회와의 독립을 선언하고, **'동방교회'**(The Church of East)로 세움 * 이 교회에는 로마국경 밖에 있는 시라아, 페르시아, 갈대아교회가 포함됨
	선교지	* 셀류키아와 크테시폰을 중심한 페르시아 지역에 선교활동을 폄 * 티그리스강 양편의 광대한 지역으로 활동이 확장됨 * 5세기에 카스피해 지역의 터키스탄족(Turkistan, 突厥)에게 선교함 * 5-6세기 중엽 이집트, 시리아, 아라비아, 소코토라, 메소포타미아, 갈디아, 페르시아, 메디아, 박트리아(훈족 영토), 힐카니아, 서남인도로 확대됨 * 635년 중국 당조(唐朝) 시기에 경교가 전래됨

아시아의 기독교 선교(100-700년) (계속)

나 라		선 교 내 용
중앙아시아	아르메니아	* 사도 바돌로매와 다대오가 복음을 최초로 전함 * 바돌로매가 아르메니아에서 순교당함 * 계몽자 그레고리가 활동함. 왕에게 세례를 줌 * 303년 왕은 인류 최초로 기독교를 국교로 선언함 * 단성론의 신앙으로 인해 비잔틴제국과 로마교회의 박해를 받음 * 감독 메스롭이 아르메니아 문자를 발명함-433년 구약이 번역됨(외경 포함) * 642년 모슬렘에 의해 완전 점령됨 * 이슬람의 점령 후 개종 거부로 전 국토가 폐허가 되어 유랑민족이 됨
	카스피해	* 5세기경 카스피해(海)의 터키스탄(Turkistan, 突厥)족에게 복음 전파됨 * 네스토리우스파 선교사들이 복음을 전함
남아시아	인도	* 전승에 의하면 주님의 제자 도마가 인도에 가서 선교를 함-성 도마교회 * 180년경 알렉산드리아의 판태누스가 이곳을 여행함 * 바스라의 감독 두디(Dudi, David)가 295-300년에 선교하고 목회함 * 육로(陸路)인 시리아에서 페르시아를 거쳐 남하하는 길을 따라 인도에 감 (해로는 홍해의 미오스 호모스항-->아라비아 해안-->페르시아만-->인도) * 345년 가나의 토마스가 시리아에서 선교단을 인솔하여 왕의 후대를 받음 * 354년 황제 콘스탄틴이 인도인 데오필루스를 인도지역 선교사로 파송함 * 말라바르 지역과 파르 지역에 토착적인 교회들이 생겨남 * 3세기말 인도 서북부 인접한 파르 지방에 경교 감독이 세워짐 * 400년 파르 지방에 경교 주교가 세워지고 인도는 주교 관할권에 들어감 * 4, 5세기경부터 남인도의 바라바교회 감독이 중국교구의 감독직을 겸함
		* 말라바의 성 도마 교회 * 원시 시리아 교회와 경교의 영향을 받아 성장함 * 안디옥의 야곱파교회와도 교류를 가짐 * 말라바의 교회는 기독교의 전통과 힌두교의 전통 사이에서 혼합적이 됨 * 7세기경부터 경교파와 단성론자인 야곱파 사이에 분열이 생김
	실론	* 네스토리우스파 선교사들이 활동함

아시아의 기독교 선교(700-1500년)

나 라		선 교 내 용
남아시아	인도	* 8세기경 서북부의 파르 지역에서 토착 교회와 경교 사이에 갈등이 생김 * 경교의 총대주교 디모데 1세(779-823)가 이 분쟁을 조정하여 서로 화합함 * 795년 가나의 토마스 감독이 말라바 해안에 파송됨 * 823년 마르 사포르와 피르스 경교 감독이 인도 쿨람에 파송됨 * 천주교의 꼬르비노가 1291년 중국 선교 도중에 인도를 방문함 * 도미니크회 죠르다누스가 중국에서 귀국 중에 인도를 방문함 * 1321년 이태리 수도사 오도릭이 퀼론과 미라포르 등지를 방문함 * 1440년 이탈리아의 콘티(Conti)는 말리아포리의 성 도마 교회를 탐방함 * 1505년 이탈리아의 여행자가 퀼론 북부에서 성 도마교회 교인들을 만남
	실론	* 네스토리우스파 선교사들이 활동함 * 1333년 중국 파견 수도사 마리뇰의 일행이 실론의 콜롬보에 상륙함
동아시아	중국	* 925년(당태종 9년) 경교의 주교 아라본이 당나라 수도 장안에 입국함 『序聽迷師所經』, 『一神論』, 『一天論』, 『世尊布施論』 등의 신학서를 저술함 * 태종의 후원을 통해 경교가 융성해 지고, 200년간 발전함 * 713년 페르시아에서 경교의 주교 킬리(Kilie)가 입국함 * 845년 무종 때 경교가 불교와 함께 탄압을 받고 사라짐 * 경교는 중국과 동양문화권에 기독교를 최초로 소개한 흔적을 남김 * 1271년 쿠빌라이 칸이 북경에 원조(元朝)를 수립하고 라마교를 국교로 정함 이 때 지하교회와 몽골 및 케라이트에서 온 선교사들이 교회를 재건함 * 1271년 천주교 수도사 굴리에르모 니콜라이가 선교를 위해 입국함 * 1289년 몬테 꼬르비노의 요한이 북경에 옴. 처음에 경교의 반대를 당함
	경교비	* 경교비의 본명은 대진경교유행중국비(大秦景教流行中國碑)임 * 덕종 2년 779년 건립됨(높이 10척, 폭 5척, 두께 2척) * 1625년 서안의 경교사원이었던 대진사의 흙 속에서 발견됨 * 천주교의 뜨리고(Nicolas Trigaut)가 라틴어로 번역하여 서양에 소개함 * 경교의 교리와 중국에 대한 경교의 선교역사가 기술되어 있음 * 교리: 신론과 창조론, 인간의 타락, 기독론과 구원론, 경교도의 생활, 예수님의 간략한 생애 등
	돌궐	* 1009년 메르프의 감독 압디쇼는 돌궐인과 몽골인 20만명의 신자를 보고함 * 1202년 징기스칸에 의해 멸망한 케라이트족(돌궐족의 한 갈래임, 바이칼호 근처에 삶)의 왕간은 기독교로 개종함
	몽골	* 징기스칸의 치세 중에 경교가 선교를 함 * 징기스칸은 경교를 관용하였으며, 그의 가족과 자손 중에 신자가 나옴 * 천주교는 사절을 보내어 천주교로의 개종과 경교의 배척을 종용, 실패함 * 3대 정종 구유크는 기독교임을 고백하고, 수도를 카라크룸으로 옮김 * 1245년 교황 이노센트 3세는 리용회의에서 몽골 선교를 결정함 * 1246년 이노센트 3세가 플라노 카르피를 카라크룸에 파송, 1년 뒤 귀국함 * 구유크의 치세시 경교과 관료들이 있었고, 정책에 기독교 정신이 반영됨 * 쿠빌라이 칸의 원조(元朝) 이전에는 경교가 몽골의 지배적 종교였음

십자군 전쟁

횟수	시기	주창자	주요 참여자들	목표	결과들
1차	1096-1099	우리반 2세 은둔자 베드로	월터 산사브와 은둔자 베드로 고트샤크 뚤루즈의 레이몽 고드프리 탱크레드 노르만디의 로버트	터키로부터 예루살렘의 탈환	니케아, 안디옥, 에데사, 예루살렘을 점령하여 봉건 십자군 왕국을 세움.
2차	1147-1148	클레르보 베르나르 유진 3세	콘라드 3세 루이 7세	터키로부터 에뎃사 재탈환	서방 십자군들과 동방의 안내자들의 불신이 십자군의 다수가 사망. 다메섹 점령 시도가 실패
3차	1189-1192	알렉산더 3세	프레데릭 바바로사 필립 아우구스투스 리챠드 1세	사라센제국의 살라딘으로부터 예루살렘 탈환.	프레데릭이 익사. 필립은 귀환함. 리챠드는 에이커와 욥바를 점령하여 살라딘과 협정을 체결하지만 귀환길에 오스트리아에서 투옥당함.
4차	1200-1204	이노센트 2세	샹파뉴의 띠보 블르와의 루이 플랜더스의 볼드윈 몽포르의 시몽 헨리 단돌로	이집트를 침략함으로 사라센의 힘을 약화시킴	기독교 도시 자라가 점령당하여 운송을 위해 베니스에 되돌려짐. 이로인해 십자군은 파문당함. 그러자 그들은 콘스탄티노플을 점령함.
소년 십자군	1212	니콜라스 스데반		"마음이 청결한 자"에 의한 성지의 초자연적 정복	대부분의 어린이들이 바다에 빠져죽고, 노예로 팔리거나 죽임을 당함.
5차	1219-1221	호노리우스 2세	홀랜드의 윌리엄 브리앙의 죤	이집트를 침략함으로 사라센의 힘을 약화시킴	이집트의 다미에타를 점령하지만 곧 빼앗김.
6차	1229		프레데릭 2세	예루살렘 재탈환	프레데릭에게 예루살렘을 통치하도록 술탄과 협정하지만 이로 인해 프레데릭은 파문당함.
7차	1248		루이 9세	이집트를 침략함으로 성지를 회복	이집트에서 패배함.

Robert C. Walton, *Church History* (Grand Rapids: Acadimic Books, 1986), 23쪽.

회교도의 성전(聖戰)과 십자군의 비교

비교	회 교 도 의 정 복	십 자 군
시기	633-732년	1095-1291년
시작	모하멧의 죽음	클레몬트 종교회의
종전	뚜르 전투	에이커에서의 패배
동기	지하드(Jihad, 聖戰)를 통해 이교도들 사이에 자신들의 참된 신앙이 전파되기를 원함	순례자들을 보호하고 하나님의 영광을 추구하며 이교도 터키로부터 성지를 재탈환
보상	이 싸움에서 죽는 자들은 즉시 낙원에 들어갈 수 있도록 약속됨	과거, 현재, 미래의 죄 사함과 죽은 자들이 즉각적으로 천국으로 가며, 부채의 탕감과 세금의 면제를 위하여 많은 사면을 받음
적처리	이교도들이 개종하지 않으면 죽임을 당함 유대인들과 기독교인들은 자신들의 종교를 유지할 수 있었지만 공물을 바쳐야만 했으며, 개종이 금지됨	정복당한 회교도들은 모두 다 죽였으며, 유대교 지역의 거주자들은 학살당함
결과	팔레스틴, 시리아, 소아시아, 이집트, 북부 아프리카, 스페인 등을 점령함 중세 암흑시대에 희랍 학문이 보존됨	항구적인 지역 회복은 이루어지지 않음 희랍 고전과 로마 문화가 재발견됨 동방과 서방 교회 관계가 악화됨 기독교와 회교 사이에 적대감이 형성됨 기독교의 도덕적 기준이 무너짐

Robert C. Walton, Church History(Grand Rapids: Acadimic Books, 1986), 24쪽.

개신교 선교(1500-1792년) - 아메리카, 아프리카

나라		선 교 활 동
북극연안	그린랜드	1721-36년 코펜하겐 선교대학 출신의 한스 에게데(H. Egede)가 사역함 1733년 5월 모라비안 선교사 스타취(Matthew Stach)가 파송됨 1734년 에게데의 아들 바울이 덴마크에서 돌아와 동역함 　　　　바울은 4복음서(1744), 에스키모 문법책(1760), 신약(1766)을 번역함
	얄류산열도	1743년 발견되고 1766년에 러시아의 영토로 병합됨 1770년 러시아 기독교상인 셀레코프에 의해 무역과 함께 복음이 전파됨
북미	카나다	1608년이후 프랑스령으로 예수회 선부들이 주로 사역함 1669년 허드슨만(灣)을 허드슨만 회사가 설립됨 1763년 영국이 프랑스령 카나다를 점령하고 북미지역이 영국령이 됨
	미국	1632년 장로교 목사 존 엘리오트가 인디안을 위해 사역함 　　　엘리오트는 신약(1661), 구약(1663) 및 문법책을 모히칸어로 번역함 1701년 성공회 외방복음선교회의 선교사들이 북미에 파송됨
서인도	서인도	1515년 서인도제도의 정복이 끝남 1701년후 성공회 외방선교회의 선교사들이 서인도제도에 파송됨 1732년 모라비안 선교사가 서인도의 덴마크령 도마섬에 최초로 파송됨 　　　(레오나르 도버, 데이빗 니츠만, 드리드리히 마틴, 고트립 이스라엘) 1734년 모라비안 선교사가 서인도제도의 크로와 섬에 파송됨 1739년까지 22명의 모라비안 선교사들이 도마섬, 크로와섬에서 순교당함 1739년 진젠돌프가 도마섬을 탐방함 1754년 모라비안 선교사들이 쟌섬도 선교함 1754년 모라비안 선교사들이 쟈마이카에 파송됨 1764년부터 모리비안 선교사들이 영국령 서인도의 동서지역을 선교함 1786년 영국 감리교 선교사들이 파송됨
남미	자마이카	1754 모라비안 선교사 카리스(Z. G. Caries)가 파송됨
	수리남 (화란령 가이아나)	1664년경 루터파 저스티니안 폰 벨츠가 도착하지만 곧 사망함 1735년 모라비안 선교사가 파송됨 1748년 아라왁 종족의 한명이 필거후트에서 세례를 받음 　　　슈만 선교사가 아라왁어로 문법과 사전을 편찬함 1778년 파라마리보에 첫 흑인교회가 세워짐
	브라질	1500년 포르투칼인 카브랄(Cabral)에 의해 발견됨 1550년경 포르투칼이 해안선을 따라 주둔소가 설치함 1553-4년 남미의 최대도시인 상 파울로(Sang Paulo)가 건설됨 1556년 제네바의 개혁자 칼빈이 리오데자네이로에 위그노들을 파송함
아프리카 중서부해안		1737년 모라비안 선교사가 파송됨 1751년 황금해안에 S. P. G의 토마스 톰슨 선교사가 뉴저지에서 옴

개신교 선교(1500-1792년)-아시아

나라		선 교 활 동
중앙	타타르	1735년 모라비안 니쯔만(D. Nitshman)이 페테스부르그에서 칼묵 타탈인을 만남 1742년 모라비안 랑게(C. Lange)가 타탈인 전도를 위해 중국을 여행함-실패 1765년 모라비안 베스트만(John Westmann)이 아스트라칸에 전진기지를 세움
남	인도	1620년 덴마크는 동해안의 트랭퀴바에 무역을 위한 최초의 식민지를 건설함 1662년후 동인도회사 소속의 라이든 대학 출신의 12명이 파송되지만 실패함 1706년 바돌로뮤 지겐발크와 하인리히 플뤼쵸가 트랭퀴바에 도착함 1758년 크리스챤 쉬바르츠가 48년간 안식년도 없이 남인도에서 봉사함
	실론	1642년 첫 화란 목사 안토니 호른호니우스(Anthony Hornhonius)가 도착함 1662년후 동인도회사 소속의 라이든 대학 출신의 선교사들이 파송됨 1715년 지겐발크가 타밀어 신약성경을 번역함 1727년 구약성경이 타밀어로 번역됨
동남	인도네시아	1662년후 동인도회사 소속의 라이든 대학 출신의 선교사들이 파송됨 1688년 동남아 최초로 말레이어 신약성경이 번역됨
	자바	1619년 화란이 동인도회사를 세우고, 기독교 교육이 원주민들에게 실시됨 1668년 자바어 신약성경이 암스테르담에서 출판됨 1721년 원주민 기독교인이 100,000명에 이르게 됨 1733년 전체 성경이 로마 음역으로 암스테르담에서 출판됨
동	중국	1661년 퀘이커교의 죠지 폭스는 중국에 3명을 파송하였으나 도착하지 못함
	대만	1624년 화란이 스페인으로부터 대만을 인수함. 복음 사역을 함 1626년 죠지 칸디디우스(George Candidius) 목사가 사역을 시작함 1661년 쳉 쳉-쿵(鄭成功)에 의해 화란이 쫓겨남

개신교 선교(1793-1914년) - 아메리카

나라		선교 활동
북극연안	알라스카	1867년 알라스카를 미국이 러시아로부터 $6,960,000에 구입함 1877년 미북장로교의 잭슨 박사에 의해 포트 랭겔에 첫 거주지가 건설됨 1885년 미모라비안 선교사들이 남서 지역에서 사역함 1886년 독립선교사 던칸이 아네타섬의 인디안들을 위해 사역함
북미	캐나다	1794년 자이스베르거가 이리호(湖) 북서부에 모라비안 거주지를 건설함 1820년 허드슨만 회사의 사목인 존 웨스트가 선교사역을 시작함 1831-33년 코크란이 홍해 지역에 인디안 거주지를 최초로 건설함 1840년 헨리 버드가 위니팩 호 북서부의 쿰버랜드에 거주지를 건설함 1876년 북쪽의 에스키모인들에게 성공회 선교사들이 사역함 1862년 던칸이 태평양 연안의 메트라카틀라에서 사역하여 크게 성공함 1890년 선원이었던 에드먼드 펙이 허더슨만 주위의 에스키모인에게 선교함 1909년 성공회의 아키발드 플레밍이 북부지역에서 사역함
서인도	쟈마이카	1813년 침례교 선교사들이 파송됨 1819년 성공회 선교사들이 안티구아에서 시작하여 다른 지역으로 확장됨 1824년 영국령 서인도제도에 성공회의 감독이 처음으로 임명됨 1838년 쟈마이카에 노예제도가 폐지됨 1847년 스코틀랜드 연합장로교의 선교사가 쟈마이카에 입국. 사역이 확장됨 1860년 쟈마이카에서 기독교 신앙의 대부흥이 일어남
	쿠바	1884년 스페인계 목사 2명과 쿠바인 의사 디아즈가 사역함
남미	가이아나	1807년 런던선교회의 래리(Wray) 선교사가 농장 노예들을 위해 사역함 1815년 웨슬리파 선교사들이 입국함 1838년 흑인 신도들이 18000명으로 늘어남
	콜롬비아	1819년 스페인으로부터 독립함 1825년 '영국 및 해외성경공회'의 제임스 톰슨이 입국함. 천주교의 반대받음 1856년 미국의 장로교회가 선교사를 파송함
	브라질	1855년 로버트 켈리가 리오데 자네이로에서 독립적인 사역을 시작함 1859년 미국의 장로교회가 선교사를 파송하여 1888년 장로교회를 조직함 1876년 미국 감리교회가 선교사를 파송함
	파라과이	1889년 차코지방의 렝구아족에게 평신도인 바브룩 그룹이 탁월한 사역을 함
	아르젠티나	1850년 알레 가디너와 동료들이 티에라 델 푸에고에 도착하나 곧 아사함 1872년 티에라 델 푸에고에 최초의 세례자가 생김

개신교 선교(1793-1914년) - 아프리카

나라		선 교 활 동
북부	이집트	1818년 5명의 C.M.S 선교사들이 파송됨 콥트교회와 협력하였으나 실패하고 1862년 철수함 1845년 미국의 통합장로교 선교사들이 파송됨 1882년 영국의 통치하에 들어감.
	튀니스	1829년 성공회 선교사가 유대인을 대상으로 사역을 함
중동부	에디오피아	1818년 이집트에 파송된 C.M.S 선교사 5명 중 2명이 입국함. 1838년 선교사들이 추방당함(루드비히 크라프도 포함됨-케냐로 감)
	케냐	1844년 에디오피아에서 추방당한 요한 루드비히 크라프가 몸바사에 옴 1846년 요한 레브만이 합류하여 내륙 지방을 탐험함
	마다가스카르	1818년 L.M.S의 선교사들이 파송됨 1820년 다윗 존스가 수도인 안타나나리보에 도착하여 라다마 王과 만남 1831년 최초의 개종자 28명이 세례를 받음 1835-61년 라다마의 계승자 라나발로나 여왕이 기독교를 극심하게 탄압함 핍박가운데도 교회는 성장함-말라가시어 신약성경이 주요 원인임
중서부해안	시에라레온	1804년 C.M.S에서 독일의 선교사들이 파송됨 1811년 감리교 선교사들이 입국하여 사역함 1827년 C.M.S에서 포우라 베이 대학을 설립함 　최초로 등록한 학생은 사무엘 아드자이 크로우더였음
	가나	19세기초 영국 성공회의 유일한 아프리카 선교사 필립 퀘이크가 사역함 나중에 바젤선교회와 감리교회 선교사들이 사역함 1828년 바젤선교회의 선교사들이 도착하여 사역을 함 12년간 열매가 없었지만 코코아산업을 발전시킴-세계 최대의 산지가 됨 감리교 선교사 코마스 버취 프리맨이 이지역에서 활약함 1834-5년 교인은 증가함. 아프리카인에 의한 자립적 선교를 그는 강조함 1957년 가나는 아프리카의 열대지역중 최초로 독립함
	나이지리아	1842년 성공회의 헨리 타운센트가 아베오쿠다에 도착함 1846년 스코틀랜드 장로교의 호프 와델이 칼라바르에서 활동함 1853년 데이빗 힌더러가 이바단에 주재소를 설치함 1853년 프리맨의 주도하에 감리교 선교부가 아베오쿠다에 주재함 1864년 노예출신의 사무엘 크로우더가 C.M.S의 감독으로 임명되어 사역함
남부	남아프리카	1737-44년 모라비안 게오르그 쉬미트가 입국하지만 화란인에게 추방당함 1792년 모라비안 선교사들이 게나덴달에 거주지를 건립함 1795년 영국이 케이프타운을 접수함(1960까지 영연방의 일부가 됨) 1795년 런던선교회의 화란인 의사 존 데오도레 반더켐프가 파송됨 1799년 런던선교회의 화란의사 데오도르 반더켐프가 개척자적 사역을 함 1816년 로버트 모팟이 21세의 나이로 파송됨 그는 성경(1857년)을 번역, 인쇄하여 반포하자 복음의 부흥이 일어남 1820년 L.M.S의 남아프리카 책임자로 존 필립이 파송됨 1829년 최초의 세례식이 거행됨. 1857년 그는 츠와나어로 성경을 번역함

개신교 선교(1793-1914년)-아시아

나라		선 교 활 동
중 동	레바논	1823년 미국위원회 소속의 선교사들이 베이루트에 도착함 이들은 근대 아랍어 성경을 편찬함
	팔레스틴	1820년 성공회 협회 선교사들이 유대인들을 위해 사역함 1824년 이들은 의료사역을 시작하였으며, 1848년 크게 발전함 1851년 CMS의 선교사들이 입국함
남	인도	1793.11.11. 윌리암 캐리가 침례교선교회 선교사로 후글리에 도착함 영어 사용 국민들의 해외선교시대를 시작함. 현대선교의 시작. 1793년 윌리암 캐리의 동료인 존 토마스가 의료선교사로 사역함 1803년 스코틀랜드 교회의 알렉산더 더프가 입국함 1810년 헨리 마틴(Henry Martin)이 우르두(Urdu)어로 성경을 번역함 1813년 미국의 회중교회 선교사들이 봄베이에 도착함 1819년 캐리는 세람포에 동양 문학 및 유럽과학을 가르치는 대학을 설립함 1834년 바젤 선교회의 선교사들이 망갈로어 지역에서 사업을 시작함 1840년 라이프찌히의 루터교 선교회의 선교사들이 남인도로 옴 1841년 루터교회 선교사들이 남부지방에 들어옴 1844년 미국 장로교 선교사들이 펀잡지역에서 선교함 1856년 감리교 선교사들이 우타 프라데쉬 지역에서 사역함 1880년 인도에 최초의 여자 의료선교사 패니 버틀러가 도착함
	파키스탄	1810년 헨리 마틴이 우르두어로 성경을 번역함
	실론	1795년 영국의 점령으로 인해 화란의 개신교 사역은 거의 소멸됨 1804-18년 영국의 런던선교회(L.M.S) 선교사들이 활동함 1812년 총독 로버트 브라운릭(R. Brownrigg) 후원으로 성경공회가 설립됨 1812년 영국 침례교회 선교사들이 입국함 1813년 콕(Coke) 박사가 6명의 선교사들과 함께 실론에 도착함 1814년 영국의 감리교회 선교사들이 도착함 1817년 영국의 교회선교회(CMS) 선교사들이 활약함 1819년 미국의 존 스커더가 의료선교사로 부임함

개신교 선교(1793-1914) - 아시아(계속)

나라		선 교 내 용
동남아시아	미얀마 (버어마)	1813년 미국의 아도니람 저드슨이 인도에서 랑군에 도착함 1818년 저드슨은 최초의 세례자를 얻음 1834년에 미얀마어 신구약성경 번역 완성함. 미얀마 영어사전을 편찬함 　　　　카렌족 최초의 개종자인 코 타 빈이 카렌족을 위해 사역함 1858년경 침례교회가 미얀마의 주류를 이룸
	태국 (사이암)	1831-49년 회중교회 선교사들이 활동/귀국함(한 명의 개종자도 못 얻음) 1831년 회중교회 선교사들이 입국함. 1849년 개종자가 없어서 철수함 1833년 침례교회 선교사들이 도착함 1840년 장로교 선교사들이 활동함 1843년 침례교도 존 테일러 존스가 신약성경을 태국어로 번역함 1859년 최초로 나이 추네(Nai Chune)가 장로교로 개종함
	자바	1811년 독일의 경건주의자 조하네스 엠데가 정착함(자바 여인과 결혼함) 　　　부분적으로 자바어 성경을 번역함. 1849년 젤레스마가 자바에서 사역함
	보르네오	1847년 프란시스 맥도갈(의사, 신부)이 S.P.G. 및 개인후원으로 파송됨 1851년 5명이 성찬식에 참여함
	인도네시아	화란의 동인도 회사의 교회가 화란인과 원주민들을 위해 존재함 19세기초 화란선교회의 선교사들이 새롭게 활동함 1811년 독일의 조하네스 엠데가 자비량선교사로 수랴바야에 정착함 　　　그는 부분적으로 자바어 성경을 번역하여 보급함 1849년 최초의 선교사 젤레스마가 동 자바 지역에 자리를 잡음
동아시아	중국	1807년 최초의 개신교 선교사 로버트 모리슨이 광동에 도착함 　　　신약(1813), 구약(1819)과 중국어 사전을 번역함 1813년 윌리암 밀톤이 중국인 리앙 파가 최초로 목사로 안수받음 1835년 피터 파커가 의료 사업을 시작함 1845년 남경조약으로 5개의 항구(광동, 하문, 복주, 영파, 상해)가 개방됨 　　　선교사들이 항구도시에 몰려 경쟁과 사역의 중복 사태가 발생함 1846-62년 태평천국(太平天國)의 난(亂)이 발생함 1847년 윌리암 번즈가 내륙 선교를 시작함 1853년 허드슨 테일러가 중국전도협회 소속으로 입국함 1865년 허드슨 테일러는 중국내지선교회(CIM)를 설립함 1990년 의화단(義和團) 사건으로 많은 선교사들이 희생당함
	일본	1859-69년 미국의 성공회, 장로회, 개혁교회, 자유침례교의 선교사들이 옴 1866년 감독교회의 채닝 윌리암즈가 개종자들에게 첫세례를 베품 1871년 미국의 제인스 대위가 서부의 쿠마모토에서 학교를 세워 선교함 1872년 개혁교회의 제임스 발라가 9명의 청년에게 세례를 베품 　　　이들은 나중에 '기독교교회'라는 일본 최초의 교회를 조직함 1874년 하디 니이지마가 미국에서 선교사로 귀국하여 동지사 대학을 세움 1876년 홋가이도에 미국의 클라크 박사가 1년간 거주하며 큰 영향을 줌

개신교 선교(1793-1914)-오세아니아

나라		선교 내용
1796. 9. 런던선교회의 선교사들이 오세아니아에 최초로 파송됨		
폴리네시아	하와이	1819년 릴로리호 왕에 의한 우상금지령으로 복음의 문이 열림 1820년 미국 아메리카위원회 소속의 선교사들이 파송됨 1839-41년간 인구 10만명 중 2만명이 교인이 됨
	사모아	윌리암스(Williams)에 의해 복음이 전파됨 1863년 프라트(Pratt)와 터너(Turner)가 사모아어로 성경 전체가 번역함 사모아인에 의해 출판됨
	피지	피지에서 최초의 선교사들은 식인종들에게 순교당함 타이티와 통가 지역에 선교사들이 정착함 1830년 하바이섬 추장인 타우파아하우(후에 통가의 왕이 됨)가 세례받음 1835년 피지에 감리교 선교사들이 들어옴 1845년 피지의 추장 타콤바우가 세례를 받음
	통가	1797년 런던선교회에서 선교를 시작함 1822년 감리교 선교사들에 의해 이 지역이 복음화됨 1830년 아이바이 섬의 추장인 타우파아하우가 세례를 받음(세례명 조지) 1839년 조지가 통가의 왕으로 추대됨. 기독교법률이 국법으로 반포됨
	타이티	1797년 런던선교회에서 선교를 시작함 1817년 회중교회의 존 윌리암스가 소사이어티 군도의 라이아스테아에 옴 1819년 타이티섬의 왕자 포마레가 세례를 받고, 교회를 헌당함 1835년 타이티어로 신구약성경이 번역되고, 1839년 출판됨
멜라네시아	뉴칼레도니아	1853년 프랑스의 점령으로 카톨릭 선교가 주축을 이룸 1899년 파리 복음선교회가 주로 사역함
	뉴기니아	1886년 독일 선교사들에 의해 선교가 시작됨 1904년 라인선교회의 선교사에 의해 원주민 한명이 최초로 세례받음
	솔로몬군도	1839년 타나 섬에 존 윌리암스와 사모아 출신의 선교사 3명이 들어감 그해 식인종들에게 순교를 당함. 20세기에 들어서 복음화가 됨
	뉴 헤브라이데스	멜라네시아 선교단이 유일하게 사역함 1877년 존 윌리암스가 산타 크루즈군도의 누카푸섬에서 순교당함
미크로네시아	마샬군도	1852년 후 미국위원회 산하 하와이 복음주의회의 영향 아래 놓임
	길버트군도	런던선교회의 주요 활동 무대였음 에본(Ebon), 야룻(Jalut) 선교사가 주요 인물이었음
	카롤라인군도	카롤라인군도의 쿠사이오 섬에 신학교가 세워짐
오스트랄리아	호주	영국의 범죄자들의 정착이 이루어짐 다양한 선교회(모라비안, 루터란, 성공회, 장로교)가 사역하게 됨
	뉴질랜드	1814년 성공회의 사무엘 마스덴과 선교단이 마오리 족을 위해 입국함 1825년 최초로의 마오리족에게 세례가 베풀어짐 1840년 영국의 주권이 선포됨. 1854년경 마오리족의 대부분이 개종함 1854년경 마오리족의 99퍼센트가 기독교인이 됨

17-20세기 초 개신교 선교사들

이 름	시기	사역지	모국	교파	선 교 조 직
존 엘리옷 John Eliot	1604-1690	북미 인디언	영국		뉴 잉글랜드 내 복음 전파회
토마스 브레이 Thomas Bray	1656-1730	북미 영국령	영국	영국국교	기독교지식향상회(설립자) 해외복음선교부(설립자)
바돌로메 지겐발크 Batholomaus Ziegenbalg	1684-1719	인도	독일	루터교	화란계 할레선교회
데이빗 브레이너드 David Brainerd	1118-1747	북미 인디언	커네티컷주	회중교회	기독교 지식 전파를 위한 스코틀랜드선교회
크리스챤 쉬바르츠 Christian F. Schwart	1726-1798	인도	독일	루터교	화란계 할레 선교회
윌리엄 케리 William Carey	1219-1221	인도	영국	침례교	침례교 선교회(설립자)
헨리 마틴 Henry Martin	1781-1812	인도	영국	영국국교	영국 동인도회사(사목)
로버트 모리슨 Robert Morrison	1782-1834	중국	영국	영국국교	런던 선교회(LMS)
아도니람 저드슨 Adoniram Judson	1788-1850	미얀마	미국	침례교	아메리카 해외선교부(설립자)
로버트 모팻 Robert Moffat	1795-1883	남아프리카	스코틀랜드	감리교	런던 선교회(LMS)
엘리야 브리지먼 Elijah G. Bridgman	1801-1861	중국	미국	회중교회	아메리카 해외선교부
알렉산더 더프 Alexander Duff	1806-1878	인도	스코틀랜드	장로교	스코틀랜드 교회
사무엘 크로우더 Samuel A. Crowther	1806-1891	나이지리아	나이지리아	영국국교	성공회 선교부(CMS)

Robert C. Walton, *Church History* (Grand Rapids: Acadimic Books, 1986), 80쪽.

17-20세기 초 개신교 선교사들(계속)

이 름	시기	사역지	모국	소속	선 교 조 직
존 크랍 John Krapf	1810-1881	동부 아프리카	독일	루터파	성공회 선교부(CMS)
데이빗 리빙스톤 David Livingstone	1813-1873	북미 영국령	스코틀랜드	독립교회	런던 선교회(LMS)
윌리엄 번즈 William Burns	1815-1868	중국	스코틀랜드	장로교	영국 장로교회
요하네스 레브먼 Johannes Rebmann	1819-1876	동부 아프리카	독일	루터파	성공회 선교부(CMS)
존 페이턴 John G. Paton	1824-1907	뉴헤브리드스	스코틀랜드	장로교	스코틀랜드 개혁장로교회
존 네비우스 John Nevius	1829-1893	중국	미국	장로교	장로교 해외선교부
허드슨 테일러 J. Hudson Taylor	1832-1905	중국	영국	감리교	중국내지선교회(설립자)
그라턴 기네스 H. Grattan Guinness	1835-1910	콩고	아일랜드	아일랜드 교회	리빙스톤내지선교회(설립자) 북부아프리카선교회(설립자) 선교연맹을 넘어선 지역들(설립자)
메리 슬레서 Mary Slessor	1848-1915	서부 아프리카	스코틀랜드	장로교	스코틀랜드 연합장로교회
스터드 C. T. Studd	1862-1931	중국 콩고	영국	영국국교	중국 내지 선교회(CIM) WEC(설립자)
알베르트 슈바이쳐 Albert Schweitzer	1875-1965	적도 아프리카	독일	루터파	파리복음선교회

Robert C. Walton, Church History (Grand Rapids: Acadimic Books, 1986), 81쪽.

17-19세기에 세워진 선교단체들

나 라	연 도	단 체 명
영국	1649	Society for the Propagation of the Gospel in New England
	1698	Society for Promoting Christian Knowledge
	1701	Society for the Propagation of the Gospel in Foreign Parts
	1795	London Missionary Society
	1799	Church Missionary Society(성공회 선교부)
	1799	Religious Tract Society
	1986	Methodist Mission to the West Indies
	1803	Sunday School Union
	1804	British and Foreign Bible Society
	1817	Wesleyan Methodist Missionary Society
	1837	Y.M.C.A
스코틀랜드	1796	Scottish Missionary Society
	1796	Glasgow Missionary Society
미국	1825	American Tract Society
	1816	American Bible Society
	1810	Congregational Board of Commissioners for Foreign Missions
	1812	American Board of Commissioners for Foreign Missions
	1819	Methodist Episcopal Missionary Society
	1824	American Sunday School Union
	1837	Board of Foreign Missions of the General Assembly of the Presbyterian Church
	1837	Evangelical Lutheran Missionary Society
	1851	Y.M.C.A in the U.S.
화란	1797	Netherlands Missionary Society
프랑스	1822	Paris Evangelical Society
스위스	1815	Bazel Evangelical Missionary Society
독일	1800	Jenicke's Missionary School
	1815	Basel Missions
	1824	Berlin Missionry Society
	1828	Rhenish Missionary Association
	1836	Gossner Mission
	1836	Leipzig Mission Society
	1849	Hermannsburg Mission
덴마크	1821	Danish Missionary Society
스웨덴	1835	Swedish Missionary Society
노르웨이	1842	Norwegian Missionary Society

19세기 선교지에서 개최된 선교협의회들

개최연도	이 름	특 징
1825. 11.	봄베이 선교협의회	* 봄베이에서 4개 선교단체의 선교사들이 모임 * (American Board, L. M. S, C. M. S, Scottish M. S.)
1855. 9. 4-7	제1차 북인도 선교협의회	* 켈커타에서 6개 선교단체에 속한 55명 모임 * 토착교회 및 여성교육 증진 방안 논의 * 5년내에 100명의 선교사를 파송해 줄 것을 요청.
1857. 1. 6-9	제2차 북인도 선교협의회	* 바나레스에서 7개 선교단체의 31명 모임 * 기독교 문서 및 토착인 훈련을 논의.
1862. 12. 26-1. 2	제3차 북인도 선교협의회	* 라호르(현재는 파키스탄 지역)에 71명이 모임 * "인도의 보편적 교회" 논문 발표
1858. 4. 19-5. 5	제1차 남인도 선교협의회	* 우타카문드에서 8개 선교단체의 32명이 모임 * 인도 내의 선교단체의 역사 및 성과를 평가 * 분할선교정책(Comity)을 논의 * 연합의 필요성 강조
1879. 6. 11-18	제2차 남인도 선교협의회	* 방갈로에서 15개 선교단체의 18명이 모임 * 토착교회의 교육문제 토의.
1900. 1. 2-5	제3차 남인도 선교협의회	* 마드라스에서 26개 선교단체 대표 160명 참석. 토의안건: ① 토착교회-자립, 자치, 자전 ② 토착단체-선택과 훈련 ③ 교육 ④ 판차마족에 대한 운동 ⑤ 여성문제 ⑥ 토착신도의 무능 ⑦ 기독교문서 ⑧ 분할선교정책 및 선교지에서의 협력 ⑨ 선교사 훈련 및 인두인 전도 문제
1872. 12. 26-1. 1	제1차 십년제(Decennial) 선교대회	* 알라하밧에서 19개 선교단체 136명이 참석.
1892. 12. 29	제2차 십년제 선교대회	* 켈커타에서 27개 선교단체 475명 참석.
1902. 12. 11	제3차 십년제 선교대회	* 봄베이에서 40개 선교단체 620명 참석.
1902. 12. 11	제4차 십년제 선교대회	* 마드라스에서 55개 선교단체 286명 참석.
1872. 9. 20-25	일본 최초 개신교 선교협의회	* 요꼬하마에서 4개 선교단체 대표 17명 참석.
1878. 5. 10-13	제1차 일본 개신교 선교협의회	* 미국선교부(American Board)에 의해 소집됨 * 4개 선교단체 47명 참석.
1883.	제2차 일본 개신교 선교협의회	* 오사카에서 22개 선교단체 106명 참석.
1900. 10. 24-31	제3차 일본 개신교 선교협의회	* 도꾜에서 42개 선교단체 450명 참석. * 협동/분할 선교 정책, 교회 연합 문제 토의.
1877. 10. 24-31	제1차 중국 개신교 선교협의회	* 상해에서 36개 선교단체 442명 참석. * 성경 번역 및 개역에 관한 문제를 토의.
1907. 4. 5- 5. 8	대선교협의회 (Great Conference)	* 상해에서 1,000여명 이상 참석. * 연합과 협동이 중요 관심사로 등장.
1888. 1. 31- 2. 3	제1차 멕시코 선교협의회	* 멕시코시에서 12개 교파 100여명 참석. * 카톨릭과의 관계, 성경 개역, 분할 선교정책 등
1897. 1. 27-31	제2차 멕시코 선교협의회	* 멕시코시에서 12개 선교단체 200여명이 참석. * 멕시코 교회 지도자들도 참석함

19세기 영국, 미국에서 개최된 선교협의회들

개최연도	나라	이 름	특 징
1846. 8.	영국	복음주의 연맹 (Evangelical Alliance)	* 복음전파와 선교 목적으로 조직(복음주의적) * 현대선교 및 연합운동에 크게 공헌함
1854. 5. 4-5	미국	뉴욕 선교협의회	* 스코틀랜드 선교사 더프의 선교보고 후 이루어짐 * 필라델피아 목사들이 개최를 만장일치로 가결 * 156명 참석(11명의 선교사)
		토의된 의제	① 이 세계의 개종은 어느 정도 기대할 수 있는가? ② 하나님이 재정하신 가장 효과적인 복음 전파 방법은 무엇인가? ③ 해외 선교지의 선교활동은 집중/확산 중 어느 것이 옳은가? ④ 여러 선교단체들이 같은 지역에 지부를 설치하는 것이 바람직한가? ⑤ 자격이 있는 일꾼들을 발굴하고 준비시키는 방법은 무엇인가? ⑥ 선교 사역을 돕기 위해 교회의 성도들이 어떻게 협력할 수 있는가? ⑦ 선교 정보를 널리 보급할 수 있는 방법은 무엇인가? ⑧ 이와 같은 선교대회를 매년 개최하는 것은 바람직한 것인가?
1854. 10. 12-13	영국	런던 선교협의회	① 복음주의 선교의 본질적 연합과 협동 ② 토착 전도 사역을 발전시키는 방법 ③ 비기독교인들의 개종에 대한 성경적 기대
1860. 3. 19-23	영국	리버풀 선교협의회	* 126명 참석(37명-선교사, 52명-선교단체 대표) * 선교사 발굴, 선교지에서 기독교 교육, 토착화 등
1878. 10. 21-26	영국	런던 선교협의회	* 34개 선교단체의 160명 이상이 참석함 * 선교활동 상황을 나라별로 보고함 * 허드슨 테일러, 제임스 스튜와트 등이 참석
1888.	영국	런던 선교협의회 (백주년 기념)	* 139개 선교단체의 1,579명이 모임 * 지역 분할 정책, 선교협력, 교회 연합 등 * 선교학자 바르넥이 논문을 발표함
1900. 4. 21-5. 1	미국	뉴욕 에큐메니칼 선교협의회	* 162개의 선교단체의 2,500이 참석(가장 큰 대회) * "에큐메니칼 선교대회"라고 불리움 * "세계 선교대회"를 위한 국제실행위원회 설치 의결
특징			① 선교대회마다 영적 분위기가 극히 고조되었고, 연합과 일치의 마음의 가졌으며, 분열에 대한 아픔을 나타내었다. ② 선교대회 때마다 토착교회의 성장에 대한 관심사가 잘 나타났음에도 불구하고 백인 우월적인 의식을 나타냈다. 선교는 "백인의 과업"이라는 의식을 가졌다. ③ 비전을 많이 가졌지만 효과적인 선교 정책의 수립을 하지 못했다. ④ 선교대회 마다 앞으로의 정기적인 국제선교대회 개최의 필요성을 강조하였으며, 이러한 일련의 선교대회들은 1910년 "에딘버러 세계 선교대회"와 1921년 "국제 선교협의회"의 결성을 조직적으로 준비하는 계기가 되었다.

19세기 학생선교운동

단체이름	시기	창시자	특 징
Y.M.C.A.	1844	조지 윌리엄즈 George Williams	* 영국 런던에서 처음 조직됨 * 1851년 미국 보스톤에서 조직됨 * 1870년대에 40여 개의 대학에서 조직됨 * 범대학 Y.M.C.A. 기구가 조직됨 * 예배, 성경공부, 개인전도를 강조함
범신학교 선교연맹	1883	매티어 Robert Mateer	* 범대학 Y.M.C.A 운동에 자극을 받아 조직됨 * 신학교 간의 복음주의적 선교기구
영국학생 선교운동	1873	헨리 드러몬드	* 디 엘 무디가 영국/스콧트를 방문하여 자극을 줌 * 캠브리지 7인이 헌신하는 결과를 가져옴
학생자발 선교운동	1889	존 모트(초대회장) John Mott	* 위샤드(YMCA 지도자)와 와일더의 노력으로 됨 * 1886.7. 메사츄세츠주 헐몬산에 선교집회로 모임 * 디 엘 무디가 강사로 251명이 참석함 * 100명이 선교를 위해 헌신함 * "학생자발선교운동"(1889년)이 정식으로 조직됨 * 모트의 표어: "세계를 이 세대 안에 복음화하자" * 세계 복음화 운동에 큰 기여를 함
세계학생 선교협회	1895	프라이즈(초대회장) Karl Fries 존 모트(초대총무)	* 학생자발선교운동에 자극을 받은 영국, 독일, 스칸디나비아 반도 등에도 같은 운동이 일어남 * 8월 세계 학생선교운동의 대표자들이 스웨덴의 바드스테나 성에 모여 세계적 연합기구를 조직함 * 조직 동기는 세계 복음화를 이루기 위해서는 연합의 실천이 가장 필요한 것임을 느끼게 되었기 때문임 * 모트의 노력으로 70여개의 학생선교단체가 세계 각 곳에서 조직됨
특 징	\multicolumn{3}{l}{① 20세기의 선교 및 교회연합운동을 태동케 하는 근본적인 원동력이 됨 ② 저명한 세계적 교회 지도자들(Joseph H. Oldam, Nathan Soerblom, William Temple, John Mott)을 배출함 ③ 이들은 20세기 선교 및 교회 연합운동의 주도적인 역할을 감당함}

캠브리지 7인(The Cambridge Seven)

1	이름	윌리엄 카셀(William Wharton Cassels, 1859. 3. 11-1923)
	특징	* 캠브리지의 St. John's college에서 B.A 학위를 받음(1879-1883) * 중국 서부의 새 교구에서 감독으로 안수받아 사역하다가 그 곳에서 사망함
2	이름	세실 헨리 폴힐-터너(Cecil Henry Polhill-Turner, 1860. 2. 23-1938)
	특징	* 캠브리지의 Eton college와 Jesus college에서 수학함 * 티벳과 그 주변 지역에서 사역하다가 병으로 1903년 영국으로 돌아감 * 1938년 80세의 나이로 하우베리에서 소천함
3	이름	찰스 스터드(Charles Thomas Studd, 1860. 12. 2-1931. 7. 16)
	특징	* 캠브리지의 Eton college와 Trinity college에서 B.A. 학위를 받음(1879-1884) * 그는 크리켓 대표선수였음(1881-1884) * 1894년 건강의 악화로 중국으로 떠났으며 다시 돌아가지 않았음 * 1931년 아프리카 지역으로 가서 사역하다가 콩고 아이밤비에서 소천함 * 그는 나중에 WEC(World Evangelization Crusade)의 창설자가 됨
4	이름	스텐리 스미쓰(Stanley Peregrine Smith, 1861. 3. 19-1931 1. 31)
	특징	* 1874년 13세때 디 엘 무디의 설교를 들을 때 구주를 영접함 * 캠브리지의 Trinity college에서 B.A. 학위를 받음(1879-1882) * 1902년 불신자의 최종 운명에 대한 논쟁으로 CIM을 탈퇴함 * 그 후 무소속으로 산서성 동부에서 사역하다가 소천함
5	이름	몽테규 보쌈프(Montagu Harry Proctor Beauchamp, 1861. 4. 19-1939)
	특징	* 캠브리지의 Trinity college에서 B.A 학위를 받음(1879-1883) * 그는 순회 설교가였음 * 1900년 북청사변으로 잠시 철수하였다가 1902년 다시 중국으로 돌아감 * 1911년 다시 영국으로 귀국하여 안수를 받음 * 1차 대전 중에 종군 목사로 이집트, 그리스, 북러시아 등지에서 사역함 * 1939년 79세때 중경에 다시 들어갔으며, 1939년 빠오닝에서 소천함
6	이름	딕슨 호스트(Dixon Edward Hoste, 1861. 6. 23-1946)
	특징	* 울리치의 Clifton college와 왕립육군사관학교에서 수학함 * 1903년 허드슨 테일러를 계승하여 CIM의 총재가 됨 * 1946. 6까지 중국에서 60년 이상을 사역. 7인 중 마지막으로 런던에서 소천함
7	이름	아더 폴힐-터너(Arthur Twistleton Polhill-Turner, 1863. 2. 7-1935)
	특징	* 캠브리지의 Eton college와 Trinity college에서 B.A. 학위를 받음(1800-1884) * 1888년 중국에서 안수받았으며, 쓰촨성과 다른 지역에서 사역함 * 1928년 66세의 나이로 은퇴하여 1935년 영국 허퍼드셔에서 소천함
의의		* 1885. 1. 8. 저녁 엑스터홀에서 중국을 위하여 선교사로 갈 것을 선언함 * 중국내지선교회(Chuna Inland Mission, OMF의 전신)의 선교사로 활약함 * 이 날을 계기로 "캠브리지 7인"이라고 불리워짐 * 1885. 1. 8-2. 4까지 각처에서 행한 그들의 선교집회는 영국국민에게 큰 도전을 줌 * 1985. 2. 5- 3. 18 빅토리아 역을 출발하여 중국 상하이에 도착함 * 이들은 이후의 대학생 선교운동의 기수가 됨

에딘버러 세계선교대회

의 미	① 19세기 선교 및 연합운동의 총결산하는 대회였음 ② 20세기 선교 및 연합운동의 시발점이 됨
기 간	1910. 6.14-23까지 영국 에딘버러 대학교 뉴 칼리지 건물
참석자	159개 선교단체의 선교 관련자 1,200명
인 물	의장: 존 모트, 총무: 올담(J. H. Oldam)
회 의 진 행	* 1900년 마드라스 대회의 방법을 채택함 * 분과위원들이 미리 연구 토의케 함 * 분과위원장이 45분간 연구 내용을 보고함 * 이후 질문자는 의장에게 질문지를 제출하여 의장의 지명을 받은 사람은 7분 이내에 발언을 하게 함

특 징	① 선교단체의 공식대표들만 회원으로 참석한 권위있는 모임이었음
	② 이전 모임들에 비해 연구와 협의에 중점을 둔 모임임
	   1908년 국제 분과조직위원회가 조직되어 8개 분과로 나누어 연구함
	    ⓐ 모든 비기독교 세계에 복음 전달 ⓑ 선교지의 교회
	    ⓒ 기독교회와 교육과의 관계 ⓓ 타종교와 선교 메시지와의 관계
	    ⓔ 선교사의 준비 ⓕ 선교의 근거지
	    ⓖ 선교와 정부와의 관계 ⓗ 협동와 연합의 증진
	③ 상기 8개 분과위원회에서 강조/토의된 점은 선교와 연합의 필요성임
	   그래서 "국제선교협의회"의 창설이 필요하다고 여김
	④ 이전의 대회들보다 신생교회 지도자들의 참여가 현저함
	⑤ 이전의 대회들보다 더 많은 교파를 포괄하게 됨
	⑥ 에큐메니칼 운동의 지도자들을 훈련시키는 역할을 함
	⑦ 신앙과 직제(Faith & Order) 창설을 태동케 한 모임이 됨
	⑧ 그리스도인들 간의 교제와 연합 의식을 새롭게 체험한 계기가 됨
	⑨ 교회연합을 향한 새로운 운동이 시작됨을 전조(前兆)한 모임이 됨
	⑩ 계속위원회(Continuation Committee)와 선교협의 위기위원회(Emergency Committee of Co-operating)를 조직하여 대회에서 논의된 과업들을 계속해서 수행할 수 있게 됨

결 과	* 1921년 미국 모홍크 호수에서 열린 국제선교협의회(International Missionary Council)의 창설하게 하였음
생각해 볼 관점들	① 이 대회의 주도적 인물인 존 모트는 평신도였음 ② 참석자들은 교회의 지도자들이 아니라 선교단체의 지도자들이었음 ③ 연합을 위해 교리적인 문제를 의도적으로 무시한 점이 있음

19-20세기 주요 아프리카 기독교 토착화 운동들

운동의 이름	지도자	교파	기원	위치	소속 수도단
이디오피아 교회 (Ethiopian Chruch)	망게나 모코니 (Mangena M. Moconi)	감리교	1892	남아프리카	아프리카 교회에 대한 유럽 간섭 배제
아마-시라이엘리 (이스라엘 계열) (Ama-Siayeli)	에녹 므기지마 (Enoch Mgijima)	영국국교	1910	남아프리카	핼리 혜성은 교회에 주어진 한 표지임 신약을 거부하고 구약으로 돌아가자 믿음 치료
해리스 기독교도 (Harris Christians)	윌리엄 와데 해리스 (William Wade Harris)	감리교	1913	아이보리코스트 리베리아 골드코스트	믿음 치료 주술 거부
말라키파 (Malakites)	말라키 무샤야카와 (Malaki Musajakawa)	영국국교	1913	우간다	의사와 약품 반대 일부다처제 옹호
	가릭 소카리 브레이드 (Garrick Sokari Braid)	영국국교	1916	나이지리아	제2엘리야로 자처함 초자연적 환상들 믿음 치료 의사와 약품 반대 금주
킴방구파 교회 (Kimbanguist Church)	시몬 킴방구 (Simon Kimbangu)	침례교	1921	콩고	믿음 치료 주물 거부 일부다처제 반대

Robert C. Walton, *Church History* (Grand Rapids: Acadimic Books, 1986), 82쪽.

(에큐메니칼 진영) 20세기 선교대회 흐름도

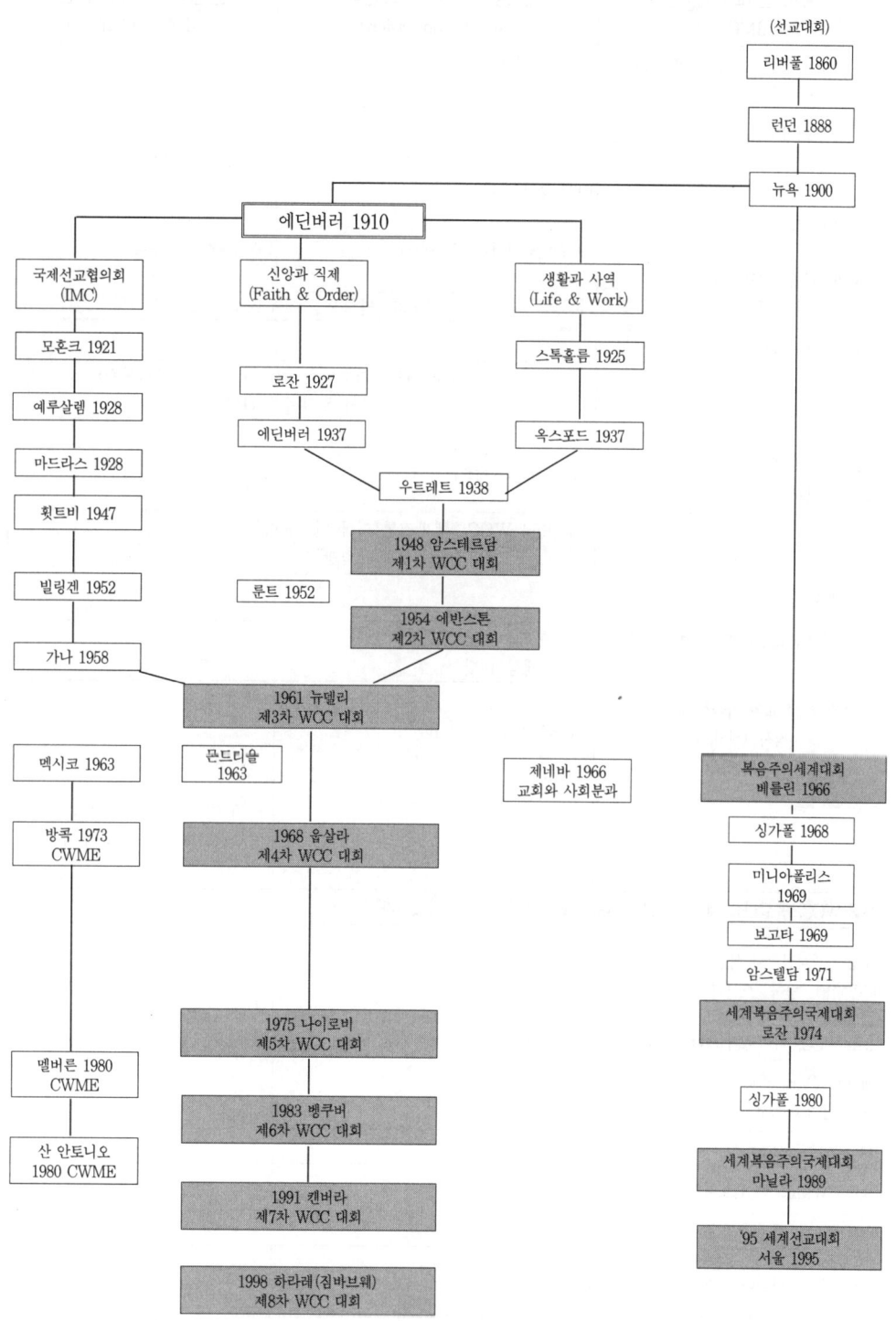

세계교회협의회(WCC) 발전 과정

국제선교위원회 (IMC)	신앙과 직제 위원회 (Faith and Order)	생활과 사역 위원회 (Life and Work)
1910-세계선교협의회 에딘버러(스코틀랜드) "동시대의 세계복음화"		
1921-모혼크(미국 뉴욕)		
		1925-스톡홀름(스웨덴)
	1927-로잔(스위스)	
1928-예루살렘		
	1937-에딘버러(스코틀랜드)	1937-옥스포드(영국)
1938-마드라스(인도)		
	1938- 연합모임, 우트레트(네델란드)	
1947-휫트비(캐나다)		
	1948-세계교회협의회(WCC) 암스테르담(화란) "인간의 무질서와 하나님의 계획"	
1952-빌링겐(독일) "교회의 선교적 직무"	1952-룬트(스웨덴)	
	1954-WCC, 에반스톤(미국 일리노이주) "그리스도, 세계의 희망"	
1958-가나		
1961-국제선교협의회와 세계선교협의회의 통합, 뉴델리(인도) "예수 그리스도, 세상의 빛"		
1963-세계선교와 복음화 위원회, 멕시코시티 "6대륙의 증인"	1963-몬트리올(캐나다)	
		1966-교회와 사회분과제네바(스위스) "기술적 사회적 혁명시대의 기독교인"
1968-WCC, 웁살라(스웨덴), "보라, 내가 모든 것을 새롭게 하였노라"		
1972-3-세계선교와 복음화 위원회 (CWME), 방콕 "오늘의 구원"		
1975-WCC, 나이로비(케냐), "자유케 하시며 연합케 하시는 예수 그리스도"		
1980-CWME, 멜버른 "나라이 임하소서"		
1983-WCC, 뱅쿠버(캐나다), "예수 그리스도, 세상의 생명"		
1989-CWME, 산 안토니오		
1991-WCC, 캔버라(호주), "오소서 성령이여"		
1998-WCC, 하라레(짐바브웨), "하나님께 돌아가자-기쁨으로 즐거워하자"		

세계교회협의회(WCC)의 조직

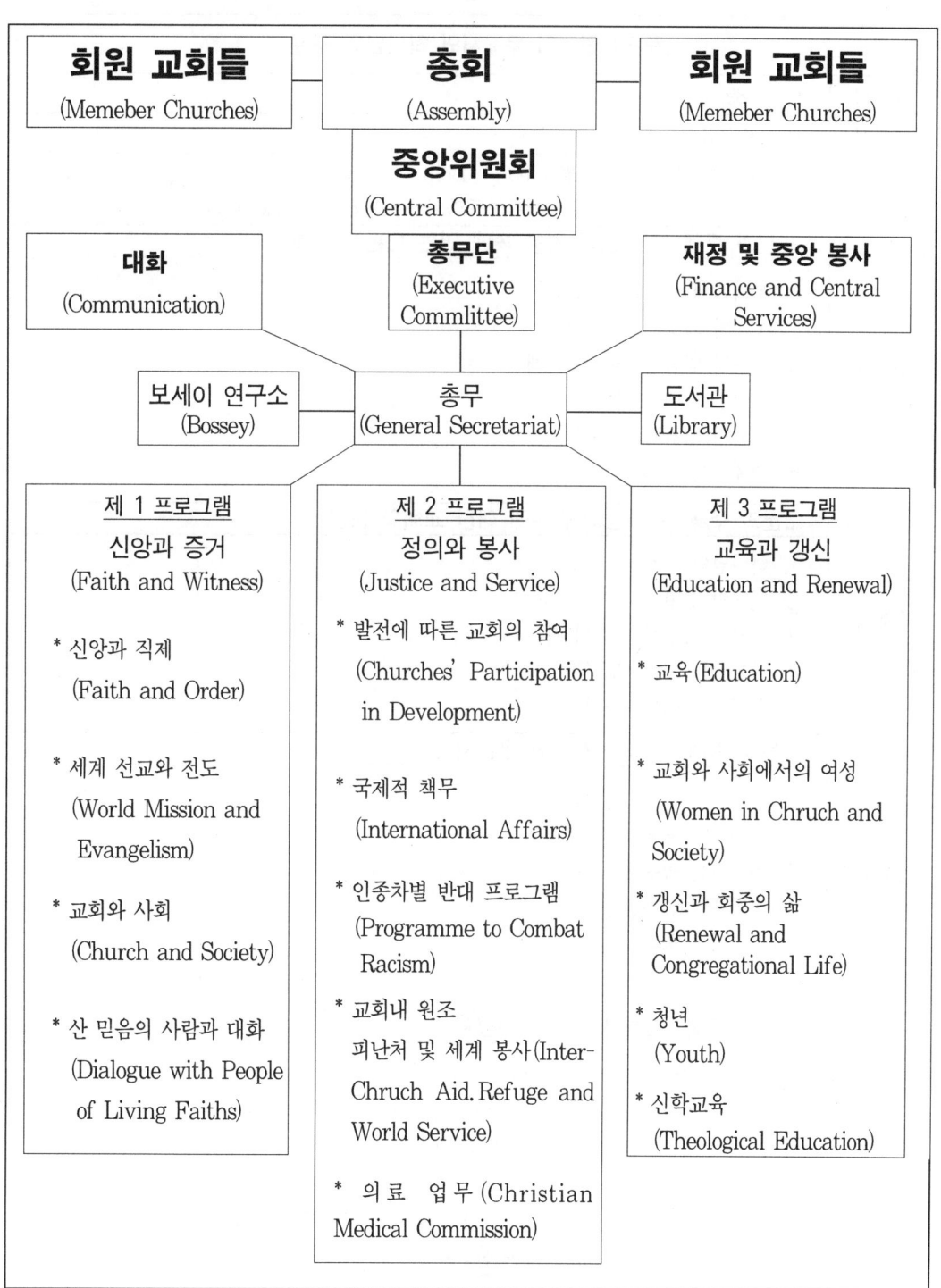

WCC 1차 총회(네덜란드 암스테르담, 1948)

	주제: 인간의 무질서와 하나님의 경륜
일 시	1948. 89. 22-9. 4.
참석자	대표자 351명 (147 회원교회들)
의 장	중앙위원회 의장: 조지 벨(George Bell) 부의장: 프랭클린 클락 프라이(Farnklin Clark Fry)
1분과	**1 분과 주제: 하나님의 경륜 속에 있는 보편적 교회** 1. 우리에게 주어진 하나됨 2. 우리의 가장 깊은 차이 3. 공통된 믿음과 공통된 문제 4. 차이점 속에서 하나됨 5. 교회의 영광과 부끄러움 6. 세계교회협의회
2분과	**2분과 주제: 하나님의 경륜에 대한 교회의 증언** 1. 하나님의 목적 2. 현재의 상황 3. 오늘날 당면한 교회의 과제 4. 선교 및 복음 전도전략 5. "지금은 용납된 때이다"
3분과	**3분과 주제: 교회와 사회의 무질서** 1. 사회의 무질서 2. 경제 조직체와 정치 조직체 3. 책임있는 공동체 4. 공산주의와 자본주의 5. 교회의 사회적 기능 6. 결론
4분과	**4분과 주제: 교회와 국제적 무질서** 1. 전쟁은 하나님의 뜻과 반대됨 2. 평화는 강대국들 사이의 분쟁 원인에 대한 비판을 요구함 3. 세계의 국가들은 법치를 인정해야 함 4. 인권과 기본 자유권 준수는 국내 및 국제적 행동에 의해 이루어져야 함 5. 교회와 기독교인들은 국제적 혼란에 당면해야 할 의무가 있음 * 결의문 및 종교적 자유에 대한 선언문

WCC 2차 총회(미국 에반스톤, 1954)

	주제: 그리스도—세상의 희망
일 시	1954. 8. 15-31.
참석자	대표자 502명(161 회원교회들)
중앙위	중앙위원회 의장: 프랭클린 클락 프라이(Farnklin Clark Fry) 부의장: 어네스트 페인(Ernest Payne)
1분과	**신앙과 직제: 그리스도 안에서 일치와 교회의 분열** 1. 서론 2. 그리스도 안에서 하나됨 3. 교회들 사이의 분열 4. 신앙의 행위 * 신앙과 직제 보고서에 대한 토론 * 신앙과 직제에 관한 동방정교회 대표단의 선언문
2분과	**복음전도: 교회밖에 있는 사람들을 향한 교회의 선교** 1. 복음화하는 교회 2. 복음 전도의 영역 3. 복음의 전파 4. 복음 전도의 영역 개척 5. 비기독교적 신앙들 6. 주 예수여, 오소서 * 복음 전도에 대한 보고서 토론
3분과	**사회 문제들: 세계적 시양에서의 사회적 문제** 1. 서론 2. 책임지는 사회의 의미 3. 공산주의자와 비공산주의자들의 긴장과 관련된 교회 4. 경제적으로 낙후된 지역에서의 문제점 5. 결론 * 사회문제들에 관한 보고서 토론
4분과	**국제 문제: 세계공동체를 위해 투쟁하는 기독교인** 1. 서론 2. 평화에의 열망과 전쟁에 대한 공포 3. 분열된 세상에서 함께 살아감 4. 상호 의존적인 국제 사회 5. 유엔과 세계공동체 6. 인권 보호 7. 국제적 기풍을 향함 8. 교회와 구체적인 국제간의 갈등
5분과	**단체 상호간의 관계: 인종 및 민족 분쟁의 와중에 있는 교회** 1. 세계의 상황 2. 세상의 희망 3. 교회의 소명 4. 회개와 순종 5. 교회의 과제
6분과	**평신도: 소명 속에 있는 기독교인** 1. 평신도 사역 2. 현재의 상황: 기독교 신앙과 일상생활 3. 일에 대한 기독교적 이해 4. 평신도 사역: 어떻게 효과적으로 할 수 있는가?

WCC 3차 총회 (인도 뉴델리, 1961)

주제: 예수 그리스도-세상의 빛	
일 시	1961. 11. 19-12. 5.
참석자	대표자 577명 (197 회원교회들)
중앙위	중앙위원회 의장: 조지 벨 (George Bell) 　　　　　부의장: 프랭클린 클락 프라이 (Farnklin Clark Fry) 　　　　　　　러셀 찬드란 (J. Russell Chandran, 1966-68)
1분과	**1 분과 주제: 증거** 1. 서론 2. 예수 그리스도: 세상의 구주 3. 복음전파 4. 증거하는 공동체의 재형성
2분과	**2분과 주제: 섬김** 1. 서론 2. 급속한 기술적 사회적 변화 3. 책임지는 사회: 자유, 질서, 힘 4. 인종적 평등을 위한 투쟁 5. 세계 문제와 세계 질서에 대한 교회의 참여 6. 분열된 세계에서 교회의 섬김
3분과	**3분과 주제: 하나됨** 1. 교회의 하나됨 2. 몇 가지 고려해야 할 의미들

WCC 4차 총회(스웨덴 웁살라, 1968)

	주제: 보라, 내가 만물을 새롭게 하리라
일 시	1968. 7. 4-20.
참석자	대표자 704명(235 회원교회들)
중앙위	중앙위원회 의장: 토마스(M. M. Thomas) 부의장: 폴라인 웹(Pauline Webb) 메트로폴리탄 멜리톤(Metropolitan Meliton)
1분과	1분과 주제: 성령과 교회의 보편성 1. 다양성 추구 2. 연속성 추구 3. 전교회의 하나됨을 추구 4. 인류의 하나됨을 추구
2분과	2분과 주제: 선교의 갱신 1. 선교 위임 2. 선교의 기회 3. 선교를 위한 자유
3분과	3분과 주제: 세계 경제 및 사회 발전 1. 발전에 대한 기독교적 관심 2. 발전의 역학 3. 세계 발전의 정치적 조건들 4. 발전에 대한 몇 가지 인간적인 문제들 5. 기독교인, 교회, 세계교회협의회의 과제들
4분과	4분과 주제: 국제 문제의 정의와 평화를 향하여 1. 서론 2. 기독교적 통찰력 3. 평화와 전쟁의 문제 4. 정치 세계에서 개인과 단체의 보호 5. 경제 정의와 세계 질서 6. 국제 구조 7. 결론
5분과	5분과 주제: 예배 1. 세속화의 도전 2. 연속성의 변화 3. 선포, 세례, 성찬식 4. 사람들이 예배드리도록 도움
6분과	6분과 주제: 삶의 새로운 형태 1. 함께 성장하는 세대들 2. 권세의 건설적인 사용 3. 창조적인 동반자 관계 4. 공동체에서의 개인적 결단

WCC 5차 총회(케냐 나이로비, 1975)

주제: 자유케 하시며 하나되게 하시는 예수 그리스도	
일 시	1975. 11. 23-12. 10.
참석자	대표자 676명(285 회원교회들)
중앙위	중앙위원회 의장: 에드웨드 스코트(Edward Scott) 　　　　　　부의장: 쟌 스쿠스(Jean Skuse) 　　　　　　　　　　카레킨 사르키샨(Karekin Sarkissian)
1분과	1분과 주제: 그리스도에 대한 오늘날의 신앙고백 1. 서론 2. 회심의 행위로서 그리스도를 고백함 3. 많은 문화들, 그러나 한 분이신 그리스도 4. 신앙고백적 공동체 5. 예배와 삶을 통한 그리스도를 고백 6. 신앙고백과 선포의 사명
2분과	2분과 주제: 하나됨을 위한 조건 1. 서론 2. 하나됨을 위해 모두가 용납하는 목표가 필요함 3. 하나됨을 위해 상황에 대한 좀더 충분한 이해가 요구됨 4. 하나됨을 위해 투쟁과 희망 속에서도 동료의식이 필요함
3분과	3분과 주제: 공동체 추구―다양한 신앙, 문화, 이데올로기의 사람들의 공동모색 1. 머리말 2. 서론 3. 신앙과 공동체의 추구 4. 문화와 공동체의 추구 5. 이데올로기와 공동체 추구
4분과	4분과 주제: 해방 교육과 공동체 1. 교육의 상황 2. 문화와 역사로부터의 소외와 동화 3. 해방의 표징으로서의 기독교공동체 4. 신학 활동 5. 공동체를 위한 창조적 삶의 양식 6. 후기
5분과	5분과 주제: 구조악 해방을 위한 투쟁 1. 서론 2. 인권 3. 성차별 4. 인종차별
6분과	6분과 주제: 인간개발―권력, 신화, 삶의 질의 모호성 1. 서론 2. 새로운 차원으로의 발전 추구 3. 기술시대의 사회적 책임 4. 권력의 인정을 향하여 6. 삶의 질

WCC 6차 총회(캐나다 뱅쿠버, 1983)

	주제: 예수 그리스도-세상의 생명
일 시	1975. 7. 24-8. 10.
참석자	대표자 847명(301 회원교회들)
중앙위	중앙위원회 의장: 하인쯔 요아킴 헬드(Heinz-Joackim Held) 　　　　　　부의장: 미라의 크리소스토모스(Chrisosthomos of Myra) 　　　　　　　　　　실비아 탈봇(Sylvia Talbot)
1분과	**1분과 주제: 분리된 세계 속에서 증거** 1. 서론 2. 문화: 증거의 배경 3. 예배: 전망과 우리의 증거 능력 4. 특별한 관심의 영역: 어린아이들에게 증거함 5. 특별한 관심의 영역: 가난한 자들에게 증거함 6. 특별한 관심의 영역: 타종교인들에게 증거함
2분과	**2분과 주제: 하나됨을 위한 조치** 1. 목표: 신뢰할 만한 징표며 증거로서의 교회의 하나됨 2. 위와 같이 증거하는 하나됨의 표시들 3. 이 목표를 위하여 지금 취해야 할 조치들 4. 신앙과 직제에 관한 제 5차 세계회의를 향하여 5. 하나의 에큐메니칼 운동 속에 있는 세계교회협의회
3분과	**3분과 주제: 참여를 향한 움직임** 1. 서론 2. 참여를 방해하는 일반적인 요소들 3. 각 개별집단들과 관련된 방해 요소들
4분과	**4분과 주제: 공동체의 치유와 나눔의 삶** 1. 신학적 기초 2. 나눔의 사역 3. 교회의 치유사역
5분과	**5분과 주제: 평화와 생존 위협에 대한 대처** 1. 평화, 정의, 군국주의 2. 과학, 기술, 인간의 미래
6분과	**6분과 주제: 정의와 인간의 존엄성을 위한 투쟁** 1. 기본적인 성경적 신학적 확신 2. 압제의 세력과 해방의 힘 3. 압제와 부정의 그물망 4. 국민의 권리 5. 결론
7분과	**7분과 주제: 공동체에서의 배움** 1. 서론 2. 6가지 항목
8분과	**8분과 주제: 신뢰할 수 있는 커뮤니케이션** 1. 우리는 누구인가? 2. 우리는 어디에 있는가? 3. 우리의 주장은 무엇인가? 4. 커뮤니케이션의 배경 6. 신뢰성의 문제 7. 교회와 대중매체 8. 세계교회협의회와 커뮤니케이션

WCC 7차 총회(호주 캔버라, 1991)

주제: 오소서, 성령이여-만물을 새롭게 하소서	
일 시	1991. 2. 7.-20.
참석자	대표자 889명(316 회원교회들)
중앙위	중앙위원회 의장: 하인쯔 요아킴 헬드(Heinz-Joackim Held) 　　　　　　부의장: 메트로폴리탄(H. E. Metropolitan) 　　　　　　　　　　미라의 크리소스토모스(Chrisosthomos of Myra) 　　　　　　　　　　실비아 탈봇(Sylvia Talbot)
1분과	1분과 주제: 생명의 수여자 – 당신의 피조계를 보존하소서 1. 창조신학: 우리 시대의 도전 2. 경제와 생태계 윤리를 향하여 3. 모든 피조물의 삶을 위한 교회
2분과	2분과 주제: 진리의 영 – 우리를 자유케 하소서 1. 기독교인은 자유케 하시는 하나님의 영을 증거함 2. 정의가 가득 찬 사회를 향하여
3분과	3분과 주제: 일치의 영 – 당신의 백성을 화해케 하소서 1. 성령 안에서 코이노니아로서의 기독교 공동체 2. 좀더 폭넓은 에큐메니칼 공동체를 향하여 3. 선교를 수행하는 기독교 공동체 4. 타인과의 관계 속에 있는 기독교 공동체
4분과	4분과 주제: 성령 – 우리를 변화시키고 거룩케 하소서 1. 성령에 대한 응답 2. 하나님의 백성: 변화된 자인 동시에 변화시키는 자

에큐메니칼 진영의 선교 대회들

연 도	개 최 지	내 용
1910	에딘버러	* 세계선교대회(The World Missionary Conference) * 의장: 존 모트 * 1921년의 "세계선교사협의회"의 기초가 됨. 1200여명이 참석함.
1921		* 세계선교협의회(International Missionary Council, IMC)
1925	스톡홀름	* 생활과 사역(Life and Work)
1927	로잔	* 신앙과 직제(Faith and Order)
1928	예루살렘	* IMC
1937	에딘버러	* 신앙과 직제(Faith and Order)
1937	옥스포드	* 생활과 사역(Life and Work)
1938	마드라스	* IMC * 69개국에서 471명이 참석함
1938	우트릭트	* "신앙과 직제"와 "생활과 사역"
1947	윗비	* IMC * 40개국에서 112명이 참석함.
1948	암스테르담	* 세계교회협의회(World Council of Churches) 1차 총회
1951	롤레	* 세계교회협의회 중앙위원회
1952	룬트	* 신앙과 직제
1952	빌링겐	* IMC
1954	에반스톤	* 세계교회협의회(World Council of Churches) 2차 총회 * 42개국에서 1,298명이 참석함.
1958	가나	* IMC
1961	뉴델리	* IMC와 WCC의 통합 모임
1963	멕시코시	* 세계 선교와 전도위원회(Commission on World Evangelism and Mission) * 4개 분과로 약 200여명이 모임
1968	웁살라	* WCC 4차 총회 * WCC와 로마 천주교의 새로운 관계가 형성됨.
1972	방콕	* World Mission Conferences * 69개 나라에서 330명이 참가함.
1975	나이로비	* WCC 5차 총회 * 286 회원 교회들로부터 676명이 참석함.
1980	멜버른	* World Mission Conferences
1983	벵쿠버	* WCC 6차 총회
1989	산안토니오	* World Mission Conferences
1990	서울	* 정의, 평화, 창조의 통합(Justice, Peace and the Integrity of Creation)
1991	캔버라	* WCC 7차 총회 * 표어: "오소서, 성령이여"
1998	하라레 (짐바브웨)	* WCC 8차 총회 * 표어: "하나님께로 돌아가자-소망으로 즐거워하자"

20세기 복음주의 선교대회 흐름도

복음주의 진영의 선교대회들

연도	개최지	대회 이름 · 주요 인물들 · 특징들
1966	횟튼 Wheaton	* 횟튼대회 * 1961년 WCC와 IMC의 통합에 반기를 든 복음주의자들의 모임.
1966	베를린 Berlin	* 세계복음전도대회(World Congress on Evangelism) * 표어: '한 족속, 한 복음, 한 사명' * Christian Today의 10주년 기념으로 후원됨 * 명예 의장: 빌리 그레함, 의장: 칼 헨리 * 100여개 나라에서 1,200여 명이 참석함.
1968	싱가폴 Singapore	* 베를린전도대회의 후속모임임 * 표어: '그리스도는 아시아를 찾으신다' * 무니함(W. Stanley Mooneyham)이 협동 책임자였음 * 아시아의 24개국에서 1,100여 명이 참석함
1969	미네아폴리스 Minneapolis	* 베를린전도대회의 후속모임임 * 주제: 'Much is given—Much is required' * 빌리 그레함이 명예 의장으로 초대됨 * 5,000여 명이 참석함
1969	보고타 Bogota	* 베를린전도대회의 후속모임임 * 제 1차 라틴아메리카 복음주의 회의임 * 주제: '위기 속에 있는 대륙을 위한 그리스도 안에서의 행동' * 25개국에서 920명이 참석함(스페인어가 대회 언어로 채택됨)
1971	암스테르담 Amsterdam	* 베를린전도대회의 후속모임임 * 유럽 복음주의 연맹의 후원으로 열림 * 36개국의 18개 교단에서 1,064명이 참석함(평신도가 주도적이 됨)
1974	로잔 Lausanne	* 세계 복음화국제대회(International Congress on World Evangelization) * 주제: 'Let the Earth Hear His Voice' * 빌리 그레함, 존 스타트 * 존 스타트의 주도로 로잔 언약이 2,200여 명의 동의로 채택됨 * 150개국에서 2,473명이 참석함.
1976	홍콩 CCOWE	* The Chinese Congress on World Evangelization * 의장: 필립 텡(Philip Teng), 총무: 토마스 왕(Thomas Wong) * 주제: '중국 복음주의자들의 방향과 사명을 위한 하나님의 인도를 구하는 비젼과 선교' * 많은 나라에서 160여 명의 교회 지도자들이 참석함
1980	파타냐, 태국 COWE	* The Consultation on World Evangelization (COWE) * 주요인물: Leighton Ford, David Howard, John Stott, Saphir Athyl, Peter Wagner 등
1982	그랜드 래피즈 Grand Rapids	* 선교와 사회책임의 관계에 대한 회의 * 세계복음주의협의회(WEF)와 협력하여 개최됨
1983	횟튼 Wheaton	* 인간의 필요의 반응에 있어서 교회에 대한 회의 * 세계복음주의협의회(WEF)와 협력하여 개최됨
1989	마닐라 Manila	* 세계복음전도대회(World Congress on Evangelism, 로잔 II) * 170여개국에서 3,000여 명이 참석함.
1995	서울 GCOWE	* '95 세계선교대회(Global Consultation on World Evangelism) * 186개국에서 4,572명이 참석함.

선교 활동에 대한 반성 및 회고

선교사들의 과오	* 선교사들은 자문화 우월감을 갖고 있었음
	  복음에 대한 우월감을 문화에 대한 우월감으로 착각함
	* 선교사들은 이방종교에 대한 견해가 부족했었음
	  학문적 연구와 접촉점의 이해가 없었으며, 이로 인해 선교지에 동화되지 못함
	* 선교사들은 기독교와 서구문명을 구별하지 못했음
	* 선교사들은 복음과 함께 교단주의를 수출하였음
	  선교사들의 신학적 경향에 따라 선교지의 교회가 분열됨
	* 선교지의 필요보다는 선교사의 필요를 채움
	* 선교사들은 협력보다는 간섭하거나 감독하려는 자세를 가짐
	* 선교사들은 기독교가 토착화되도록 돕는데 실패했음
	  그로 인해 선교사가 떠나면 자립하는 교회가 거의 없음
	* 선교지의 교회 지도자들을 육성하여 교회를 자립시키려는 노력이 부족함
	* 선교사들이 자국에서 지원한 선교비를 현명하게 사용하지 못함
	* 선교사들이 식민제도와 너무 밀접하게 관련되었음
	  그로 인해 선교사들이 식민지를 수탈하는 강대국의 주구로 여겨지기도 함
	* 선교사들이 필요시에는 자국의 군대의 힘을 사용함
	  선교가 어렵거나 방해를 받을 때 국가의 힘을 빌리는 경향이 있음
	* 선교사들이 선교지의 이익을 대변하기보다는 자국의 이익을 대변함
	* 선교지 지향적인 선교보다는 제국주의적인 선교 경향이 강하였음

선교사들의 업적	* 선교사들은 자신들이 사역한 선교지와 원주민들을 사랑함 * 선교사들은 토착문화에 대한 진실한 평가를 함 토착문화의 악습을 타파하는 데 노력함(과부의 순사, 전족, 노예무역 등) * 선교사들은 특히 선교지의 여자의 권리와 자유를 위해 노력함 * 선교사들은 토착언어를 습득함. 토착언어의 발전에 공헌함 * 선교사들은 현지어로 성경을 번역하여 보급함 * 선교사들은 원주민들의 잠재력을 최초로 인정함 * 선교사들은 제3세계 사람들에게 근대과학적 교육을 시킴(근대화에 영향을 줌) * 선교사들은 학교 교육을 통하여 현지의 정치, 종교 지도자들을 양성함 * 선교사들은 고아원, 병원(특히 나병), 보건소, 학교, 대학들을 설립함 * 선교사들은 복음 안에서 사회적, 정치적 개혁에 영향을 줌 * 선교사들이 동서양 사이에 다리를 놓았고, 상호관련을 갖도록 도움 * 선교사들은 세계의 거의 모든 나라에 교회를 세움

21세기 선교전망

성장의 가능성	* 단기 해외 활동이 인기를 끔. 단기 선교사들의 사역이 활발함 * 비전문인 선교사의 활동(텐트 메이커, 자비량 선교사 등) * 선교활동에 사회 봉사가 강조됨 * 자치권의 요구(자치, 자립, 자전의 전략이 필요) * 고등교육(수순높은 영적, 학문적 자질이 요구됨)을 받은 선교사의 필요성 * 타종교와의 대화의 실천 * 서구세계에 있는 타종교인에 대한 선교의 가능성(개방적이고 효과적임)
예상되는 장벽	* 도시 집중으로 인한 선교비의 증가 * 민족주의의 발흥 * 자국종교의 발흥 및 선교 가능성 봉쇄당함 * 제3세계의 정치적 불안정과 인종들간의 갈등 문제가 심각하게 대두함 * 사회불안과 변화의 추세 * 비기독교적 종교의 발흥(특히 회교) * 아랍제국의 경제적, 정치적 충격 * 종교적 분쟁 * 서방세계로 타종교 역수입(힌두교, 불교, 이슬람 등) * 선교지의 신학교의 신학생의 감소로 인한 교회의 약화 * 서구 기독교의 쇠퇴와 선교의 쇠퇴 * 장기 선교사역의 쇠퇴 * 기독교 내의 자유주의 신학과 종교다원주의 입장으로 인한 선교의 열정이 식음 * 선교 행정에 대한 예산의 감소로 인한 선교 행정의 약화
긍정적인 미래상	* 서구교회들의 영적 부흥 * 세계의 문제(정치, 기아, 경제, 무역 등)들에 대한 관심의 증가 * 복음전파에 대한 관심의 증가 * 교회 성장에 대한 관심의 증가 * 선교지 현장 학습 여행 * 단기 선교사의 증가 * 제3세계의 기독교의 부흥과 선교의 사명의 증가 * 선교 단체의 국제화로 인한 선교의 세계적 협력의 가능성 * 훌륭한 학문적 도구로서의 선교학의 발전
선교의 기회	* 지구촌(세계화)으로 인하여 사람들의 마음이 열림 * 공립학교에서의 종교교육 - 기독교에 대한 접근이 용이하게 됨 * 활발한 성경의 번역과 보급 - 자국어로 성경을 읽게 됨 * 출판의 발달로 인한 기독교 문서 활동의 활발함 * 학생세계에서의 문호개방(학문의 세계화) 및 상호 교류 * 세계의 지구촌화로 인하여 기독교에 대한 접촉의 가능성이 현저하게 증가함 * 세계어인 영어로 어디든지 언어소통이 가능하게 됨 * 세계 각국의 라디오, TV 매체를 통한 창의적 접근지역 선교가 가능케 됨 * 인공위성을 의한 위성방송을 통해서 실제적으로 복음을 전할 수 있게 됨 * 인터넷의 가상공간(cyberspace)을 통한 무제한의 선교/전도가 가능케 됨

천주교의 선교역사(사도시대 - 유럽)

시대	연대	내용
사도시대	35-35년	사도 바울의 개종
	45-58년	사도 바울의 3차 선교여행(소아시아, 그리스, 팔레스틴)
	59-67년(?)	사도 바울의 로마 체류
	62년 이후	사도 바울의 네 번째 선교여행(스페인 동부?)
	64년	사도 바울의 순교
	40-100년	사도들과 전도자들의 흩어짐
	100년경	사도 요한의 죽음
확장시대	100년 이후	북부와 동부로의 확장
	2세기	변증가들의 변증: 져스틴, 터툴리안
	150년경	리용의 포티누스
	180년경	에티오피아에의 선교
	2세기 후반	몬타누스파의 전성기
	200년경	로마 제국의 모든 지역과 페르시아 내에 공동체가 형성됨
	250년경	서부의 교회는 라틴계에 의해 희랍계를 대체함
	240-323년	아르메니아의 계몽가 성 그레고리
	3세기 중반	퀼른과 마인쯔의 주교들
	4세기부터	흑해에로의 선교
	311년	갈레리우스의 신교 자유 칙서
콘스탄틴	311-312년	신교 자유의 칙령을 내림
	313년	밀비우스 다리에서의 콘스탄틴의 승리
		전반적인 신앙의 자유의 칙령(밀라노 칙령)
	353년	이교 희생 제사의 금지와 제국내의 이교 사원들의 철폐
유럽	450년경	성 레미(Remy)-프랑크족의 사도이며 렝스(Rheims)의 주교
	482년	오스트리아/바바리아 지역의 선교사 성 세베리누스의 죽음
	6세기부터	훈족들에 대한 비잔틴의 선교
	590-604년	그레고리 교황이 켄터베리의 아오스딩을 앵글로족에게 보냄
	7-8세기	라틴 세계의 그리스도교화의 끝
	722-755년	독일에서의 보니페이스(Boniface)의 선교
	860년경부터	슬라브족에의 시릴(Cyril)과 메토디우스(Methodius)의 사도직
	7-12세기	독일과 스칸디나비아 지역에 그리스도교가 계속적으로 유포됨
야만족	게르만족	프리시아, 헤스 투린기아, 바바리아 섹손(6-8세기)
	스칸디나비아족	덴마크, 스웨덴(9-11세기)
	슬라브 남부	슬로벤족, 세르비안, 크로아트, 불가르(7-9세기)
	슬라브 서부	포메라니아, 체코, 스로박, 모라비안, 북극, 발틱족(9-14세기)
	슬라브 동부	러시아, 헝가리(10세기부터)

천주교의 선교역사(중세기의 비서구세계)

지역	연 대	내 용
모슬렘지방	7-11세기	이슬람의 정복과 동부국가들에 대한 봉쇄(근동, 페르시아, 인도) 남부국가들에 대한 봉쇄(아프리카, 스페인)
	13세기	프란체스코회와 도미니크회에서 팔레스틴에 수도원을 설립함
	1219년	술탄 앞에 간 아씨시의 프란체스코
	1234-1315년	설득을 위한 사도직의 챔피언인 레이몬드 륄의 순교
	14세기 초	그리스도로 인한 기사수도회(O.P.)
	1400년경	그리스도로 인한 기사수도회(O.F.M.)
달단지방	1245-47년	피아리오 까르피니의 요한이 몽골인들에게 복음을 전함
	1249년	롱쥐모의 안드레아가 몽골인들에게 복음을 전함
	1253년	루브뢱의 윌리암이 몽골인들에게 복음을 전함
	1298년	북경에 첫 번째 교회가 설립됨
	1308년	몬테꼬르비노의 요한이 북경의 대주교가 됨
	1325년	포르데논의 오도릭이 북경에서 선교하고, 약 3만명의 신도가 생김
	1368년	넝나라의 노래와 함께 중국선교가 폐막됨
인도지역	1292-93년	멜리아푸르에의 몬테꼬르비노의 요한의 선교
	1319년	4명의 프란체스코회 수도사들이 봄베이의 살세트에서 순교함
	1323년	포르데논의 오도릭이 자바, 보르네오, 수마트라에 감
	1329년	퀼론의 주교 카탈라니의 요한
아프리카	1270년경	아비시니아에의 도미니크 수도사들
	1300년경	도미니크 수도사들이 모잠비크에 도착함
	1351년	깔멜회의 베르나르도가 까나리(Canaries)인들의 초대주교가 됨
	1419년	마데이라(Madeira)가 '그리스도의 교단'에게 임무를 맡김
	1456년	미래의 모든 포르투갈 식민지들에게

천주교의 선교역사 (보호령 시대의 비서구세계)

지역	연 대	내 용
유럽	1454년	교황 니콜라스 5세는 포르투칼에 아프리카 서해안의 점유권 인정
	1461년	교황 비오 2세는 포르투갈 왕에게 '기독교단의 위대한 군주'라는 칭호를 줌 아프리카와 아시아에 대한 보호권(Partronage: Padroado)
	1493년	알렉산더 6세가 스페인과 포르투갈의 식민지들의 경계선을 줌 아조레스를 경계로 서쪽은 스페인에, 동쪽은 포르투칼에 속함
	1494년	스페인과 포르투갈 사이에 토르데실라스 조약을 맺음
	1500년	포르투칼인 페드로 카브랄이 발견한 브라질은 포르투갈에 속함
	1501년	'인도 제도'와 '아메리카'에 대한 보호권이 스페인 왕에게 주어짐
	1534. 8.15	이그나티우스 로욜라가 예수회(Jesuits)를 설립함
	1540년	교황 바오로 3세는 교서(Regimini Militantis)를 통해 예수회를 인정함
	1545-63년	트리엔트 공의회가 열림(교회개혁, 개신교 문제 논의)
	1613년	로마에 카르멜 선교 신학교가 설립됨
	1622년	교황 그레고리 15세에 의해 포교성성(布敎聖省)이 설립됨
	1625년	선교회 〈라자렛사람들〉 혹은 〈빈센시오회〉가 파리에 설립됨
	1627년	우르반 8세가 도시포교회(The Collegium urbanum de propaganda fide)를 세움
	1658년	파리외방선교회가 설립됨
	1663년	외방선교회의 신학교가 파리에 설립됨
	1703년	성령회가 파리에 설립됨
	1744년	전례 논쟁(the Rites Controversy)의 끝이 남
	1773년	클레멘스 14세가 예수회(당시 회원 3,200명 정도)를 해산시킴
	1789년	프랑스혁명으로 파리의 선교회 신학교들이 폐지됨
아프리카	1484년	콩고에 대한 선교가 시작됨
	1489-91년	세네감비아의 '추장'의 세례, 마니족과 베니노족의 '추장'의 세례
	1501년	남아프리카의 첫 번째 교회가 설립됨
	1509-43년	콩고의 추장 알퐁소가 그리스도교 신자가 됨
	1520년	앙골라에서의 선교가 시작됨
	1540년	마다가스카르에서의 선교의 첫 시도가 이루어짐
	1560년	모잠비크에서의 선교와 추장의 세례가 이루어짐
	1584년	앙골라 추장의 세례가 이루어짐
	17-8세기	선교의 확대, 그후 18세기부터 쇠퇴함
아메리카	1493년	중앙 아메리카로의 첫 선교사들이 파송됨
	1502년	쿠바에 프란체스코 수도사들이 감
	1503년	브라질의 프란체스코회, 그 밖의 다른 지역에 진출함
	1513년	아메리카에 첫 교구가 설정됨
	1513년부터	라틴 아메리카에 다른 선교회들이 진출함
	1519년	코르테즈가 멕시코를 정복함
	1523-72년	멕시코의 복음화가 이루어짐
	1529년	아르헨티나와 파라과이에 대한 선교가 시작됨
	1530년경부터	아메리카(멕시코, 중부, 남부)에서 도미니크회의 선교가 시작됨
	1532년	페루가 정복됨
	1549년경부터	예수회 회원들이 브라질에 도착, 페루와 멕시코 등지에 진출함
	17세기	남아메리카의 여러 지역에 예수회 회원들이 축소됨
	18세기	예수회 회원들이 추방됨

천주교의 선교역사(보호령 시대의 비서구세계) (계속)

지역	연 대	내 용
아메리카	중부와 남부	* 선교는 식민지화 사업의 일부인 '국가-선교'의 형태를 취함 * 원주민들은 국가와 선교에 굴복하거나 저항함 * 스페인의 풍습을 강요하거나 종교재판의 개입, 군대개입을 호소 * 폭력과 강탈로부터 인디언들을 보호하려는 선교사도 있었음 * 수도원과 선교회, 병원, 학교 등이 설립됨 * 스페인계 아메리카는 공식적으로 카톨릭화됨 * 이론적 선교는 중지됨 * 1511년 대서양 서쪽의 첫 감독교구가 산토 도밍고에 설치됨 * 1525년 틀라트칼라에 최초의 교구가 설치됨(1548년 대감독교구)
	동부	* 포르투칼의 소유지(브라질)는 다른 지역과 차이가 없었음 * 보호권 조약의 영토 내에서 예수회 회원들이 많이 있었음 * 예수회는 토착화 선교와 지나친 식민지주의를 비판함
	1542. 11. 20	카사스의 노력으로 엔코미엔다(encomienda, 추천법) 제도가 폐지됨
	1576년	그레고리 13세는 교서(Nuper ad Nos)로 혼혈인 성직 취임을 허용함
	1794년	3명의 인디안들이 최초로 서품을 받음
북부 아메리카	1534년	자크 카르띠에가 카나다를 발견하고 '뉴 프랑스'라고 명명함
	1543년	캐나다에서 쟈크 까르티에(J. Cartier) 그 첫 사제들이 선교함
	1608년	선교를 시작하는 퀘벡(Quebec) 주의 창설
	1615년	프란세스코회 선교사들이 신출함
	1625년	캐나다에 예수회 회원들이 진출함
	1639년	우술라회의 메리와 그 동료들이 몬트리올에서 활동함
아프리카	17세기	포르투칼의 카프친회 수도사들이 서해안에서 사역함
	1612년	모잠비크에 보좌신부 교구가 설치됨
	1624년	잠베르지(Zamberzi) 지역에 예수회의 8개의 주재소와 20명이 활동함
	1628년	모노모타파의 왕 카프라지네가 포르투칼 왕의 사신을 살해함 포르투칼 기독교인에 대한 전쟁을 선언함 도미니크회의 수도사의 지휘하에 새로운 왕 마누자가 옹립됨
	1642년	프랑스 동인도회사에서 마다카스카르에 선교사를 파송함
	1657년-	선교사들이 마다카스카르에서 철수하고 19초까지 선교가 어려움
	1645-1700년	카푸친회 수도사들이 콩고, 앙골라 지역에서 60만명을 세례 줌
	1655년	앙골라의 마탐바(Matamba)의 공주 징가(Jinga)가 개종함
	1663년	징가는 교황청에 더 많은 선교사 파송을 요청하지만 실현 안됨

천주교의 선교역사(보호령 시대의 아시아세계―인도)

지역	연 대	내 용
인도지역	1500년	포르투칼의 탐험가 카브랄이 크랜가노어에 도착함
	1500년	프란체스코회 회원들과 사제들이 코친에 도착함
	1510년	프란체스코회 회원들이 고아에 옴
	1517년	프란체스코회 회원들이 콜롬보에 옴
	1526년	무굴왕조가 세워짐
	1534년	고아 교구(아프리카 최남단 희망봉에서 일본까지 관장) 설립됨
	1542-45, 51년	프란시스 사비에르가 고아와 그 남부에서 활동함
	1557년	포르투칼 세력의 중심지 고아(Goa)가 대감독 교구로 승격됨
	1558년	고아에 대주교구가 설치됨
	1578년	북부의 무굴인들의 황제들에게 예수회 선교가 시작됨
	1595년	마두라에서의 첫 선교가 시작됨
	1605년	예수회의 로베르또 데 노빌리(R. de Nobili)가 피셔 해안에 도착함
	1635년	카푸친 회원들이 폰티체리와 마드라스에 옴
	1657년	마테오 데 카스트로가 비자푸르와 중앙 인도의 대목구장이 됨
	1662년	인도 남부의 분파 교회들이 갈멜회 선교사들에 의해 화해하게 됨
	1671년	토마스 데 카스트로가 캬나로 지역의 대목구장이 됨
	1693년	존 데 브리토 신부가 순교당함
	1704년	교황 사절 뚜르농(Tournon)이 인도 전례에 적응한 것을 단죄함
	1710-39년	인도 전례(典禮)에 대한 조사가 이루어짐
	1744년	로마는 1704년의 뚜르농의 단죄를 확정함
	1773년	예수회의 해체 이후 남인도에서 파리협회 회원들이 대신 활동함

천주교의 선교역사(보호령 시대의 아시아세계 ─ 중국)

지역	연 대	내 용
중국	1552년	사베리오가 중국이 보이는 산치안에서 죽음
	1558년	마카오에서 포르투칼인들이 활동함
	1576년	마카오에 교구가 설립됨
	1578년	예수회 회원들이 활동하기 시작함
	17-18세기	도시와 시골에서 사역함, 황제와 예수회원들이 만남
	1581-1610년	루지에리, 리치 등의 예수회 신부들이 중국에서 활동함
	1600년	마테오 릿치와 그 동료들이 북경에 들어감
	1605년	북경에 교회가 설립됨
	1610. 5.10	마테오 리치의 죽음(교인 수가 약 2,000명이 됨)
	1615년	중국어 미사가 허용됨
	1634-1742년	중국 전례에 관한 논쟁이 불붙음
	1645-1669년	이에 대에 로마가 우유부단한 태도를 보임
	1674년	중국인 그레고리 로가 남경의 대목구장으로 임명됨
	1684년	대목구장인 팔레와 매그로가 중국에 도착함
	1688년	3명의 중국인 예수회원이 서품됨
	1692년	강희제가 관용령(寬容令)가 반포함
	1693년	전례에 반대하는 매그로의 교령
	1697년	중국에서 나사로회 회원들이 활약함
	1704년	클레멘스 11세가 교령으로 조상숭배를 금지함
	1705년	뚜르농(Maillard de Tournon)이 교황사절로 중국전례를 단죄함 그는 로마의 관습과 다른 것은 예수회에게 금지시킴
	1720년	교황특사 메자바르바가 뚜르농의 규칙을 용인이란 형태로 양보함
	1724년	중국 전체에 대한 박해령이 내림
	1724년	옹정제(雍正帝)는 북경에는 선교사를 허용하고 지방에서는 추방함
	1742년	베네딕투스 14세는 메자바르바의 용인 사항을 무효화함 이 결정으로 향후 200년간 선교지에 오직 로마의 관습만 허용됨
	1747년	복건성에서 도미티크회 산즈와 동료의 순교를 필두로 박해가 시작
	1755년	신앙교리성은 전례에서 중국어 사용을 금지시킴
	1769년	파리 외방선교회 회원들이 중국에 옴
	1775년	북경에서 예수회의 해산이 선포됨
	1785년	북경에서 3명의 나자로회 회원들이 활동함

천주교의 선교역사(보호령 시대의 아시아세계-기타)

지역	연 대	내 용
인도차이나	1511년	포르투칼이 말라카를 점유함
	1554년	말라카 교구가 설립됨
	1568, 1574년	사이암과 캄보디아에서 도미니코 회원들이 순교당함
	1580, 1583년	코친차이나(월남)와 사이암(태국)에 프란체스코회 회원들이 활동함
	1606, 1615년	사이암과 코친차이나에서 예수회 회원들이 활동함
	1623-25년	로데스(Alexsander de Rhodes)가 남베트남에서 사역함
	1625-40년	인도차이나에서 로데스 신부와 다른 회원들이 추방당함 그는 교리교사들의 양육을 통해 탁월한 복음 사역을 함 그는 베트남어를 라틴어 알파벳으로 고쳐쓰게 함
	1644년	사이암에서 프랑소와 팔뤼와 라 모트 랑베르 대목구장들이 활약
	17-18세기	성공과 박해의 잇달은 뒤바뀜, 유럽 세력들간의 알력이 생김 선교사들간의 전례와 관할권에 대한 논쟁이 심각해 짐
인도네시아	1530년	티모르에 선교가 시작됨
	1534년	몰루카스인들에 대한 선교가 시작됨
	16세기	몰루카스, 자바, 수마트라-프란체스코,도미니크, 예수회의 선교
	1595년부터	네덜란드의 공격이 증가됨
	1656년	보르네오에서 예수회 회원들이 활동함
필리핀	1521, 1565년	어거스틴회 선교사들이 활동을 시작함
	1574년	프란체스코 회원들이 활동함
	1579년	도미니크 회원들이 활동함
	1579년	교황이 마닐라에 감독교구를 창설함
	1581년	예수회 회원들이 활동함
	1595년	마닐라가 대감독 교구로 승격됨
	1611년	도미니크회에서 마닐라에 성 토마스대학을 설립함
	17-18세기	조용한 발전이 계속됨
	1768년	예수회 회원들이 추방당함
일본	1549. 8.15	프란시스 사비에르가 2명의 예수회원과 함께 가고시마항에 상륙함
	1562-1582년	오다 노부가나 막부가 예수회 회원들에게 호의를 베품
	1563년	다이묘(지방군주, 大名)의 개종이 나타나기 시작함
	1582-1598년	히데요시 막부는 갈수록 덜 호의적이 되어감
	1587년	천주교인에 대한 유형과 처벌의 법령이 내려짐
	1590년경	도요토미 히데요시(豊臣秀吉)가 최초의 중앙 집권 통치자로 등장함
	1597년	나가사끼에서 25명이 순교당함
	1598-1616년	이에야스 막부는 종교정책이 우유부단함
	1601.10.22	부감독 르웨스데 세르퀘에라가 최초의 일본인 신부를 안수함
	1614년	대박해령, 추방령이 내려짐
	1616년	기독교가 금지됨
	1617년	최초의 유럽인(예수회 1명, 프란체스코회 1명) 순교가 발생함
	1630년경	일본의 기독교는 표면적으로 진멸되어 버림
	17세기	뒤따른 박해의 시기가 됨
	1634-1854년	비밀리에 신앙생활이 이어짐

천주교의 선교역사(근대 식민지 세계)

지역	연 대	내 용
일반적 흐름	1814년	비오 7세의 교서로 예수회가 재건됨
	1814년	픽프스(Picpus Fathers)회가 창립됨
	1815년	성신수도회와 나자로회의 재설립됨 원죄없으신 마리아회(O.M.I.)의 창립됨
	1816년	복받은 성처녀 마리아회(The Obaltes of the Blessed Mary Immaculate)
	1817년	신앙전교성(S.C. de propaganda Fide)이 재조직됨 사제수도회(the Marists)가 설립됨 돈보스코회(the Salesians of Don Bosco)가 설립됨
	1820년	러시아에서 예수회 선교사들이 추방당함
	1822년	신앙전교회가 폴린느 쟈리꼬 여사에 의해 설립, 1840년에 인준됨
	1835년	팔로티회(Pallotines)가 창설됨
	1840년	빈센티오회의 선교사들에 의해 페르시아 선교가 재개됨
	1843년	어린이전교회(Association of the Holy Childhood)가 창설됨
	1850년	외방 선교회가 밀라노에 세워짐
	1854년	성심회의 선교사들(Missionaries of the Sacred Heart)이 활동함
	1856년	아프리카 선교회가 리용에서 설립됨
	1860년	스케우트회(Scheut Fathers)가 설립됨
	1862년	쉐티스트(Scheutists, Brussels)가 브뤼셀에서 창설됨
	1866년	밀 힐 선교단(Mill Hill Fathers, 성 요셉해외선교회)이 창설됨
	1868년	알제리의 라비제리 추기경이 백인회(White Fathers)을 설립함
	1875년	신언회(神言會 Fathers of Divine Word)가 세워짐
	1888년	라비즈리(Lavigerie)의 반 노예운동이 시작됨
	1889년	베드로사도회(Association of St. Peter the Apostle)가 세워짐
	1911. 6. 29	메리놀 외방전교회(Maryknoll Fathers)가 미국에서 세워짐
	1914-1918년	제1차 세계대전이 발발함
	1915년	선교성직자연합회(Unio Cleri Pro Missionibus)가 세워짐
	1919년	회칙 Maximum Illud가 발표됨
	1926년	회칙 Rerum Ecclesiae가 발표됨
	1932년	그레고리안 대학과 포교성성 대학에서 선교학 학부가 개설됨
	1939-1945년	제2차 세계대전이 발발함

천주교의 선교 역사(근대 식민지 세계)(계속)

지역	연 대	내 용
힌두세계	1832-1836년	마드라스, 캘커타, 폰티체리, 마두라에 교황 대목구들이 설정됨
	1885-1892년	초타-낙푸르(Chota-Nagpur)에서 대규모의 집단 개종이 발생함
	1886년	인도에서 라틴계 교계제도가 설정됨; 고아 종파 분립이 해결됨
	1893년	캔디(Kandy)에 교황립(敎皇立) 신학교가 세워짐
	1896년	시로-말라바르(Syro-Malabar) 교계 제도가 정착됨
	1923년	인도인 초대 주교가 성성(聖省)됨
	1930년	왕당파(Jacobittes) (Mar Ivanios)의 귀환
	1931년	3,682,133명의 천주교 신자들이 인도에 있게 됨
불교세계	1849년	콜롬보(Colombo), 자플라(Jaflna)의 교황 대목구, 이후에 분리됨
	1886년	실론에 정상적인 라틴계 교부제도가 정착됨
	1825년	미얀마에 천주교의 두 사제가 들어감
	1856년	파리협회의 비간데트가 미얀마에 초대대리감독으로 활동함
	1866-1870년	3명의 대목구장들이 세워짐
	1942년	일본이 침략함
	1813년	불로-페낭에 현지 성직자를 위한 신학교가 설립됨(파리외방선교회)
	1821-1841년	코친차이나(월남)의 황제 밍망이 기독교를 박해함
	1856-62년	코친차이나의 황제 투둑(Tu-duc)의 칙령과 박해가 일어남
	1861-1886년	프랑스의 정복, 그후 종교자유가 허락됨
	1925년	인도차이나에 교황사절이 파견됨
	1933년	초대 안남인 주교가 성성됨
	1942년	일본의 침략을 받음
	1855년	태국(사이암, Siam)에 영국인들을 위한 교회들이 허가됨
	1856년	프랑스 선교사들이 활동의 자유를 얻음
	1880년	초대 태국(사이암) 사제가 서품됨
동남아시아	1807년	자바(Java〈Batavia〉)에서 선교가 재개됨
	1831년	바타비아(Batavia)에 대목구가 설정됨
	1835년	수마트라(Sumatra)에 선교 활동이 재개됨
	1841년	말라카(Malacca)에 교황 대목구가 설립됨
	1848년	교황좌와 네덜란드 사이의 외교협정이 맺어짐
	1855년	영국계 보르네오(Borneo)에 대목구가 설정됨
	1885년	셀레베스(Celebes) 섬들에 대한 천주교의 선교활동이 시작됨
	1905년	네덜란드계 보르네오에 대목구가 설정됨
	1911년	수마트라에 대목구가 설정됨
	1913년	해협의 작은 섬들에 선교 활동이 시작됨
	1935년	발리섬(Bali)에 선교가 시작됨
	1943년	일본의 침략으로 점령담함

천주교의 선교 역사(근대 식민지 세계)(계속)

지역	연 대	내 용
오세아니아	1819년	타히티(Tahiti)에서 첫 세례자들이 생김
	1833년	동부 오세아니아에 대목구가 설정됨
	1842년	중앙 오세아니아에 대목구가 설정됨
	1847년	뉴 칼레도니아(New Caledonia)에 대목구가 설정됨
	1851년	항해자들의 섬들, 사모아(Samoa)에 대목구가 설정됨
	1855년	영국계 보르네오 지역에 대목구가 설치됨
	1863년	피지(Fiji)에 대목구가 설정됨
	1889년	파푸아(Papua)에 대목구가 설정됨
	1904년	뉴 헤브리데스(New Hebrides)에 대목구가 설정됨
	1936년	남태평양 지역을 위한 중앙의 소신학교가 설립됨
정령주의적 아프리카	1836-61년	마다가스카르에서 박해가 일어남
	1844년	성신수도회가 가봉(Gabon)에 들어감
	1845년	마다가스카르에 예수회원들이 들어감
	1847년	세네감비아(Senegambia)에 성신수도회가 들어감
	1851년	나탈(Natal)에 봉헌회(Oblates)가 들어감
	1863년	잔지바르(Zanzibar)에 봉헌회가 들어감
	1868년	아프리카 선교를 위한 백의신부단(White Fathers)이 창설됨
	1872년	성심의 아들회(Sons of the Sacred Heart)가 수단에 들어감(영국계)
	1878년	백의사제선교단(White Fathers) 회원들이 동아프리카 우간다에 들어감
	1879년	로데지아(Rhodesia)에 예수회가 들어감
	1881년	골드 코스트(Gold Coast)에 리용의 아프리카선교단이 진출함
	1883년	마리안힐(Marianhill)에 트라피스트회(Trappists)가 들어감
	1888년	콩고에 쉐티스트회 회원들이 활약함; 예수회(1893년)
	1890년	카메룬에 파로틴회(Pallotines)가 들어감
	1892년	토고(Togo)에 신언회가 사역함
	1922년	남아프리카에 교황 사절이 파견됨
	1929년	벨기움령 콩고에 교황 사절이 파견됨
	1930년	동부 아프리카에 교황 사절이 파견됨
	1940년	사도좌와 포르투갈 사이에 선교협정이 맺어짐
	1948년	다카르(Dakar)에 교황 사절이 파견됨

천주교의 선교역사(근대 식민지 세계: 중국, 일본)

지역	연 대	내 용
중국	1811년	죽음의 순교를 통해 어렵게 기독교가 전파됨
	1831년	북경 대목구가 빈센티오회에 맡겨짐
	1836년	모방(Mauant) 신부가 조선에 도착함
	1839-1842년	아편전쟁이 발발함
	1840년	예수회 선부들이 중국에 재입국함
	1844-1846년	선교지역에서 프랑스 보호권의 영향; 중국의 칙령이 그들을 보호함
	1856-1857년	유럽인들의 침략; 천진조약; 설교와 정착할 수 있는 권리를 얻음
	1859년	포르모사(Formosa)에 도미니코 회원들이 옴
	1864년	몽골에 쉐티스트회가 들어감
	1882년	광동에 하나님의 말씀회(神言會)가 들어옴
	1900-1901년	의화단(義和團)사건, 그리스도교인들에 대한 박해가 진행됨
	1909년	상해에 오로레(Aurore) 대학이 시작됨
	1911년	상해혁명으로 인해 청왕조가 멸망하고 공화정 제도가 시작됨
	1918년	중국에 메리놀선교회가 들어옴
	1924년	상해에서 전체회의(Plenary Council)가 열림
	1925년	북경에 푸젠(Fu-jen)대학이 시작됨
	1926년	초대 중국인 주교 6명이 서품됨
	1928년	레브(Lebbe) 신부가 작은 형제회를 창립함
	1940년	레브 신부의 죽음
일본	1844-1848년	류큐 섬들에 대한 그다지 성공적이지 못한 선교들이 이루어짐
	1859년	지라르(Girard) 선교사가 도쿄에 거주 허락을 얻음
	1865년	17세기 그리스도인 후손들을 조우함(나가사키), 1870~3년 박해당함 나가사키에 대목구가 설치됨
	1873년	선교사들이 나라의 도처에 자유롭게 다니는 것이 허락됨
	1890년	나가사키 주교회의는 조상의 신주에 예를 드리는 것을 허용함
	1891년	레오 13세는 토오쿄오를 대감독교구로 승격시킴
	1913년	도쿄에 천주교대학인 조이찌대학이 설립됨
	1927년	초대 일본인 주교가 서품됨
	1936년	포교성이 신도의 신도(神道)의 참여에 대한 교령을 발표함
	1940년	모든 외국인 주교들과 선교회의 장상들이 일본인으로 대체됨
	1941년	2차 세계대전으로 외국인 선교사들이 억류당함

천주교의 선교 역사(근대 이슬람 세계)

지역	연대	내용
아프리카	1835년	마다카스카르에 대리감독교구가 설치됨
	1838년	알제리에 감독교구가 설치됨
	1859년	탄지에르(Tangiers)에 교황 대목구가 설정됨
	1868년	백의사제단(White Fathers)이 설립됨
	1881년	골드코스트(Gold Coast)에 리용의 아프리카선교단이 활동함
	1884년	카르타고에 교황 사절이 파견됨
	1895년	이집트에 카톨릭 선교가 이루어짐
	1905-1906년	사하라 사막에 샤를르 드 푸코(Charles de Foucauld)가 활동함
	1909년	나일강 델타 지역에 교황 대목구가 설립됨
	1923년	이집트에 있는 크리스챤을 위한 평등권이 주어짐
서아시아	1834년	페르시아(이란)에 종교 자유가 주어짐
	1840년	빈첸시오회원에 의해 페르시아 선교가 이루어짐
	1847년	이스라엘에 라틴 총대주교구가 부활됨
	1848년	바빌론 대교구가 설립됨
	1850년	다카(Dacca)에 교황 대목구가 설립됨
	1856년	터키에 종교의 자유가 허락됨
	1859년	아테네(Athens)에 교황 대목구가 설립됨
	1864년	몽고에 쉐티스트회 선교사들이 활동함
	1868년	콘스탄티노플에 교황 사절이 파견됨
	1875년	베이루트에 성 요셉신학교가 설립; 아라비아에 교황 대목구가 설립
	1886년	라호르(Lahore)에 교황 대목구가 설립됨
	1910년	이스파한(Ispahan)에 교황 대목구가 설립됨
	1920년	팔레스틴에 영국 위임 통치가 이루어짐 시리아와 레바논에 프랑스 위임 통치가 이루어짐
	1923년	터키에서 선교 활동이 금지됨
	1927년	치타공(Chittagong), 디나즈푸르(Dinajpur) 교구가 설립됨
	1934년	파키스탄에 그리스도교 종교 복장이 금지됨
	1936년	물탄(Multan)에 교황 대목구가 설립됨
	1947년	라왈핀디(Rawalpindi)에 교구가 설립됨
	1948년	카라치(Karachi)에 교구가 설립됨
	1950년	다카와 카라치에 수도 대교구가 설립됨

천주교의 선교관련 단체들

연 대	내 용
1098	이탈리아에 트랍회(The Trappists)가 세워짐
1209	프란시스회(The Franciscans)
1112	the Premonstratinsians가 세워짐
1216	도미니크회(The Order of the Dominicans)
1244	어거스틴회(the Augustinians)가 세워짐
1247	이스라엘 갈멜산에 갈멜수도회가 세워짐(1562년에 여자갈멜회가 세워짐)
1344	이탈리아의 아레쪼에 베네딕트회(the Benedictines)가 세워짐
1525	카푸친회(The Capuchins)가 세워지고 1619년 인가받음
1534	로욜라(Ignatius Loyola)에 의해 예수회(the Jesuits)가 설립됨
1613	로마에 카르멜 선교 신학교가 설립됨
1622	교황 그레고리 15세에 의해 포교성성(布敎聖省)이 설립됨
1625	라자렛사람들(The Order of the Lazarists, 빈센시오회)가 파리에 설립됨
1627	우르반 8세가 도시포교회(The Collegium urbanum de propaganda fide)를 세움
1658	파리외방선교회가 설립됨
1663	외방선교회의 신학교가 파리에 설립됨
1702	성령회(the Congregation of the Holy Spirit)가 파리에 설립됨
1814	비오 7세의 교서로 예수회가 재건됨
1792	픽프스회(Picpus Association)가 창립됨
1815	성신수도회와 나자로회의 재설립됨 원죄없으신 마리아회(O.M.I.)가 창립됨
1816	복받은 성처녀 마리아회(The Obaltes of the Blessed Mary Immaculate)가 설립됨
1817	신앙전교성(S.C. de propaganda Fide)이 재조직됨 돈보스코회(the Salesians of Don Bosco)가 설립됨
1822	신앙전교회가 폴린느 쟈리꼬 여사에 의해 설립, 1840년에 인준됨
1835	팔로티회(Pallotines)가 창설됨
1836	사제수도회(the Marists or the Association of Mary)가 설립됨
1850	외방 선교회가 밀라노에 세워짐
1854	스케우트회(Scheutfeld Fathers)가 설립됨
1856	아프리카 선교회가 리용에서 설립됨
1862	쉐티스트(Scheutists, Brussels)가 브뤼셀에서 창설됨
1866	밀 힐 선교단(Mill Hill Fathers, 성 요셉해외선교회)이 창설됨
1868	알제리의 라비제리 추기경이 백의신부단(白衣神父團, White Fathers)을 설립함
1875	신언회(神言會, Fathers of Divine Word)가 세워짐
1889	베드로사도회(Association of St. Peter the Apostle)가 세워짐
1911	쉬미드린이 메리놀 선교회에서 천주교 선교학의 첫강좌를 함
1932	그레고리안 대학과 포교성성 대학에서 선교학 학부가 개설됨

천주교의 선교사들

이 름	시기	사역지	모국	소속 수도단
바돌로메 드 라 카사 (Batholome De Las Casas)	1474-1566	남미	스페인	도미니크
프란시스 자비에르 (Ffrancis Xavier)	1506-1552	인도 일본	스페인	예수회
프란시스 솔라누스 (Francis Solanus)	1549-1610	남미	스페인	
마테오 리치 (Matteo Ricci)	1552-1610	중국	이태리	프란시스코
로베르트 드 노빌리 (Robert De Nobili)	1577-1656	인도	이태리	예수회
알렉산더 드 로드 (Alexander De Rhodes)	1591	월남	프랑스	
요한 아담 샬 폰 벨 (Johan A. S. von Bell)	1591-1666	중국	독일	예수회
구글리엘모 마싸야 (Guglielmo Massaja)	1809-1889	이디오피아	이태리	예수회
데오필 베르비스트 (TheophileVerbist)	1823-1863	몽고	벨기에	예수회
샤를르 라비게리 (Charles N. A. Lavigerie)	1825-1892	북부아프리카	프랑스	카푸친
요셉 다미엔 드 포이스터 (Joseph D. De Veuster)	1840-1889	하와이	벨기에	숏펠트 신부단 (설립자)
샤를르 유진 드 푸고 (Charles E. De Fougauld)	1858-1916	북부아프리카	프랑스	탁발수도단

Robert C. Walton, *Church History*(Grand Rapids: Acadimic Books, 1986), 80쪽.

선교사들의 한국선교정책들

	* 감리교와 장로교 선교사들이 한국에 입국한 후 여러 나라에서 여러 교파의 다양한 선교사 들이 계속해서 들어옴에 따라 선교사 공의회를 구성하여 선교지의 불필요한 경쟁을 지양하고 협력 선교 체제를 갖추기 위해 선교지를 분담하도록 함	
선교지역의 분담	캐나다 장로교회	함경남도 함경북도 경기도 일부지역
	미국 북장로교회	평안남도 평안북도 경상북도 충청북도 남부지역 일부
	미국 남장로교회	전라남도 전라북도 충청남도 남부지역 일부분
	호주 장로교회	경상남도
	미국 북감리교회	황해도 남부지역 충청남도 충청북도 강원도 남부지역
	미국 남감리교회	강원도 북부지역 경기도 북부지역

주한 선교사들의 선교정책들

네 비 우 스 선 교 방 법	① 자립(自立, Self-support) – 한국교회는 한국교회성도들의 전도를 통해 부흥을 기대할 것. 한사람이라도 그리스도에게 인도하였으면 그를 끝까지 가르쳐서 그가 또 다른 사람을 전도하는 일꾼이 되기까지 돌아볼 것 ② 자치(自治, Self-government) – 교회의 치리권은 그 교회 자체가 스스로 행사할 수 있도록 법과 방법을 제정하여 가르칠 것 ③ 자전(自傳, Self-propagation) – 교회가 발전하여 그 교회 자체가 능히 자립할 수 있는 인원이나 기구가 마련되면 다시 전도사업에 자격이 있는 사람을 택하여 전도할 수 있도록 뒷받침을 할 것 ④ 예배당 건축은 교인 자신들이 짓도록 하며 건축 양식도 그 지방 고유의 양식대로 하게 할 것 * 1890년 주한 장로교 선교회에서 산동성에서 선교하는 네비우스를 초청하여 선교정책에 관한 세미나에서 제시한 4대 원칙임
선 교 정 책	① 노동자를 먼저 전도하고 상류계급은 점차적으로 전도할 것 ② 부인들을 개종시키는 일과 신자 자녀들을 교육시키는 데 힘쓸 것 ③ 각 교회에서 소학교를 세워 초등 교육을 강화할 것 ④ 선교사들은 한국인 목사 후보생 양성에 힘써서 한국 목사 양성에 주력할 것 ⑤ 성경을 속히 일반백성들이 읽을 수 있도록 번역할 것 ⑥ 문서 작성은 외국어보다 한국말로 할 것 ⑦ 신설교회는 자치적 교회가 되게 하여 각 선교부가 보조하는 인원수를 줄이고 자급교회로 키울 것 ⑧ 한국인 전도는 같은 한국인이 전도하는 것이 효과적이므로 선교사들은 대중전도보다 한국인 전도자 양성에 힘쓸 것 ⑨ 의료 선교를 강화할 것. 환자 치료 기간 중 친절하게 교리를 가르치며 모범을 보이므로 복음을 전할 것 ⑩ 지방에서 온 환자들은 치료한 수 되도록 후속 접촉을 하고 그 지방 교회에 소개하여 복음의 열매를 맺게 할 것 * 이 정책은 네비우스 4대 원칙에 근거하여 1893년 장/감 연합선교사회의(제1회 공의회)가 채택한 선교정책임

주한 선교사들의 선교정책들(계속)

시행방침	① 선교사는 널리 순회전도를 할 것 ② 신자의 교사화에 힘 쓸 것 ③ 교회 운영은 자치적으로 하되 무보수 지도자에 의하여 관장케 하고 조사(전도사)에 교회가 봉급을 지불하고 목회 경험과 성경 지식을 쌓아 나중에 목사가 되게 할 것 ④ 예배당 건축, 교회 경비, 순회 조사의 봉급을 신자들이 부담토록 할 것 ⑤ 개 교회에서 성경반을 조직하여 장로나 영수나 조사로 하여금 성경을 가르치게 할 것 ⑥ 교회 규칙을 엄중히 지키며 성경상의 죄범함을 엄금할 것 ⑦ 교회 연합 사업을 권장할 것
교역자 양성 원칙	① 단기 훈련을 시킬 것 ② 선교사와 동등한 봉급으로 대우하지 말 것 ③ 초창기에는 외국유학을 시키지 말 것 ④ 성령의 사람이 되게 할 것 ⑤ 기독교 진리에 뿌리를 박도록 철저히 교육시킬 것 ⑥ 예수의 군병으로 고난을 참고 견디도록 할 것 ⑦ 한국의 문화 수준에 맞추어 교역자의 질적 향상을 추진할 것
	* 이 원칙은 1896년 북장로교 레이놀즈 선교사에 의해 발표된 북장로교 한국 선교부의 한국 교역자 양성 원칙임
평신도 훈련 원칙	① 조상 숭배를 해서는 안 되며 유일하신 하나님께만 예배하고 복종하라 ② 주일을 엄수할 것이며 생계를 위해 일하지 말라 ③ 부모를 공경하라 ④ 일부일처의 부부 관계를 가지라 ⑤ 하나님을 믿고 복종하는 마음으로 찬송과 기도로 자기 집을 잘 돌보라 ⑥ 게으르지 말고 열심히 일하라 거짓말하지 말고 남의 것을 탐내거나 도적질 말라 놀면서 먹지 말고 힘써 일해서 가족을 부양하라 ⑦ 술취함이나 노름을 하지 말라 술과 아편을 만들지도 말고 팔지도 말고 먹지도 말라 오입질하거나 방탕하지 말라
	* 이 정책은 1897년 스피어(R. E. Speer) 선교사의 한국선교 보고서에 소개됨

네비우스 선교정책의 영향에 대한 평가

부정적 평가	1. 신학자와 학자 양성에 미흡하였다. 유능한 지도자들을 많이 배출하지 못하였다. 신학교육의 모델은 "경건인"에 있었다. 그래서 폭넓은 신학 교육의 부재로 다른 신학을 비판할 수 없어 교회의 분열을 가져오게 한 면도 있었다. 2. 수준 높은 신학교육을 실시하지 못했다. 성경만 가르쳤기 때문에 세상 학문과 교양의 부족으로 성경해석을 잘못하게 할 수 있었다. 한국교회의 초창기라는 점도 있지만 한국교회의 발전을 위한 방향 제시에 부족한 면이 있었다. 3. 교회의 영적 성장만을 강조하여 일반 사회와 유리된 공동체가 되었다. 즉 복음의 사회적 적용을 등한시하였다. 4. 자립을 강조함으로 경제적인 면에 집착하게 하였다. 자급(自給)의 강조는 물질주의에 빠질 수 있는 위험이 있다. 또한 개교회주의로 빠지게 되어 교회의 연합과 일치의 정신이 부족하였다. 이 문제는 교회의 사회적 책임에 대한 무관심을 가져오기도 하였다.
긍정적 평가	1. 그 시대의 선교는 서구 선교가 열리는 시점이었기 때문에 한국에만 적용되는 것은 아니었다. 2. 이 시대의 상황(봉건주의, 남존여비, 양반제도 등)을 무시한 평가일 수 있다. 3. 교역자의 유학을 억제한 것은 초창기 일뿐 나중에는 오히려 많이 유학하였다. 4. 오늘날 세계교회에 견주어 볼 때 신학자나 목회자의 숫자는 적지 않다. 5. 그 시대의 선교 정책을 현재의 신학적 문제를 가지고 비평하는 것은 타당하지 않을 수 있다. 6. 교회 안에서의 평신도들의 비중이 커졌다. 이들이 교회에 헌신하였으며, 전도자의 일을 감당하기도 하였다. 7. 성경 중심적이었다. 한국교회의 특징인 사경회 모임이 활성화되었고, 성경 중심적 교회로 성장하게 되었다. 8. 삼자원리가 발전적으로 가장 잘 적용되었다. 9. 한국교회의 정체감(正體感)을 더 높게 하였다. 삼자원리에 의한 한국교회의 발전은 한국교회의 존재의미를 더하게 하였다. 10. 삼자원리에 입각한 토착적 선교 원리를 잘 정착하게 되었다. 단순히 발전된 문화의 이전이 아니라 성경적 원리의 적용이라는 점에도 선교 정책의 새로운 본보기로 제시될 수 있었다.

초기 한국교회의 선교사 파송 현황

나라	연도	교단	지역	파송 선교사	내　　용
중국	1913	장로교	산동성	김영훈 목사	총회 조직을 기념하여 파송됨 1942년 36개 교회, 세례교인 1,716명이 됨 상해, 남경, 북경에 한인교회가 설립됨
				사병순 목사	
				박태로 목사	
	1917	장로교	산동성	방효원 목사	
				홍승한 목사	
	1918		산동성	박상순 목사	
	1923		산동성	이대영 목사	
	1931		산동성	김순효 여선교사	
	1937		산동성	방지일 목사	
만주	1910	장로교		김진근 목사	장로교 선교사로 처음 파송됨
	1911	장로교	봉천	김덕선 목사	신천읍 교회 여전도회에서 파송함
	1912	장로교	서간도	최성주 목사	평북노회에서 파송함
	1912	장로교	북간도	김내범 목사	총회 창립을 기념하여 파송함
	1918	장로교	서간도	이지은 목사	1920년에 남만노회와 1921년에 북만노회가 설립됨
				한경희 목사	
				최봉석 목사	
				김강선 목사	
	1921	감리교		정재덕 목사	초대 선교사로 파송됨
				최수영 목사	
				배형식 목사	
	1924	감리교		최성모 목사	만주 전역에 걸쳐 사역함
				손정노 목사	
				동석기 목사	
				김응태 목사	
일본	1907	장로교	동경	한석진 목사	주로 유학생을 상대한 선교사업을 함
	1911			주공삼 목사	장/감 연합선교회에서 파송함
	1924		오사카	박연서 목사	
	1925	장로교		임종순 목사	
				오기선 목사	
러시아	1909	장로교	시베리아	최관흘 목사	2년만에 2개의 교회의 13개의 기도처 설립
	1912	감리교	시베리아	손정도 목사	장로교 선교사와 연합으로 사역함
	1918	장로교	시베리아	김현찬 목사	1922년 시베리아노회가 설립됨
		감리교	시베리아	배형식 목사	감리교 선교사역을 다시 시작함
몽골	1925	감리교		최성모 목사	화흥교회 설립
	1935	장로교		조보근 목사	장로교 총회의 지시로 의산노회가 지원

제 3 부

선교 연구

선교사 자녀교육

	내　　　용
이슈	* 선교사로의 부름에 응답하는 것은 모든 가족이 함께 참여하는 일이다. * 선교사에게 가장 염려되는 것 중의 하나가 자녀의 장래에 관한 문제이다. * 자녀의 장래 문제는 선교사의 장기 사역에 대한 결정적 요소 중 하나이다. * 선교사 자녀의 교육 문제는 선교부나 선교단체의 중대한 관심사이다.
정책과 선택	* 선교부와 선교사들은 자녀들을 어디서 어떻게 교육시키는가를 결정하는 일에 있어서 각각 역할이 다르다는 것을 이해해야 한다. * 선교회와 선교사 부모들은 자녀들을 어디서 어떻게 교육시키는가를 결정하는 일에 있어서 각각 역할이 다르다는 것을 이해해야 한다. * 선교부의 역할은 정책을 결정하는 것이다. 선교사들에게 어떤 범위내에서 선택할 수 있는지를 결정해 주어야 한다. * 선교사 부모의 역할은 선택하는 것이다. 그들은 가능한 여러개의 제도 중에서, 그들의 자녀에게 가장 좋다고 여겨지는 교육의 형태를 선택할 권리와 책임을 가진다. 　부모들은 그 선택에 대해 책임을 져야하고, 그들이 잘못 선택한 결과에 대해 나중에 선교회를 탓해서는 안 된다.
선택의 영향	* ① 선교사 부모들은 자녀들이 학교에 다니기 위해 집을 떠나게 되는 경우, 　② 집에서 아이들을 가르쳐야 할 경우 둘 다 선교사가 영향을 받게 된다. * 선교부는 본국에서 교육받는 자녀들의 수가 많아질 때, 영향을 받게 된다. 행정관리와 돌보는 일, 호스텔(기숙사)의 운영, 선교사와 기숙사 부모, 그리고 후견인 사이를 연결해 주는 일 등을 처리해야만 한다. * 자녀 문제로 선교사의 공백 시 선교회의 현지 팀도 영향을 받는다. * 선택을 할 때 자녀들을 위한 복리가 가장 중요한 관심사가 되어야 한다.
정책의 결정	* 선교부는 정책을 결정할 때 아래와 같은 요건들을 고려해야 할 것이다. 　**부모들의 선호**-결정을 내리는 사람들이 가장 많이 고려해야할 부분이다. 　**재정 형편**- 현지 학교는 비용이 싼데 비해, 외국인 학교는 대개 무척 비싸다. 　**교육의 철학** - 이것은 세계의 지역마다 서로 차이가 크다. 　**후원자들의 관점**-후원자가 그 결정을 정당하게 인정하는 것은 중요하다. 　**성령의 인도** - 많은 기도가 필요하고, 관련된 모든 대안과 요건들이 잘 검토되어야만 며, 그 후 성령님의 인도하심을 발견하고 따라갈 수 있다.
개인적인 결정	* 선교사들이 스스로 선택할 수 있는 대안 중에서 결정을 했으면, 그것을 충실히 따라야 할 것이다. * 부모들은 자녀들에게, 좋은 일이 앞에 있다는 기대감을 심어 줌으로, 어떤 교육기관을 택하든 간에 그들이 긍정적이 되도록 준비시켜야 한다.

데니스 레인, 『선교사와 선교단체』, 도문갑 옮김(서울: 도서출판 두란노, 1993), 133-7쪽.

선교사 자녀교육(계속)

	내용
부모의 자세	* 어떤 교육제도도 장단점이 있기 때문에 모든 필요를 채울 수는 없다. * 어떤 선택을 하든지 성공적인 자녀교육의 요소는, 부모들이 함께 이 일에 헌신하는 것이다. 부모들은 한마음으로 모든 것을 결정해야 한다. * 가족 전체를 위한 장기적인 안목으로 심사숙고하고, 기도에 의해 최종적으로 결정된 선택은 결국 가치가 있는 것으로 증명될 것이다. * 부모들은 다른 사람들의 조언을 구해야 하는데, 특히 현재 부모들이 선호하는 제도와는 다른 방법을 통해 성공적인 자녀교육을 해낸 사람들의 이야기를 들어 보라.
고등교육	* 만약 자녀의 교육 선교비가 부족하거나 정부기금이나 장학금을 받을 수 없다면, 그는 일하면서 학비를 벌 생각을 해야 할 것이다. * 부모들이나 선교기관에서는 이 기간동안에 선교사자녀들에 대해 더 많은 관심을 기우려야 한다. 동시에 모교회도 선교사 자녀들의 고등교육 문제에 더 큰 책임감을 가져야 할 것이다. * 모든 선교사자녀가 대학과정에 진학할 수 있는 것은 아니다. 진학하지 않는 자녀들을 위해서는, 그들이 직장을 구할 때 까지 돌봐주는 제도가 있어야 한다. 그들이 거처할 곳을 마련해야 하고, 새로운 직장에 정착할 때 까지 목회적인 관리와 감독을 해 줄 필요가 있다.
재입국 문제	* 선교사 자녀는 그의 인격 형성기 대부분을 다른 문화환경 속에서 보낸다. 그가 자국 문화 속으로 돌아오게 될 때, 그는 외국인과 같은 처지가 된다. * 선교사 자녀들은 그들의 생애 중에 자주 작별하는 경험을 해야 한다. 이런 잠재적인 반응으로 인해, 본국에 돌아온 선교사 자녀들이 외향적이 되거나, 새로운 관계를 잘 만드는 것은 매우 어렵다. 이것은 그들로 하여금 자신 속에 갇히게 하지만, 다른 사람들은 그런 현상을 잘 이해하지 못한다. * 우리는 그리스도인으로서, 재입국 문제의 심리적이고도 영적인 측면들에 대해 알지 않으면 안된다. 그리고 우리는 현재 진행되고 있는 일반 사회의 연구성과를 통해서도 배워야만 할 것이다. * 해외에서 교육을 받은 자녀들은 모국의 문화에 진입하는 방식이 그들의 부모들과는 다르다. 그렇기 때문에 그들은 자신의 형성기 대부분을 보낸 다른 세계로 되돌아 가고싶은 생각이 간절할 것이다.
한국의 예(例)	* 한국으로 돌아오는 자녀들이 치열한 입시경쟁 체제에 대한 준비가 되어있지 않아서, 결국은 처음부터 손해를 보고 입국하게 된다. * 해결책은 매우 신축성이 있어야만 하는데, 국내외의 교육 여건이 끊임없이 변화하고 있고, 정부에서도 지원책을 조금씩 확대하고 있기 때문이다. 물론 그러한 변화에 따라, 자녀 자신들에 대한 요구도 커져가고 있다.

데니스 레인, 『선교사와 선교단체』, 도문갑 옮김(서울: 도서출판 두란노, 1993), 142-6쪽.

선교사 자녀교육 유형

유형	장 점	단 점
본국형 해외 학교	* 나라들은 외국에 나가 있는 자국민을 위해 개설한 학교	
	* 본국과 같은 교육철학. * 같거나 비슷한 문화적 배경의 어린이들과 사회적인 접촉을 가짐. * 부모의 사역지가 가까우면, 자녀들과 함께 살 수 있는 가능성.	* 일반적으로 너무 비싸다. * 수입이 낮은 선교사 부모와 다른 사업가부모의 비교가 심화된다. * 외국 사회의 세속적인 생활기준이 미치는 영향. * 현지인 어린이들과의 접촉 제한. * 선교사부모가 학교에 가까운 지역에서만 사역하려는 유혹이 있다. * 과학과 같은 과목은 국내 수준만큼 교육할 수 없다. * 계속 진학하려는 상급학교가 없다.
국제 학교	* 국제적인 교과과정에 따라 대부분의 과목은 영어로 교육하는 학교	
	* 폭 넓은 사회적 경험. * 일반적으로 수준이 높다.	* 어떤 특정한 나라의 교육제도에 매이지는 않지만, 기본적으로 서양식 교과 과정. * 3분의 2세계 보다는 서양에서 고등교육을 받기 위한 준비 과정.
선교지 현지 학교	* 현지인 어린이들과 잘 어울리게 됨. * 어린이들이 현지어를 잘 배우게 됨. * 어린이가 부모와 함께 살 수 있음. * 현지인 교회들이 선교사의 동화적인 태도를 감사함. * 어떤 경우보다 비용이 적게 든다.	* 현지어가 능숙하지 못한 아이들은 잘 적응하기 어렵다. * 아이들이 모국어를 잊어버려, 본국에 돌아갈 때 어려움이 생긴다. * 교육의 수준이 그리 높지 못한데, 특히 농촌 지역의 경우에 심하다.
선교 기관 학교	* 규모가 큰 서구 선교단체나 선교단체가 연합하여 자신들이 운영하는 학교	
	* 헌신도가 높은 선교사 교사가 가르친다. * 목회적으로 잘 돌보아 준다. * 기독교 세계관을 배우게 된다. * 대개 학급당 학생수가 적으므로, 아이들에게 개인적인 관심을 기울일 수 있다.	* 기숙학교이기 때문에, 대부분 부모 곁을 떠나야 한다. * 다양한 교육철학을 수용하기 어렵다. * 아이들이 바깥 세상과는 격리되어, 기독교 단지에 갇히기 쉽다. * 일반세상에 편입되는 것이 어렵다. * 선교지의 문화와 격리되어, 현지어를 배우기가 어렵다. * 경우에 따라, 교사 선교사의 입국허가를 얻기가 쉽지 않다.

데니스 레인, 『선교사와 선교단체』, 도문갑 옮김(서울: 도서출판 두란노, 1993), 137-9쪽.

선교사 자녀교육 유형(계속)

유 형	장 점	단 점
통신 과정 학교	* 교과 과정이 우편으로 오면, 부모가 가르쳐서 되는 학교(한국에는 없음)	
	* 아이들이 집에서 살고 공부한다. * 부모가 가까이서 아이들을 관리할 수 있다. * 본국의 교육철학에 맞출 수 있다. * 부모가 계속 선교지에 머물 수 있게 한다. * 어린이들이 자기 진도에 맞게 공부할 수 있다. * 개인적인 수준을 따라 교과과정을 선택할 수 있다.	* 사회성이 약해진다. * 경쟁력이 약해진다. * 부모가 가르치는 기술이나 능력이 없는 경우도 있다. * 부모 중 한 쪽이 자녀교육에 매여서, 사역에 참여하기 어렵다. * 부모에 의한 엄한 훈육이 필요하다. * 우편물이 제 때 도착하지 않을 수도 있다. * 이런 방법을 사용할 수 없는 나라도 많이 있다.
본국 학교	* 기숙사를 본국에 마련하여, 자녀들이 모국에서 공부하도록 관리해 준다.	
	* 자기 문화 속에서 지낼 수 있다. * 방학기간 중에는 친척들이 돌봐 줄 수 있다. * 자녀에게 가장 적합한 교육제도	* 학기 중에는 부모와 헤어져 있다. * 부모를 방문하는 경비가 많이 든다. * 돌봐주는 친척이 없는 경우도 있다. * 학과와 진학 등에 대해, 부모가 지도하거나 격려해 줄 수 없다.
본국인 교사의 파견	* 본국의 교육제도에 자녀들이 다시 편입될 수 있도록 하기 위해, 국어와 같은 특수 과목을 준비하도록, 교사를 해외에 있는 학교에 파견하는 대안.	
	* 외국에서 받는 교육을 보완해 준다. * 모국어를 잊지 않도록 도와 준다. * 비용면에서도 효과적이다.	* 선교사가 넓게 흩어져 있어, 자녀들을 한 곳에 모으는 것이 어렵다. * 현지에 파견된 교사가 언어장벽 등으로 어려움을 겪게 된다. * 교사가 자주 바뀌면 교육의 일관성에 문제가 있다.

데니스 레인, 『선교사와 선교단체』, 도문갑 옮김(서울: 도서출판 두란노, 1993), 140-1쪽.

20, 21세기 상황에서 본 1998년의 세계선교 현황 (단위: M = 백만, B = 10억)

분류	인 구	1900년	1970년	1998년	2000년	2025년
세계 인구	전체 인구	1,619,886,500	3,697,849,000	5,759,276,000	6,228,254,000	8,472,446,000
	도시 거주자수	232,694,900	1,352,449,000	2,603,193,000	2,946,649,000	5,185,137,000
	시골 거주자수	1,387,191,900	2,345,400,000	3,156,083,000	3,263,605,000	3,287,309,000
	성인수(15세 이상)	1,025,938,000	2,245,227,300	4,071,362,000	4,277,544,000	6,097,552,000
	문자해독자수	286,705,000	1,437,761,900	2,748,170,000	3,028,501,000	4,985,968,000
	문맹자수	739,233,000	807,465,400	1,323,192,000	1,249,043,000	1,111,584,000
세계의 도시 팽창	주요도시들(십만명 이상)	300	2,400	3,980	4,100	6,500
	거대도시들(백만명 이상)	20	161	400	410	650
	도시 빈민	100M	650M	1,852M	2,000M	3,050M
	도시 빈민굴 거주자들	20M	260M	1,122M	1,300M	2,100M
세계 종교 인구	기독교(모든 교파, World C)	558,056,300	1,216,579,400	1,965,993,000	2,024,156,000	2,797,617,000
	회교	200,102,200	550,919,000	1,179,326,000	1,237,153,000	1,961,548,000
	유물론	2,923,300	543,065,300	766,672,000	779,084,000	904,402,000
	힌두교	203,033,300	465,784,800	767,424,000	794,921,000	1,075,636,000
	불교	127,159,000	231,672,200	356,875,000	364,872,000	433,309,000
	무신론	225,600	165,288,500	146,406,000	146,192,000	151,940,000
	신흥종교	5,910,000	76,443,100	99,191,000	100,507,000	116,567,000
	부족종교	106,339,600	88,077,400	244,164,000	250,964,000	295,840,000
	시크교(Sikhs)	2,960,600	10,612,200	22,874,000	23,756,000	34,568,000
	유대교	12,269,800	15,185,900	15,050,000	15,228,000	16,882,000
	비기독교(World A & B)	1,061,830,500	246,406,600	3,963,846,000	4,067,195,000	5,241,513,000
기독교 구성 비율	전체 기독교인의 비율(%)	34	33	33	33	35
	추정 교인들	521,563,200	1,135,913,000	1,852,111,000	1,908,062,700	2,645,133,392
	활동교인	469,259,800	886,195,000	1,335,696,000	1,360,260,000	1,761,623,000
	오순절파	3,700,000	74,448,000	461,000,000	502,000,000	740,000,000
	지상명령 준행파	50,000,000	288M	653,852,000	680,230,000	1,091,538,000
	평균 순교자 비율(1년) %	35,600	230,000	163,000	165,000	210,000
교파별 교인수	성공회	30,573,700	47,520,000	55,077,000	55,549,000	69,821,000
	카톨릭(비로마계)	276,000	3,214,400	6,484,000	6,688,000	9,635,000
	명목상 교인	927,600	108,380,000	30,992,000	33,384,000	66,848,000
	비백인계 토착 기독교도	7,743,100	59,784,000	264,851,000	279,037,000	491,598,000
	희랍정 교회	115,897,700	147,369,000	224,770,000	227,841,000	283,945,000
	개신교	103,056,700	233,800,000	366,826,000	378,626,000	567,124,000
	로마 천주교	266,419,400	671,441,000	1,055,412,000	1,085,622,000	1,447,463,000

David B. Barrett, *International Bulletin of Missionary Review* 22:1(Jan. 1998), 27쪽.

20, 21세기 상황에서 본 1998년의 세계선교 현황(계속)

분류	인 구	1900년	1970년	1998년	2000년	2025년
대륙별 교인수	아프리카	8,756,400	120,251,000	329,882,000	350,125,600	703,638,270
	아시아	20,770,300	94,515,000	286,078,000	299,912,300	467,719,700
	유럽	368,131,200	475,387,000	531,502,000	533,030,000	537,059,220
	라틴 아메리카	60,026,800	262,027,800	461,471,000	477,117,000	637,018,350
	북 아메리카	59,569,700	169,246,900	223,454,000	227,658,100	273,387,150
	오세아니아	4,322,100	14,628,000	19,724,000	20,219,700	26,310,702
기독교 단체들	봉사 단체들	1,500	14,100	23,450	24,000	40,000
	파송 선교단체	600	2,200	4,650	4,800	8,500
		35	62	110	120	5,000
기독교 사역자	자국 (모든 교파)	1,050,000	2,350,000	4,863,000	5,104,000	6,500,000
	외국 (선교사들)	62,000	240,000	409,000	420,000	550,000
기독교 재정 (미국/ 년간)	교인들의 개인적인 수입	270B	4,100B	11,885B	12,700B	26,000B
	오순절파의 개인적인 수입	250,000,000	157B	1,430B	1,550B	9,500B
	구제	8B	70B	206B	220B	870B
	교회의 수입	7B	50B	97B	100B	300B
	탈교회 및 단체들의 수입	1B	20B	110B	120B	570B
	교회의 범죄	300,000	5,000,000	11.3B	13.2B	65B
	국제 선교단체의 수입	200,000,000	3B	11.2B	12B	60B
	기독교인 컴퓨터 사용자 (총수)	-	1,000	340,838,000	400,000,000	2,500,000,000
기독교 문서	신간서적 (년간)	2,200	17,100	24,600	25,000	70,000
	기독교 정기 간행물	3,500	23,000	32,500	35,000	100,000
	복음전도를 위한 신간/잡지(년간)	500	3,100	14,700	16,000	80,000
성경 배포	성경 (년간)	5,452,600	25,000,000	66,005,000	70,000,000	180,000,000
	신약 (년간)	7,300,000	45,000,000	102,804,000	110,000,000	250,000,000
	쪽복음 (년간)	20M	281M	1,903M	2,050M	4,000M
기독교 방송	기독교 텔레비전/방송국	-	1,230	3,600	4,000	10,000
	전체 월간 시청자 및 청취자	-	750,000,000	1,977,267,000	2,150,000,000	3,800,000,000
	해외 기독교 방송국들	-	150,000,000	568,338,000	600,000,000	1,300,000,000
	해외 일반 방송국들	-	650,000,000	1,665,215,000	1,810,000,000	2,800,000,000
기독교 도시 선교	비기독교 거대 도시	5	65	191	202	280
	신흥 비기독교시 거주자들 (매일)	5,200	51,100	131,000	140,000	360,000
	도시 기독교인	159,600,000	660,800,000	1,330,389,000	1,393,700,000	2,448,800,000
기독교 복음전도	복음 전도 시간 (년간)	10B	99B	447B	480B	4250B
	전도의 기회 (년간)	6	27	75	79	529
세계 복음화	비복음화 인구 (World A)	788,159,000	1,391,956,000	1,079,532,000	1,038,819,000	600,000,000
	세계의 비복음화율 (%)	49	39	18	17	7
	주후 30년이후 세계 복음화 계획	250	440	1,290	1,400	3,000

복음화의 다양한 분류에 대한 용어 분류

기 준	분 류	내　　　　　용
선교지	정의	선교지 혹은 문화적 거리에 따른 분류(M: Mission)
	M1	* 지역선교: 국내의 지역에서 복음전파 사역을 하는 것
	M2	* 교회개척선교: 국내의 무교회 지역에 교회를 세우는 것
	M3	* 타문화선교: 국외선교이며, 고유한 의미에서의 선교임
	M4	* 투쟁선교: 복음전파가 자유롭지 못한 지역(창의적 접근지역) 선교
복음화	정의	* 이 구분은 지역별로 거듭난 숫자, 복음 전파의 기회 제공, 전파된 복음으로 현지인의 반응을 종합하여 %로 구분한 것임 * 이 구분은 '세계 복음화 정도'를 구분하여 교회가 공통된 선교전략으로 선교사 의중복 배치로 인한 인력 낭비와 재정의 낭비를 최소화하여 최대한의 지상명령의 효과를얻기 위한 것임
	World A	* 예수 그리스도의 구원의 능력에 대해 전혀 들어보지 못함 * 복음전파가 되지 못하여 복음에 대해 알지 못함 * 전 세계의 1/4을 차지하고 있음(23% 정도) * 이들을 위해 사역하는 선교사는 1% 정도 밖에 없음 * 기독교인의 재정의 0.01%가 이 지역을 위해 사용됨
	World B	* 복음전도의 기회 제공은 주어졌으나 그 복음에 반응한 숫자가 적음 * 그리스도의 제자화가 거의 안된 지역임 * 이들을 위해 사역하는 선교사는 8% 정도밖에 없음 * 기독교인의 재정의 0.09%가 이 지역을 위해 사용됨
	World C	* 복음전파가 자유롭게 이루어져 모든 사람에게 복음이 전파된 지역 * 복음은 들었지만 반응을 보이지 않거나 거부한 사람도 많이 있음 * 이미 상당한 사람들이 제자화 훈련이 이루어져 있음 * 오늘날 선교사의 91%가 이 지역에서 사역하고 있음 * 기독교인의 재정의 99.91%가 이 지역을 위해 사용됨
전도	정의	전도유형의 구분(E: Evangelism)
	E0	동일 문화 속에서 교회 회원에 대한 전도
	E0.5	동일 문화 속에서 명목상의 교인에 대한 전도(부흥집회 등)
	E1	동일 문화권 내에서 전도하는 상태
	E2	전도자와 청중 사이에 약간의 문화적 언어적 문제가 있는 전도 상태
	E2.5	비기독교인에 대한 타문화 전도
	E3	전도자와 청중 사이에 극단적인 문화적 차이를 갖는 전도 상태
회심	정의	회심의 상태 구분(C: Conversion)
	C0	명목상 교인의 회심 상태, 교회와 회심자의 문화적 갈등은 없음
	C1	동일 문화에서 회심자가 자신을 심각하게 신자로 생각하지 않음
	C2	회심자가 교회 문화권 속에 수용된 상태, 문화적 갈등은 있음
	C3	토착교회가 아닌 대문화권 속에 있는 회심자, 문화적 문제는 미미함

제 4 부

기독교와 타종교

기독교와 타종교의 발생과정

종교	성립 시기	창시자	섬기는 신	경전
유대교 Judaism	주전 1800년경	아브라함	여호와 Jehovah	구약 (율법서, 역사서, 예언서)
힌두교 Hinduism	주전 1500년경	없음	브라만 Brahman 다신(多神)	베다(Veda)
신도(神道) Shintoism	주전 660년경	알려지지 않음	자연신(自然神)	고사기(古事記) 일본기(日本記)
조로아스터교 배화교(拜火敎) Zoroastrinianism	주전 660년	조로아스터 Zoroaster	아후라 마즈다	아베스타
도교 Taoism	주전 604년	노자	도(道)	도덕경
자이나교 Jainism	주전 599년	마하비라	원래는 없었음 마하비라	안가스
불교 Buddhism	주전 560년	고타마 싯달타 (부처)	원래는 없었음 부처	트리피카타
유교 Confucianism	주전 551년	공자	하늘	사서삼경 기타 고전들
기독교 Christianity	주후 27년	예수 그리스도	여호와	성경(구약/신약)
이슬람교 Islam	주후 570년경	무하맛	알라	꾸란(코란)
시크교 Sikhism	주후 1469년	나낙	참된 이름 (시트-남)	아디 그란트

여기서 신(神)은 매우 포괄적으로 정의됨
신이란 유대교에서 말하는 전통적인 하나님에 대한 개념과 힌두교에서 말하는 비인격적 절대자, 그리고 (불교에서 처럼) 그 종교의 창시자 또는 각 종교의 발전에 기여한 존경받는 사람들을 모두 포함하는 개념임

애니미즘(Animism)

개념	내용
정의	* 세계에서 가장 오래된 원시형태의 종교 * 모든 물체가 과학의 대상이 될 수 있는 단순한 무생물이 아니고 모든 물체 안에 초자연적 실재인 영이 존재한다고 믿는 자연 종교 * 영국의 문화인류학자인 타일러(E. B. Tylor)가 처음 사용함
애니미즘 사회의 특징	* 사람들이 대부분 문맹이어서 신앙은 경전이나 문자보다도 의식, 이야기, 격언, 노래 및 춤으로 표현됨. 사상보다는 행주 위주임 * 아주 단순한 종교 제도를 가짐 * 주로 혈연이나 지연 중심의 자연부족사회로서 합리성이 부족함
세계관	* 세상에는 초자연적인 존재와 힘이 있으며, 이것은 인간 생활의 위기와 관련된다는 것을 강조함 * 샤머니즘과 성물 숭배, 조상 숭배 등을 포함함 * 세계관은 주로 신화로 표현되며, 그 내용은 지역마다 다름 * 자연을 신격화하는 자연 종교이며, 일종의 다신론/범신론으로 간주됨 * 자연계과 죽음의 세계가 연속되며, 보이는 세계와 보이지 않는 세계를 단절이 아닌 연속으로 보는 단일론적 범신론임 * 종교의 도덕적 차원이 거의 강조되지 않음

신앙	* 인간은 자연의 한 부분이라고 믿음
	  아마존의 인디언 — 어떤 짐승의 심장을 먹으면 용감해진다고 믿음
	* 인간이 영혼과 육체 이상의 몸으로 구성되었다고 믿음. 대체로 인간은 영, 혼, 숨 및 육체로 이루어졌다고 생각함
	* 만물에 초자연적인 힘이 있다고 믿음. 신, 귀신, 혼은 사람에게 해악과 이익을 줌
	  사람의 행과 불행 및 질병은 이러한 혼이나 신들의 탓으로 생각함
	* 초자연적인 힘은 조정이 가능하며 신, 혼 혹은 귀신을 조정하기 위해 기술적인 힘 즉 마술이 필요함
	  에스키모인 — 샤먼이 폭풍을 진정시키고 지하세계로 내려가기도 함을 믿음
	* 윤리와 종교 간에 어떠한 관계성을 갖지 않음 마술이나 마력은 도덕적으로 중립적이며 다만 사람의 질병을 고치거나 해를 끼칠 수 있음

제사과 무당	* 애니미즘은 주로 자신의 행복과 건강 혹은 공동체의 안녕과 풍년 등 생존과 직결되는 문제에 일차적인 관심을 가짐
	* 개인과 소속 공동체가 재난과 불행을 당할 때 신과의 매개가 필요하게 됨
	  이로 인해 영매(靈媒)인 제사장과 무당의 기능을 가진 사람이 존재하게 됨
	* 종류: ① 주술이나 마술을 하는 사람(black magic)
	      ② 점치는 자
	      ③ 병을 고치거나 성난 신을 달래는 무당
	      ④ 종교 의식을 집행하는 제사
	      ⑤ 초자연적인 힘을 대신하여 사람들에게 말하는 자(예언자)
	      ⑥ 한 사람이 여러 가지 기능을 동시에 집행하는 무당
	* 이들은 주로 환상이나 황홀경에 빠져 초자연적인 힘을 직접체험하거나 소위 신접한 자들임

전호진, 『종교다원주의와 타종교 선교 전략』(서울: 개혁주의신행협회, 1993), 107-112쪽.

샤머니즘(Shamanism)

개념	내용
정의	* 시베리아를 중심으로 널리 몽고, 만주, 한국, 일본 그리고 우랄알타이 계통의 여러 민족들 사이에 나타나는 공통적인 원시종교 * 샤먼을 통해 나타나는 종교체계를 의미함 * 실제로는 세계 곳곳에 나타나는 공통적인 현상 중의 하나임 * 이 개념에 대한 통일적이고 일반적으로 인정되는 정의를 내리기 어려움 * 1704년 홀란드인 이데스(Everet Y. Ides)가 샤먼(shaman)을 처음 사용함 * 동북아시아에 나타나는 애니미즘의 일종
사상	* 인간은 자연의 한 부분임 * 만물에는 초자연적 힘이 있음. 모든 동물과 식물을 포함하여 보이는 자연물체에는 보이지 않는 정령(精靈)이 깃들어 있다고 믿고 숭배함 * 정령들은 신들, 귀신들, 각종 영들, 유령, 천사 등 * 정령은 인간의 현재 생활에서 대면하는 사물, 현상에 등에 깃들어 있음 * 꿈이나 환상, 그림자, 영상으로 나타나기도 함. * 죽음 혹은 잠들었을 때에 영혼이 육체로부터 이탈하기도 하고, 물건에도 정령이 붙었다 떨어졌다 한다고 믿음 * 정령들은 자연 안에 있거나 혹은 자연과 멀리 떨어져 있으면서 인간의 생사 화복(生死禍福)과 밀접한 관계가 있음 * 인간의 모든 질병, 재난 그리고 죽음과 불행을 연출함은 물론 때로는 복을 가져다 주기도 함 * 정령들과 초자연적 힘은 조종할 수 있으며, 조종하기 위하여는 기계적 기술이 필요한데 이것이 미술(魔術) 혹은 주술(呪術)임 * 윤리와 종교간에 어떠한 관계도 없다. 마술이나 마나의 힘(마력)은 도덕적으로 중립이면서 다만 사람의 질병을 고치거나 사람을 파괴할 수 있음
샤먼 shaman 무당 巫堂	* 퉁구스(Tungus)족들의 토속어(土俗語) * '흥분하는 자', '자극하는 자', '도발하는 자', '요동하는자' 등의 뜻이 함축 * 정령과 직접 교통하며, 영계를 탐지하고 영적인 능력을 행사할 수 있어서 병을 고치고, 제사 주술 등으로 재액을 없이하며 복을 가져오는 제사(祭祀) * 영매(靈媒), 예언(豫言), 치료, 예능의 역할을 하는 무사(巫事)의 전문가
샤먼의 기능	* 영매적 기능 - 사람과 신령 사이에서 행사하는 중개적 역할이다. 샤만은 신령과 사람 사이에 관계를 맺어주는 능력을 지닌 일종의 영매임 * 예언적 기능 - 점복(占卜)이나 공수라고하는 신탁으로 신령(神靈)의 뜻이나 앞으로 되어질 길흉을 사람에게 알려주는 역할 * 치료의 기능 - 질병의 숨은 원인을 알아내고 병마를 쫓아내어 질병을 고쳐주는 치병의 역할 * 예능의 기능 - 샤먼이 노래를 부르고 춤을 추어 신령(神靈)과 사람을 즐겁게 하는 오락적인 기능

샤머니즘의 종교현상

개념	내 용
신관	* 지고신으로서의 창조주는 '게으른 신'(Deus Otiosus) * 신은 하위의 여러 신령들에게 직분을 나누어주어 자신은 배후에 있음 　별로 간섭하지 않고 여러 영들에게 인사를 관장하게 함 * 신들의 계급조직(hierarchy)이 설정되어 있음 　천상계: 하느님(천신) – 우주를 다스림. 최고신 　　　　　일신(日神), 월신(月神), 성신(星神) 등 　지상계: 지신(地神), 산신(山神), 인신(人神), 수신(水神), 풍신(風神) 등 　지하계: 십왕신(十王神)을 비롯한 여러 신령들 * 신의 거주지는 우주의 지역적 분할에 따라서 다름 　천상계: 광명의 나라로 선한 신이 거주(예, 옥황상제) 　지하계(음부, 유부): 염라대왕이 악인과 악령을 다스림 　지역신: 土神, 길神, 山神, 가택신(家宅神) * 그 사회에 필요한 특수한 신이 사회구조의 반영으로서 설정됨 　야쿠트 족: 어린아이의 출산을 관장하는 자비로운 여성신인 산육신, 　　　　　　가축의 신, 삼림과 수렵, 어로를 담당하는 신 　한국: 가택신 – 터주, 성주, 삼신 할머니 등 * 신과 정령이 선·악(善·惡)의 이원론에 입각하여 분류·대립됨 　천상계의 신(선함, 백) – 지하계의 신(악함, 흑), 선령과 악령, 선신과 악귀 * 신인 동형 동성관(神人同形同性觀, anthropomorphism)으로 형성됨 　① 신과 정령은 인간처럼 결혼하여 부인과 자녀를 거느리기도 함 　② 인간과 같이 씨족, 부족사회 등의 사회(community)를 형성하기도 함 　③ 신들 사이의 관계가 인간처럼 싸움이나 협조가 이루어 짐
인간관	* 인간의 기원 　① 조물주가 독자적으로 기존의 재료를 사용하여 인간을 창조했다는 설 　② 조물주가 악마와 싸움을 하면서 인류를 창조했다는 설 　③ 조물주 없이 특정 동물, 식물에서 인간의 유래했다는 토템 성격의 설 * 인간의 생사화복(生死禍福), 흥망성쇠는 신령의 뜻에 있는 타력주의 * 영/육의 이원론 – 육은 소멸하나 영혼은 불멸함. 영은 魂, 鬼, 魄으로 됨
내세관	* 사람이 죽으면 혼은 천하에, 귀는 공중에, 백은 지하에, 육은 땅으로 돌아감 * 영혼은 시공의 제한이 없으며 타계(他界)로 여행함 * 영혼은 육신이 죽은 후에도 새로운 사람으로 세상에 태어나거나 내세인 　저승으로 들어가서 영생한다 * 선악의 응보에 따라 극락의 세계(선인)와 지옥의 세계(악인)가 있다고 믿음

애니미즘/샤머니즘 비판

관점	내 용
종교관	* 샤머니즘은 지나치게 현실 위주의 실리를 추구하는 종교임 * 인간의 기본적 욕구를 충족시키는데 중점을 두어 이기심을 조장할 수 있음 * 개인주의와 이기주의적 사회적 경향을 조장할 수 있음 * 요행과 운수를 통하여 비합리성을 조장함
윤리관	* 가장 비윤리적인 종교 중의 하나임 * 샤머니즘은 개인의 행복과 안녕을 위한 금기는 많으나, 개인과 사회가 지향해야 할 윤리관과 가치관은 없음 * 종교의 내용이 개인의 본원적 욕구(felt needs)만을 충족시키는데 초점이 있으므로 이기적이며, 공중의 도덕과 윤리 즉 사회 윤리의 부재현상을 초래함 * 샤머니즘과 애니미즘이 강한 사회는 서구보다 이기적임
사회관	* 사회 운영은 항상 갈등과 대립이며 사회정의와 발전을 보장하지 못함 * 신과의 관계를 공포와 불안으로 보며 사회와 타인의 사랑을 가르치지 않음 * 미워하는 자나 적대자를 귀신의 힘을 빌어 저주함으로 인간관계가 화목과 신의가 아닌 불신으로 지배할 위험이 있음 * 개인의 현세적 축복과 평안이 주관심사이며, 사회정의와 발전에 관심없음 * 혈연과 지연 위주의 일차 공동체 중점이며, 근대적 국가 개념을 발전시키지 못하고 '빈곤의 문화'(Culture of poverty)을 영속화하는 경향이 있음 * 개인의 길흉은 예언하지만 사회의 불의를 고발하고 사회의 미래를 예측하는 선지자적 통찰력이 결여되어 있음 * 권위주의적이며 보수 성향이 강하여 사회 변화에 민감하지 못하며 역사 의식이 결여되어 있음
우주관	* 가장 비과학적이어서 과학과 사회의 발전을 저해함 * 자연과 사물을 신격화하여 복종의 대상으로 봄-개발과 발전의 여지가 없음 * 자연을 숭배함으로 기술의 발전을 기대할 수 없음 * 선악의 응보에 따라 극락의 세계(선인)와 지옥의 세계(악인)가 있다고 믿음

전호진, 『종교다원주의와 타종교 선교 전략』(서울: 개혁주의신행협회, 1993), 134-139쪽.

힌두교의 경전

이름	종류	내 용

집필시기: 주전 1400-주후 500년경. 2천년 이상의 역사를 통해 기술됨
경전: 스루티(Sruti), 스므리티(Smurti).
    스루티('귀로 들은 것')는 인도 고대의 현인들인 리쉬들(rishis, 문자적인 의미는 '본 사람')이 직접 보고 경험한 힌두교의 영원한 진리에 대한 서술이다. (베다)
    스므리티('기억되어진 것')는 이차적 경전이며 스루티의 내용과 종교적 원리를 확장시킨 것이다.
내용: 힌두교가 거쳐온 여러 시대에 유행했던 종교적인 관행과 예배의식, 교리 등

스루티

베다 veda
* 베다의 문자적인 의미는 '지혜' 또는 '지식'
* 힌두교 최고의 경전임
* 처음에는 구전으로 전승되었으나 나중에 샨스크리트어로 기록됨
* 주전 1400년 이래 예배의식에서 사용된 송가와 기도 주문과 제문으로 됨
* 베다가 복수형태(vedas)로 쓰이면 지혜의 책 모두를 집합적으로 지칭함
  이것을 삼히타(samhitas)라고 불리우기도 함
* 이 집합적인 베다에는 4개의 개별적인 베다로 이루어져 있음
* 각 베다들은 다음의 세 부분으로 나뉘어져 있다.
  만트라(mantras) – 신에 대한 찬송과 찬양
  브라마나(brahmanas) – 예배 의식을 올바르게 진행하게 하는 지침서
  우파니샤드(upanishads) – 베다의 각 부분들 중에서 가장 중요시 하는 부분
                        힌두교의 진리와 교리를 가르치는 부분임

리그 베다 rig-veda
* 대부분 송가들이며 대개 샨스크리트어로 기록됨
* 인드라(Indra), 소마(Soma), 바루나(Varuna), 미트라(Mitra) 등의 여러 신들을 칭송하는 내용

사마 베다 sama-veda
* 리그베다의 만트라로 이루어져 있음
* 이 송가는 멜로디가 있어서 사람들이 노래로 부르기도 함

야주르 베다 yajur-veda
* 리그 베다에서 빌어온 만트라들을 다수 수록하고 있음
* 힌두교의 사제들과 그 제자들이 종교의식을 집전할 때 사용

아타라 베다 athara-veda
* 주로 사제들이 예배시에 사용하는 주문들로 이루어져 있음

우파니샤드 Upanishads
* 우파니샤드는 '비밀스러운 가르침'이란 뜻
* 종교에 대한 사변적인 글들을 모은 책
* 주전 800-주후 600년 경에 기록됨. 108개의 글들이 전수됨
* 이 가르침은 스승에서 제자들에게 비밀스럽게 전수됨
* 초기에는 마술적인 주문과 헌신송들이 있지만, 나중에는 인간과 우주에 대한 신비로운 관념들, 브라만과 아트만에 대한 사상들이 기록되어 있음
* 불교의 창시자인 고타마 싯달타에게 중요한 영향을 끼침

죠쉬 맥도웰, 돈 스튜어트, 『이방종교』, 이호열 옮김(서울: 기독지혜사, 1987), 25-28쪽.

힌두교의 경전(계속)

이름	종류	내용
스므르티	라마야나 Ramayana	* 마하바라타와 함께 2대 서사시로 불림 * 고대의 현자이자 시인인 발미키(Valmiki)가 저술함 * 2400개의 2행 대귀 시행으로 되어 있음 * 비쉬누 신의 신봉자이며 화신으로 알려진 의로운 왕 라마(Rama)의 일대기를 내용으로 함
	마하바라타 Mahabharata	* 라마야나와 함께 2대 서사시로 불림 * 주전 400~주후 800년 경의 아라안족의 활동과 역사를 기록 * 10만 구절 이상의 시귀로 구성된 방대한 작품 * 위대한 고전시인 바가바드 기타(Bhagavad Gita)가 포함됨
	바가바드 기타 Bhagavad Gita	* 바가바드 기타의 의미는 '신에 대한 성스러운 송가'란 뜻임 * 주전 1세기경 마하바라타의 뒤두분의 부록처럼 덧붙여진 것 * 비쉬누신의 여덟 번째 화신인 크리슈나와 자신의 사촌 형제들과 전쟁을 치르는 전사 아류나 사이에 오고간 대화로 구성 * 인간의 구원의 주요 수단인 헌신(bhakti)가 강조된 작품 * 힌두교도들이 가정 성스럽게 여기는 책중의 하나 * 세계에서 가장 널리 알려진 인도의 문학 작품중의 하나임
	\multicolumn{2}{힌두교도들의 위대한 2대 서사시 라마야나와 마하바라타는 힌두교들에게 본보기가 될만한 모범적인 인물들의 행적을 보여줌으로써 사회 생활에 필요한 도덕적 가치 기준과 생활 윤리들 제공해 주는 주요한 작품이다.}
	푸라나 Puranas	* 힌두교의 신에 대한 설화들과 악마들에 대한 이야기, 역사상 위대했던 조상들에 대한 전설 등이 수록됨 * 특징-신에 대한 헌신과 카스트, 다르마의 중요성을 강조하기 위해 순례여행과 예배의식에 대하여 자세하고 서술함 * 만인에게 권장할 덕행과 덕행을 쌓은 영웅들에 대한 설화 * 선행 강조함으로 힌두교의 도덕과 윤리의 형성에 영향을 줌
	아카마 aqamas	* 신학적 논문의 형식을 띤 글과 예배의 규칙들에 관한 글 * 일종의 예배 의식 안내서임
	술트라 sultras	* 힌두교의 여섯 가지 주요한 철학 체계를 격언 형태로 서술
	기타 작품들	* 바크티에 대한 설교 모음집 * 방대한 문학 작품들

죠쉬 맥도웰, 돈 스튜어트, 『이방종교』, 이호열 옮김(서울: 기독지혜사, 1987), 28-32쪽.

힌두교의 가르침

브라만 Brahman	* 온 우주의 유일하고 영원하며 궁극적인 존재 * 모든 실재의 근원이며 구현으로서 비인격적이며 모호하고 추상적인 존재 * 세계는 시작도 끝도 없으며, 브라만으로부터나와 브라만으로 돌아감
아트만 Atman	* 모든 살아있는 생물의 영원불멸의 본질 즉 자신의 영혼이나 신적 자아 * 이 아트만은 세계혼(世界魂 paramatman)과 일치됨
마야 Maya	* '환상'으로 표현되지만 현상의 세계를 일컬음. 무지(avidaya)의 결과임 * 항상 변화되는 우주의 모든 것을 실제적인 것으로 여기지 않음을 의미함
업(보) 業(報) karma	* 어원적인 의미는 '행동', '행함' 임 * 한 개인의 모든 행동들과 그 행동으로 인해 받게 되는 원인과 결과 * 한 개인이 현세에서 누리는 지위와 존재는 전생의 업에 의해 결정됨 * 카르마의 법칙은 자신의 행위에 대한 도덕적 윤리적 책임을 강조함 * 이생 혹은 내세의 해탈을 위해 이생의 선행을 강조하게 됨 * 개인은 자신의 행/불행을 받아들이고 책임전가하지 못함.
윤회 samsara	* 원래 의미는 '옮겨진다' 또는 '다시 태어난다' 임 * 인간의 생명을 포함한 모든 생물의 생명은 그 쌓은 업에 따라 끊임없이 새로운 상태로 다시 태어남을 의미함 * 모든 영혼은 전생의 업에 따라 끝없는 윤회를 거듭하며 어떤 한 존재 형태로부터 다른 존재 형태로 계속 옮겨가게 됨 * 모든 생명체에 영혼이 있으므로 윤회의 법칙은 인간에서 식물에 이르는 모든 생물체에 적용이 됨

해탈
(구원)
moksha
	* 윤회(輪回)와 업보의 사슬에서 인간의 영혼이 해방되는 상태
	* **업보를 쌓는 길**(karma marga) - 종교적인 의무를 잘 수행함으로 구원얻음
	                경전과 제사장들에 의해 미리 규정된 의식과 의무, 그리고
	                종교적인 관례들을 충실하게 이행하는 것
	* **지식의 길**(jinana) - 우주의 본질과 자아에 대한 무지(無知)를 깨치는 것
	                주로 고행과 명상을 통해 얻어짐
	* **헌신의 길**(bahkti) - 예배를 통한 특정한 신에 대한 헌신. 달마와 요가
	                여기에는 신과 사람에 대한 사랑과 헌신의 태도가 반드시 요구됨
	                즉 신에 대한 완전한 의탁과 신의 뜻에 대한 완전한 복종이 요구됨
	* 이생에서 해탈의 경지에 이른 사람을 지반무크타라며 높이 추앙받음

카스트
caste
	* 세계의 어떤 종교에서도 볼 수 없는 힌두교만의 가장 독특한 계급 제도임
	* 인도 사회의 질서를 유지하고 사회제도들을 통합하는 가장 중요한 요소임
	* 브라만과 인간의 조상 마누에게서 네 부류의 사람들이 생겨나게 됨
	  <u>머리-브라민, 양 손-크샤트리아, 넓적다리-바이샤, 발-수드라</u>
	  브라민(brahmin) - 승려와 종교교사
	  크샤트리아(kshatriya) - 왕, 귀족, 정치가, 무사
	  바이샤(vaisya) - 상업과 농업등의 생산직 종사자들 - 장인들과 기술자
	  수드라(sudra) - 천민(경작자와 노예) 종교행사에 참석할 권리가 없음
	  하리잔(harijan) - 불촉천민, 백정, 가죽수공업자 등
	* 이 제도는 최고의 신 브라마이 직접 제정한 것으로 인간의 권위나 권력으로 무너뜨릴 수 없는 절대적인 것으로 여겨짐

암소 숭배	* 옛날부터 암소가 위대한 능력과 권위를 가지고 있다고 믿어 옴 * 아타르바 베다에 암소를 찬양하는 내용이 있음. * 심지어는 암소가 우주의 본질과 동일하다고 까지 표현되기도 함

자이나교의 가르침

교리	내용
신	* 인간이 초월적인 존재를 알거나 예배하는 것을 강하게 반대함 * 후기에 마하비라가 그들이 섬기는 신적인 존재가 됨 * 마하비라가 하늘로부터 내려온 무죄하고 전지한 존재로 여겨짐
마하비라	* 신과 신적 존재을 거부함 * 그의 추종자들에 의해 신격화되어 추앙받음 * 24번째 티르탄카라(Tirthankara)로 불리워짐 이 말은 '세계 최후의 가장 위대한 구세주'란 뜻임

자기부정	* 엄격히 자기를 부정하는 고행의 종교임
	* 구원은 오직 고행을 통해서만 얻을 수 있음
	* 수도승을 위한 다섯가지를 포기하는 맹세가 있음
	  ① 살생, ② 거짓말, ③ 탐욕, ④ 성적 욕구, ⑤ 세상에 대한 집착
	* 수도승은 여자를 전적으로 피해야 함을 가르침
	  - 여자는 모든 악의 근원이라고 믿었기 때문임
	* 처음에는 모든 수도승과 교도들에게 맹세를 철저하게 요구함
	  - 나중에는 평신도에게 완화된 몇가지 규율을 지키게 하는 것으로 그침

비폭력	* 아힘사(ahimsa, 비폭력)는 자이나교의 핵심사상임 * 모든 교도들은 생명을 경외하며, 어떤 생명을 죽이는 것도 반대함 * 이로 인해 자연스럽게 채식주의가 도입됨 * 생명에 관계되는 직업을 거부하고 주로 금융, 무역업에 종사함 - 이로 인해 대부분의 교도들은 경제적으로 부유한 생활을 함

죠쉬 맥도웰, 돈 스튜어트, 『이방종교』, 이호열 옮김(서울: 기독지혜사, 1987), 54-56쪽.

힌두교와 자이나교의 차이점

교리	힌두교	자이나교
특징	정통 종교	힌두교 내부의 이단운동 힌두교와는 전혀 다른 종교로 발전
신	다신론	다신론을 배격함 신의 존재를 가르치지 않음 나중에 마하비라가 신격화됨
업 (Karma)	인과응보를 강조함 인과율의 규범을 절대적으로 강조	지나치게 완고하다고 생각함 사람을 너무 제약한다고 여김 경직성을 완화하고자 노력함
영혼	개별적이거나 영원하지 못함 사람의 영혼은 브라만에 흡수됨	개인의 영혼은 독립됨 자율적인 존재임
카스트제도	계급 차별을 인정함 공식적으로 계급을 법제화함	모든 인간의 존엄성을 믿음 계급차별이 없는 사회를 역설함
승려	최고의 계급에 속함 인도사회에 가장 큰 영향력을 가짐	마하비라는 크샤트리아 출신임 카스트제도, 승려의 우월성을 반대함
희생	동물의 희생제사가 중요시 됨	아힘사에 의한 희생제사를 반대함

석가모니(釋迦牟尼)의 삶

과정	내 용
탄생 誕生	* 싯다르타는 주전 565년 4월 인도 가비라성 정반왕의 아들로 태어남 * 淨飯王은 狗利城主 아우샤가王의 公主 「마야」와 결혼하여 오십이 넘고 마야부인이 45세가 되었을 때 싯다르타를 얻음 * 이 太子가 後日에 印度精神界의 指徒者가 된 釋迦牟尼임 * 太子 탄생 칠일에 마야부인이 죽고 숙모인 교돈미부인에게 양육됨 * 7세부터 브라만교의 학자에게 문예, 기예, 윤리, 종교, 의학, 경전을 배움
출가 出家	* 본래 종교적이고 철학적인 성격을 지님 * 29세에 득남하고 출가의 기회를 엿봄 * 외출 중 동문에서 병자를, 서문에서 장례 행렬을 보고 인생무상을 느낌 * 인간의 생노병사(生, 老, 病, 死)를 해결하기 위해 출가함 * 여러 스승을 찾다가 도움을 얻지 못함 * 참된 悟道는 자기의 精進에 의하여 無師獨悟하는 것이라고 느낌 * 6년의 고행 끝에 보리수 나무 아래서 고행한 후에 득도(得道)함 * 무상도(無常道)를 성취하여 심신의 자유와 해방을 얻음 * 석가모니(釋迦牟尼) - '석가족의 성사' 　부처(불타 佛陀) - '각자'(覺者), '깨달은 사람' 　싯다르타(실달다 悉達多) - '자신의 목적을 달성한 자'
제도 濟度	* 해탈 후 중생을 제도하기 위하여 인도 전역을 주유함 * 최초로 橋棟如寺 五名을 度하여 最初로 四帝의 說法을 함 * 첫 설법 후 3개월 후에 귀족층의 젊은 이 60명을 제자로 얻음 * 부처는 우기(雨氣) 중 3개월은 묵상을 하고, 건기에는 순회 설법을 함 * 베싸리, 마가다, 카비라, 舍衛, 王寺 등에서 45년간 설법교화에 힘씀 * 제자 수천명을 얻게 됨 * 인도의 대성자의 지위를 얻음 * 구시나가라城의 형취니라에게 四啼解脫의 법을 말하여 득도케 하고, 80세로 열반에 들어감

불교의 성립과정

	내 용

초기	* 처음에는 비종교적이었음
	* 석가모니는 의식적으로 새로운 종교를 창설하겠다는 의도가 없었음
	* 오직 고(苦)에 가득찬 사바세계에 매인 중생을 해탈시키고자 하였음
	* 브라만교에서처럼 신을 숭배하듯이 인격신의 숭배를 전혀 언급치 않음
	* 구도생활에서 예배, 기도 같은 의식을 행하지 않음
	* 현상계에 우주와 인생을 지배하는 법칙과 자기 수양과 인생의 궁극적 목적을 설법함
	* 형이상학적 최고신의 관념도 없으며, 본질적으로 종교적 요소가 없었음
	* 첫 제자들을 부유층의 젊은 이들 중에서 받아들임
	* 제자들과 함께 갠지스 강을 중심한 지역을 순회 포교함
	        "무소(코뿔소)처럼 홀로 여행하라"
	        "산림의 코끼리처럼 혼자 다니라"

후기	* 부처가 말한 무신론적, 무의식적 염세주의 철학은 많이 수정됨 * 종교적 의식과 계율(戒律) 염불(念佛)과 내용도 조직화 됨 * 이로서 종교적인 형태를 갖추게 됨 * 점차 석가의 문하로 들어오는 사람이 많아져 교세가 크게 발전함 * 교리와 의식이 발전되고 불교는 종교로서의 확실한 면호를 갖추게 됨 * 제자들에 의해 교단이 결성됨
사후	* 종교로서의 불교는 석가의 제자들이 창시자인 스승을 신격화시킴 * 신의 존재를 부인하였던 석가 자신이 부처(佛陀)로 숭배 대상이 됨 * 여러가지 신격(神格)을 가진 제불(諸佛)의 신앙도 생김

불교의 요리(要理) - 사제, 팔정도

		내　　　용
		* 인간을 오도(悟道)케하여 상주안심(常住安心)의 열반(涅槃)에 이르게 하는 데 있음 * 사제와 팔정도를 행하면 만인은 누구든지 해탈하며 열반에 들어갈 수가 있음 * 석가는 브라만교에서 주장하던 카스트를 반대하고 일제 평등의 법을 강조함
사제 (四諦)		사제는 사종의 진리를 말하는데 즉 고제, 집제, 멸제, 도제
	고제 苦諦	* 현실의 일체가 고통이라는 염세관 * 염세관은 무상관(無常觀)에 입각함 * 무상이란 애증, 생노병사와 같이 변전이 그지 없다는 것임
	집제 集諦	* 현실의 고통이 생기는 원인의 진상을 말함 * 일종의 인과론을 근저로 함 * 석가는 이 고통의 원인을 무지(無知)와 애욕(愛慾)으로 봄 　일체고뇌(一切苦惱)가 사람의 욕망에서 나온다는 것을 석가가 실감함
	멸제 滅諦	* 불교의 탈각론으로 고제, 집제의 이제에 의하여 고(苦)와 그 오는 까닭을 알았으므로 　다시 그 이제로부터 解脫하는 要素를 말하는 것
	도제 道諦	* 고멸도체(苦滅道諦)라고 함 * 여러 고를 멸하고 해탈하여 열반에 이르는 原因道法의 眞相을 말한 것
팔정도 (八正道)		* 석가에 의하면 해탈의 방법은 쾌락의 추구나 고행에 있는 것이 아님 * 고락의 어떤 것도 떠난 중도(中道)에 있는데 이 중도라는 것은 팔정도를 말함 * 삼학(三學: 戒律, 禪定, 知慧)이라고도 함. 八正道는 이 三學에 각각 들어 맞음
	정견 正見	* 사견(邪見)을 품지 않는 것 * 사성제와 팔정도를 받아들여야만 함
	정사유 正思惟	* 사악(邪惡)을 생각하지 않는 것 * 감각적 쾌락의 포기와 악의를 품거나 생명에 해를 끼쳐서는 안됨
	정어 正語	* 사악(邪惡)한 말을 하지 않는 것 * 거짓말, 중상모략, 저주, 무익하고 쓸모없는 말을 하지 말 것
	정행 正行	* 계율(戒律)을 지켜 부정한 행위를 멀리하는 것 * 살생금지, 간음하지 말 것
	정명 正命	* 올바른 생활을 하여 오종사명(五種邪命)을 멀리하는 것 * 다른 사람을 해치지 말며, 생업을 위해 일을 할 것
	정근 正勤	* 일심으로 해탈을 향하여 정진하는 것 * 마음의 악념을 버리고 자신을 절제하여 완전함에 이르도록 함
	정념 正念	* 올바른 사상관념을 순간도 잊지 않는 것 * 욕망과 슬픔에서의 자유를 위해 세심한 노력과 각별한 명상이 필요함
	정정 正定	* 열반을 선정(禪定)의 이상으로 하는 것 * 깊은 명상을 통하여 사성제의 진리를 깨달아야 함

불교의 요리(要理) - 인연법(因緣法)과 삼법인(三法印)

내 용
* 사제 팔정도가 불교의 근본법이나 이 근본법 배후에는 인연법(因緣法)이 있음
* 인연법은 세계 우주의 만물, 만상, 육체적, 정신적 모든 일이 직접원인으로서의 인(因)과 間接原因으로서의 연(緣)이 그지없이 얽히어 生成되었다는 것
* 인연법에 의하면 모든 사물의 발생은 원인만으로는 되지 않음 　예: 곡식이 씨만으로는 되지 않음. 밭, 물, 일광, 노력이라는 연이 필요함
* 인간의 행위도 이 인연법에 의하여 좌우되어 업(業)이라는 것이 展開되는 것
* 업(業)은 인간의 모든 행위가 인연법에 지배되어 삼세에 각각 결과를 낳고 원인이 되어 영원히 연속한다는 것
* 인연법의 전형적인 것으로 십이인연(十二因緣, 혹은 十二緣起)이 있음
* 석가가 보리수 나무 아래서 內觀하고 自證하였을 때 사색의 방법이었음
* 無明의 因緣→行→識→各色→六根→觸→受→愛→取→老,病,死 憂悲 苦惱의 苦果

十二因緣	1	무명(無明)	眞理를 알지 못하는 無知	過去의 原因	集啼
	2	행(行)	業-肉體行爲의 根本		
	3	식(識)	精神界의 作用	現在의 五果	苦啼
	4	명색(名色)	有形의 世界		
	5	육처(六處)	意識의 對象界		
	6	촉(觸)	感官知覺의 世界		
	7	수(受)	對象界와의 交步		
	8	애(愛)	對象界에의 愛着	現在의 三因	集啼
	9	취(取)	對象界에의 執着		
	10	유(有)	有形無形의 實在		
	11	생(生)	具體的 人生	未來의 苦果	苦啼
	12	노병사(老病死)	轉生老死		

삼법인三法印	* 삼법인(三法印)은 因緣法과 極히 密接한 關係를 가지고 있음 　* 하나 - 啼行無常, 世上의 모든 일이 모두 無常하다는 것 　　다음 - 諸法無我, '나, 我見, 我執'의 否定을 말함 　　세째 - 涅槃菽靜, 世事의 無常을 그대로 볼 수 있는 無我의 知見을 갖게 되면 一切의 　　　　　　苦惱에 흔들리지 않는 고요한 涅槃의 世界가 이룩됨

소승불교와 대승불교의 비교

	소 승 불 교	대 승 불 교
교주	석가모니(실재인물)	아미타불과 관세음보살(가공인물)
발생시기	B.C. 500년경	B.C. 100년경
종교	개인주의(승려 중심) 주로 수도승을 위한 것 전문적인 직업이 됨	만민주의(평신도 중심) 사바세계 모두를 위한 것 세상적인 삶과 밀접하게 관련됨
체제	보수주의	자유주의
성향	근본주의	개혁주의
방향	정통주의	비정통주의
자세	수행 중심	생활 중심
종교의식	무의식(명상을 강조)	의식(염불이나 주문을 강조)
덕목	지혜(이론을 강조)	자비심(행함을 강조)
부처	인간(예:석가모니)	신, 구원자(예:아미타)
신앙	자력신앙(수행을 강조)	타력신앙(믿음을 강조)
기도문	전혀 없음	기도문이나 주문을 많이 외움 (예:나무아미타불, 관세음 보살)
인간상	아라한(阿羅漢, Arhat)	보살(菩薩, Bodhisattva)
목적	개인의 열반(깨달음)	중생 제도(구원)
사상	철학적 무신론	종교적 유신론
형이상학	추상적 형이상학을 피함	형이상학적 체계를 의도적으로 만듦
경전	아함경	반야경, 법화경, 아미타경, 화엄경, 금강경, 관음경, 8만대장경 외 부지기수
발생지역	남쪽: 태국, 스리랑카, 캄보디아	북쪽: 중국, 한국, 일본

힌두교, 자이나교, 불교의 공통점

내용	공 통 점
인간의 생명	물질적인 세속사회에서 생명의 가치에 대해 비관적인 입장을 취함
인간의 육체	인간의 육체를 무가치한 것으로 여김
인간의 활동	인간의 활동을 무가치한 것으로 여김
인간의 개성	인간의 개성을 무가치한 것으로 여김
금욕생활	금욕 생활을 추구하고 부추기는 경향이 강함
종파심	종파심이 강하며, 이에 따라 모든 것을 구별하려는 경향이 있음
사회 개발	체계적인 사회 개발 계획이 전무함
삶의 방법	일반적으로 다른 사람들에게 도움을 별로 주지 못하는 침묵, 맹종, 무저항 등과 같은 지고선(至高善)의 관념을 추구함
성향	자기 표현적이지 못하고 내향적이며, 욕망을 억누르는 것을 통해 구원을 얻을 수 있다는 금욕적인 구원관을 가짐
가치	금욕, 고행 등과 같은 개인적인 신앙생활에 가치를 두고 그것을 찬양함
해탈자들	같은 종교 안에 있는 많은 예언자들의 가르침을 모두 다 영원한 진리라고 믿는 경향이 있음
원인과 결과	인과응보(karma)와 전생(transmigration)에 대한 믿음을 가지고 있음

죠쉬 맥도웰, 돈 스튜어트, 『이방종교』, 이호열 옮김(서울: 기독지혜사, 1987), 60쪽.

힌두교, 자이나교, 불교의 비교

내용	힌두교	자이나교	불교
악의 본질	지적 특징 강조 브라만에 대한 무지	육체적인 특징 강조 신체상의 장애	정서적 특징 강조 만족할 줄 모르는 욕망
구원방법	선한 업보 해탈의 지식 신에 대한 헌신	육체적인 고행에 의해	욕망의 제거를 통해
구원의 결과	무한하며 신비로운 상태로의 몰입	세상에 대한 집착에서 영혼이 자유로와 짐	고통이 없는 상태 열반의 경지에 이름
물질세계	실재하지 않음 단지 환상에 불과함	실재함	실재하지 않음
개인의 영혼	실재하지 않음 일시적인 느낌	실재함	실재하지 않음
궁극적이고 초월적인 영혼	오직 하나만 실재함 그것이 전부임	실재하지 않음	실재하지 않음
고행의 가치	이론적으로는 불필요함 개인의 선택에 달림	필수적인 조건 구원의 방편임	바람직한 것
도덕성의 가치	중요하지 않음 궁극적으로 환상임	별로 중요하지 않음 금지의 덕목은 있음	매우 중요함 지켜야 할 것을 잘 선택해야 함

죠쉬 맥도웰, 돈 스튜어트, 『이방종교』, 이호열 옮김(서울: 기독지혜사, 1987), 61쪽.

제자백가 — 유가

인물	이름, 자	설　　　명
유가 儒家		* "유(儒)"는 才藝와 學問을 갖추고 있는 이상적인 학자요 교육자이며, 또한 天地에 통달하고 古今을 구별하며 덕행을 갖추어서 백성을 교도하는 것을 주장하는 학설 * 經學의 十三經典1)은 모두 이 儒家와 직접 관련이 있고 또한 그것으로 유래가 오래됨을 알 수 있음 * 儒家는 , 堯, 禹, 湯, 文武, 周公에서 孔, 孟으로 이어 오면서 禮敎와 仁義를 숭상하여 理想政治를 실현하겠다는 일종의 정치철학임
	공자 孔子 (BC 551-479)	丘, 仲尼	* 노(魯) 나라 출신 * 그의 사상은 仁을 근본으로 함 　仁으로 드는 길은 忠恕 　忠恕를 배풀기 위해서는 孝悌에서 시작해야 함 * 그의 사상은 『論語』에 잘 나타나 있음
	맹자 孟子 (BC 372-289)	軻, 子輿	* 鄒人. 孔子의 학설을 이어받아 亞聖이라고 불리움 * 그의 사상은 性善說을 중심으로 함 * 仁政, 王道政治, 禮義重示, 仁義政治 * 楊朱와 墨翟에 대한 비판, 許行에 대한 비판 * 저서로 『孟子』가 있음
	증자 曾子	參, 子輿	* 무성(武城) 출신 * 孔子의 제자로 孔子보다 46세 아래임 * 『曾子』10편, 『大學』과 『孝經』
	자사 子思	伋, 子思	* 孔子의 孫子로 曾子에게 배움 * 『中庸』을 지음. 孔子의 思想을 계승함
	순자 荀子 (BC 315-236)	況	* 초(趙) 나라 출신 * 그의 사상은 孟子와는 달리 性惡說을 주장 * 禮를 숭상했고 堯舜에 대한 관점도 다름 * 저서로 『荀子』 32편
	안자 晏子	平仲	* 제(齊) 나라의 大臣 * 『晏子春秋』에서 그는 孔子를 비평함 * 愛民, 非戰, 尙賢, 尙儉 등의 주장이 있어 墨子의 사상과 유사함

116

제자백가 — 도가, 묵가

인 물		이름, 자	설　　　명
도가 道家			* 諸子 중에서 가장 빨리 출현한 것으로 黃帝를 모시며 道家의 源流는 史官에 둠 * 史官은 黃帝 이후로 伊尹, 太公, 管仲 등의 刑法, 武器를 주로 하는 자들임 * 道法自然, 萬常無名의 이치를 도출하여 道無始終, 萬物一齊의 경지를 내세움 * 法家가 道家에서 분화됨 * 自然을 존숭하고 無爲를 주로 함. 天下萬物은 자연의 섭리대로 따라야 함을 강조 * 분파로 불리우는 이름: 　老子: 無名派, 莊子: 齊物派, 楊朱: 爲我派로 나누기도 함 　혹은 黃帝, 伊尹, 太公: 有爲派, 老子: 無爲而無不爲派로 나눔 　다시 無爲派: 莊子-任天派, 楊朱-縱欲派, 陳仲-遁世派, 韓非-無不爲派로 나눔 * 道家三經: 老子의『道德經』, 莊子의『南華眞經』, 列子의『列子』
	노자 老子	耳	* 초(楚) 나라 출신 * 저서로『道德經』. 唐代에 道德眞經』이라 격상됨 　내용은 영구불변의 道를 하나의 원리로 하여 추상적이고 현묘한 논리를 전개함
	장자 莊子	周	* 몽(蒙) 나라 출신 * 그의 학술은 老子의 說에 근본을 두나 이를 발전시킴 * 자연을 뛰어넘는 超自然과 萬物一齊, 自由와 平等, 不拘束을 주장함 *『莊子』,『南華眞經』
	열자 列子	卿冠	* 정(鄭) 나라 출신 * 그의 학설은『列子』에 잘 나타나 있음 * 그의 사상은 淸淡主義의「貴虛」로 발전함
	양자 楊子	朱, 子居	* 思想은 자신을 위주로 樂生逸事에 힘쓰기 위해서는 　壽, 名, 位, 貨 등에 얽매이지 말아야 한다는 주장함 * 그는 당시의 辯士로 그설이 道家에 가까울 뿐임
묵가 墨家			* 兼愛사상을 중심으로 함 * 墨은 刻苦의 생활태도를 주로 한 것으로 곧 학술사상으로 봄
	묵자 墨子	翟	* 노(魯)나라 출신 * 宋의 大夫 * 사상은 兼愛, 非攻, 尙賢, 尙同, 節用, 節葬, 短喪, 非樂, 天志, 明鬼, 非命임 * 저서로는『墨子』
	송영자 宋榮子		* 송(宋) 출신, 제(齊)의 稷下博士 * 저술은 없어졌음 * 그의 학설은 莊子, 荀子에 나타나 있음
	이문자 尹文子		* 제(齊) 출신, 稷下博士로 公孫龍에게 수학함 * 사상은 儒, 道, 墨 三家를 융합함 * 名家 및 法家의 사상과도 일맥을 이루고 있음

제자백가 — 법가, 명가

	인물	이름, 자	설 명
법가 法家	* 春秋時代의 혼란으로 禮敎로만 사회질서를 유지한다는 것은 불가능하게 됨 * 이에 法이 중시되기 시작함 * 管子는 法을 중시하고, 상앙은 法治를 秦에서 실행하고, 韓非는 학술상 대성함		
	관중 管仲 (-BC 645)	夷吾, 仲	* 春秋時代 齊 환공을 도와 최초의 覇者가 되게 함 * 專賣와 四維, 경제적 實利를 추구함 * 저서에는 『管子』
	이이 李耳 (-BC 412)		* 戰國時代에 魏 文侯를 도와 富國强兵을 주장함 * 저서로 『法經』. 상앙의 法學도 여기에 근원을 둠
	신불해 申不害		* 戰國時代의 인물 * 그 학문의 원류는 黃老의 道家에 속함 * 君은 無爲로, 臣은 有爲로 術을 사용하여 法治를 이룩한다는 이론을 주장함 * 저서로 『申子』가 있음
	신도 愼到	到	* 조(趙) 출신, 孟子와 비슷한 시대에 살았음 * 일찌기 楚와 魯에서 벼슬한 적이 있음 * 권력으로 法으로 바로 잡아야 한다고 주장하였음
	상앙		* 秦의 孝公을 설득하여 法家의 이론을 최초로 실행에 옮겨 성공함 * 가혹한 法治로 秦을 강국으로 만듦
	한비자 韓非子	非	* 法家사상의 대성자 * 법과 술을 겸비한 통치 주장 * 상앙의 법과 申不害의 술을 겸용
명가 名家	* 명(名)은 글자 그대로 사물의 명칭, 명분, 구분 등을 나타냄 * 명에 따라 만물에 구분이 생기며, 명에 따라 만물에 책임과 분란이 따르게 됨		
	공손룡자 孔孫龍子	子秉	* 조(趙) 출신 * 그의 說은 名과 實을 분석한 것 * 白馬非馬論 및 堅白論 등에 잘 나타나 있음 * 세속의 일체 尙名을 타파하여 常識을 초월한 면도 있음
	혜시 惠施	施	* 송(宋) 출신 * 莊子와 同時代 인물. 그의 학설은 莊子에 나타나 있음
	등절자 鄧析子		* 정(鄭) 출신, 子産과 同時代 인물
	이문자 尹文子		* 제(齊) 출신 * 道家, 墨家, 法家, 名家에 두루 이름이 오르내리는 인물 * 그 설은 태반이 道家로 시작해서 名家, 法家로 발전됨

제자백가 — 음양가, 종횡가, 농가

	인물	이름, 자	설 명
음양가 陰陽家			* 음양(陰陽)은 이름 그대로 자연변화, 역상, 일월성신을 두고 한 말 * 일월의 음양과 음양의 변화, 오행의 음양 등의 세 가지 뜻을 지님
	황제 黃帝	軒轅	* 陰陽家들의 학설이 黃帝로 부터 시작됨
	추연 鄒衍	談天衍	* 제(齊) 출신 * 孟子보다 조금 뒤의 사람이며 燕의 師를 지냄
	추석 鄒奭	雕龍奭	* 제(齊) 출신, 鄒忌, 鄒衍과 함께 齊의 三鄒라 함
종횡가 縱橫家			* 縱橫은 세로로, 連橫은 가로로 잇는 것으로 戰術, 外交적 의미이다. 游說理論
	귀곡자 鬼谷子		* 東周 때의 高士로 鬼谷에 살았음. 별명은 鬼谷先生 * 蘇秦과 張儀의 스승
	소진 蘇秦	季子	* 東周 洛陽人. 鬼谷先生에게 배움 * 秦 惠王에게 유세하나 실패하고, 合縱論을 六國에 유세하여 성공함 * 六國의 宰相이 됨. 뒤에 齊에서 罪를 얻어 죽음
	장의 張儀		* 왜(魏) 출신. 蘇秦과 함께 鬼谷先生에게 배움 * 蘇秦의 성공 후 秦나라에 유세하여 宰相이 됨 * 蘇秦의 合縱을 깨뜨리고 縱橫으로 秦을 섬기도록 설득함
농가 農家			* 農家는 重農主義思想을 根幹으로 한 학술 주장임 * 中農政策을 근간으로 하여 政治적으로는 平等과 反納稅, 反戰爭 그리고 物價, 經濟의 자연조절을 내세움
	허행 許行		* 초(楚) 출신 * 君臣並耕으로써 생산을 증가시켜 기황과 다툼을 없애야 한다고 주장 * 소극적으로는 儒家사상을 수정한 것이고 적극적으로는 귀족계급에 대한 혁명을 주장한 것임 * 생산한 상품을 서로 교환해서 平等사회 이룩을 목표
	진중 陳仲	陳重子	* 제(齊)의 世家 * 자력으로 먹을 것을 구해야 한다는 주장을 직접 실현해 보려고 노력한 인물임

제자백가 — 소설가, 잡가

	인물	이름, 자	설 명
小說家			* 소설(小說)은 현재의 小說과 다름 * 諸子는 모두 各派의 학술주장을 가지고 있고 이것은 결국 政治주장에 귀결됨 * 정치의 방증 자료와 도움의 입장에서 본 학설
잡가 雜家			* 雜家란 이름 그대로 諸派의 각 학술을 雜採하여 이루어 짐 * 時期的으로 가장 늦어 戰國末에 南北思潮의 合流로 나타남 * 雜家는 뚜렷한 계통은 없음 * 綜合的으로 살피기에는 아주 좋은 類書로서 오히려 그 가치를 인정받고 있음
	척교		* 노(魯) 출신, 상앙의 문객 * 상앙의 변법은 척교의 연구와 토론을 거쳐 완성됨 * 상앙의 사후 四川으로 피신하여 저술에 힘썼음 * 저서는 『尸子』
	여불위 呂不韋		* 業陽人 * 趙에 인질로 잡혀온 秦의 왕자 子楚를 만나 그를 秦王으로 오르게 하고 자기는 권력을 잡음 * 저서는 유명한 『呂氏春秋』
	유안 劉安		* 淮南子 * 漢 高祖 劉邦의 少子의 長子로 淮南王에 봉해짐 * 빈객들을 불러들여 지은 책이 『淮南子』임 * 道家가 주류이며, 가끔 儒, 墨, 兵, 法家의 학설이 있음

이슬람의 신앙

단어들	이슬람: '순종', '복종'의 의미 – 이슬람은 종교가 아니라 총체적인 삶이다. 무슬림: '복종하는 자' – 이슬람교도. 알라의 뜻에 순종하는 자는 어떤 인종, 피부색, 공동체, 국가에 상관없이 무슬림이다.
신앙요소	* 샤하다 – 신앙의 고백 * 예언자 무하맛에 대한 순종 * 하나님의 천사를 믿음 * 하나님의 책을 믿음 * 하나님의 예언자와 선지자를 믿음 * 사후(死後)와 심판의 날을 믿음
주요단어	* 예배(이바다트) – 삶의 모든 영역에서 알라에게 순종함으로 나타내는 믿음의 실제적 행위인 신앙과 예배는 이슬람의 핵심이다. * 능력(카드르) – 하나님의 근본 속성으로 인간의 나약함과 무기력함을 대조적으로 그의 능력과 의지를 표현해 준다. * 꾸란(코란) – 무하맛을 통해 계시된 하나님의 말씀 * 수나 – 꾸란 다음으로 중요함. 무하맛이 가르친 예절, 관습 및 규례들 * 이즈마 – 이슬람 국가의 혹은 학자들의 완전 일치된 공동 교서 * 키아스 – 새로운 교리와 의식의 문제나 까다롭고 의심스러운 문제의 해결에 학자들이 이용하는 논리저인 이성이라는 의미의 '척도'. 학자들은 어떤 문제에 직면했을 때 꾸란, 수나, 이스마의 권위에 의해 해결된 유사한 문제들을 비교 검토한 후 해답을 얻어낸다.

이슬람의 기원과 발전에 대한 기독교와 이슬람의 차이

	이슬람	기독교
발생시기	A.D. 7세기	항상 존재하고 있었음
발생장소	오늘날의 사우디 아라비아	하늘에서 알라와 함께
창시자	무하맛	알라
전파/발전	정복과 선포에 의해	알라의 계시와 간섭에 의해

앤 쿠퍼, 『우리 형제 이스마엘』, 신서균, 이영주 공역 (서울: 두란노, 1992), 48-50쪽.

이슬람의 신앙교리

알라의 유일성 혹은 단일성	내용	알라의 유일성의 교리(**타위드**)는 이슬람의 신앙에서 가장 중요하고 기본적인 것이다. 무슬림의 첫번째 의무는 '알라 외에 다른 신은 없다'와 '무하맛은 알라의 선자자다'라는 신앙고백을 선언하는 것이다. '알라 외에 다른 신은 없다'는 타위드 신앙고백은 이슬람의 우선적인 신앙교리(**칼리마**)이다.
	교리	1. 본질은 하나임. 그는 부분으로 나뉘어지지 않음 2. 속성이 하나임. 능력과 의지에 불협화음이 없음 3. 사역이 하나임. 알라 외에 어떤 존재도 알라에게 영향을 끼치지 못함 "자비로우시고 인애하신 알라의 이름으로 말하노니 '그분은 한 분 알라이시며, 영원한 피난처이시다. 그분은 태어나지 않으셨으며 낳지도 않으시므로 그 분과 같은 자가 없다'"(꾸란 수라 112장).
알라의 천사	내용	* 천사들은 알라의 특별한 창조물 * 신성한 빛으로 창조된 육체로 장식된 존재 * 먹지도 마시지도 않으며 성(性)의 구별도 없음 * 자유의지가 없으며 알라의 뜻에 절대적으로 순종함 * 알라를 찬양하며 주어진 임무를 수행하는 것으로 시간을 보냄
	종류	천사장: **지브라일**(가브리엘) – 계시의 천사, 알라의 전달자 　　　　**미카일**(미가엘) – 유대인의 친구이며 보호자 　　　　**이즈라일** – 죽음의 천사 　　　　**이스라필** – 부활과 심판날에 나팔을 불게 될 천사 알라의 의도하지 않은 재난으로부터 인간을 보호하는 천사 기록 천사(2명, 오른쪽-인간의 선행 기록, 왼쪽-인간의 죄악 기록) 보좌를 나르는 천사, **체루빔** **문카르, 니키**르 – 저승으로 인도하는 천사
알라의 경전	내용	* 알라의 사도들과 선자자들을 통해 여러 사람들에게 전달된, 신성한 영감된 책을 모든 무슬림은 믿어야 함 * 전달된 경전의 수는 104개이며, 그 중 5개만 꾸란에 기록되어 있음
	종류	① **아브라함 문서**(현재 소실됨) ② **타라트**(토라): 선지자 무사(모세)에게 계시된 책 ③ **자부르**(시편): 선지자 다우드(다윗)에게 계시된 책 ④ **인질**(복음서): 선지자 이사(예수)에게 계시된 책 ⑤ **꾸란**: 선지자 무하맛에게 계시된 책

앤 쿠퍼, 『우리 형제 이스마엘』, 신서균, 이영주 공역(서울: 두란노, 1992), 53-62쪽.

이슬람의 신앙교리(계속)

알라의 선지자	내용	* 알라는 값없이 은혜로 선지자들을 주셨다 * 알라는 124,000명의 선지자를 보냈다(무하맛의 가르침). * 꾸란은 25명의 선자자들을 언급하고 있다. (이중 21명은 성경인물이지만 전부가 선지자는 아니었다.) * 124,000명 중에서 313명은 경전을 전달받은 특별한 선지자들이며, 나머지는 경전이 아닌 일반적인 메시시를 선포한 일반적인 선지자이다.
	교리	* 선포의 핵심은 '알라 외에 다른 신은 없다' (**라 이라하 이랄라**). * 알라는 모든 시대에 모든 나라에 선지자들을 보내어 사람들을 인도하였기 때문에 심판의 날에 변명할 수가 없다. * 아담에서 무하맛까지 모든 선지자들을 인정하고 믿는다. * 어느 특정한 선지자를 믿지 않는 자는 비록 다른 선지자를 모두 믿는다고 할 지라도 불신자이다(선지자를 믿는 것은 이슬람을 배웠다는 것을 가정한다). * 무슬림은 예수님도 무하맛처럼 이슬람을 전한 자라고 믿는다. (무스림은 이런 이유로 그리스도인들에게 '우리는 예수님을 믿는데 당신은 왜 무하맛을 믿지 않는가?'라는 질문을 자주 한다).
내세에 대한 믿음	내용	* 알라는 생명을 주시고 인간의 죽음의 시기를 결정하는 신이다. * 내세(아키라)에 대한 믿음은 이슬람의 3대 신앙교리 중의 하나이다.
	교리	① 이생에서의 삶이 중지되고 만물이 멸절되는 최후의 날이 있을 것이다. ② 알라는 그날에 심판대에 앉으실 것이며, 존재했었던 모든 인류는 그에게 나아올 것이디. ③ 모든 사람들의 선행과 악행에 대한 완전한 기록이 그분에게 제시될 것이다. ④ 선행이 악행보다 많으면 그는 상을 받을 것이고, 악행이 더 많은 자는 처벌을 받게 될 것이다. ⑤ 상을 받은 자는 천국에 가게 되고, 처벌받은 자는 지옥에 가게 된다.
최후의 날	징조	① 이슬람 국가가 강대국이 되도록 해줄 능력의 정복자 **마디**가 나타난다. ② 이라크와 시리아 사이에서 적그리스도가 나타나 40일 동안 세상을 배회하면서 예수님의 살해되기까지 세상을 쑥밭으로 만든다. ③ 마리아의 아들 예수님이 돌아와서 부인을 취하고 자녀를 갖게 될 것이다. 그는 모든 사람에게 이슬람을 믿으라고 권할 것이다. 그가 40년 동안 지상에 머물고 있을 때 전에 없던 평화가 있을 것이다. 그리고 그는 죽어서 메디나에 위치한 무하맛의 무덤 옆에 묻히게 될 것이다. ④ 태양이 서쪽에서 뜨게 될 것이다. ⑤ 카바가 파괴되고 문자로 기록된 모든 꾸란 경전과 사람의 기억 속에 있는 꾸란의 모든 말씀이 제거될 것이다.

앤 쿠퍼, 『우리 형제 이스마엘』, 신서균, 이영주 공역 (서울: 두란노, 1992), 58-61쪽.

이슬람의 5대 신앙의식(5개의 기둥)

신앙의 실천사항 다섯가지는 무슬림들의 의무이다.		
신앙고백 (샤하다)	내용	* "알라 외에 다른 신은 없다. 무하맛은 알라의 선지자이다." * 개종시 아랍어로 종교심판자 혹은 2명의 증인 앞에서 선서하게 된다.
	사용	① 무슬림으로 개종할 때 ② 아기 탄생시(기쁨의 표현) ③ 기도할 때 ④ 장례식 때(애도가) ⑤ 전쟁시(고함으로)
기도 (사라트)	시간	* 하루에 5회: (새벽, 정오직후, 해지기 2시간 전, 해진 직후, 해진 후 2시간 뒤)
	형식	* 손발을 씻고 얼굴의 일부를 씻은 후 카아바 신전을 향해 기도한다. * 여행중에는 물을 한 병씩 가지고 다니고, 만일 물이 없으면 흙이나 모래로 상징적으로 씻는다. * 금요일에는 기도의 일환으로 사원에서 설교가 행해진다.
구제 (자카드)	내용	"예배를 잘 드리고 구제를 행하고 머리숙여 기도하는 자와 함께 머리숙여 엎드려 기도하라"(꾸란 제2장 43절). ① 모든 무슬림 성인들은 정신이 온전한 자유인이라면, 그리고 그가 율법에 묘사된 만큼의 재산이 있다면 구제를 해야한다. ② 여기 재산이란 낙타, 소, 양, 염소, 물소, 말, 금, 은, 광산, 과일 등을 포함하며 정한 세금규정에 따른다. 가족 재산인 무기나 연장 등은 포함되지 않는다. ③ 자기 재산만큼의 빚이 있는 자는 구제의 의무가 없다. ④ 구제는 가난한 사람들을 위해 고안된 것이며, 구제금을 거두는 수집자가 정식으로 임명되었다.
	구제금 수혜자	〈공식적으로 수집된 구제금을 받을 수 있는 사람〉 ① 재산이 세금을 낼 정도의 수준 이하인 자 ② 전혀 재산이 없는 자(Masakin) ③ 구제금을 거두는 수집자 ④ 노예 ⑤ 빚진 자 ⑥ 알라를 섬기는 일에 종사하는자, 혹은 종교전쟁에 참여한 자 ⑦ 여행자

이슬람의 5대 신앙의식(5개의 기둥) (계속)

라마단 금식 (사움)	내용	"오 너희 믿는 자들의 금식은 너희에게 명해진 것이니 이를 행하므로 너희가 악으로부터 보호를 받느니라"(꾸란 제 2장 163-185절). * 꾸란이 라마단 금식의 달에 계시되었다고 말함(꾸란 2장 185절). * 라마단(무슬림력으로 9월) 한달간 금식하는 것은 의무이다. * 라마단 금식월에는 천국문은 열리고 지옥문은 닫히며, 누구든지 금식에 참여하는 자들은 과거의 모든 죄를 용서받는다고 믿고 있다.
	규칙	① 10-12세 이상부터 금식하고, 환자나 허약한 자나 3일 이상 여행하는 자 등은 면제되지만 빠른 시일 내에 면제된 시일을 채워야 한다. ② 금식은 흰실과 검은실을 구분할 수 있는 새벽부터 시작하여 해질 때까지 계속된다(이 기간 동안에는 침도 삼켜서는 안된다). ③ 라마단 기간 중에는 밤기도 후에 20가지 기도동작이 추가된다. 이것을 **타라위**라고 하는데 이는 휴식을 뜻한다. 왜냐하면 네번째 동작마다 앉아서 쉬기 때문이다. ④ 라마단 기간은 30일이다. 양력으로 생각하면 해마다 10일씩 빨리오는 것처럼 느껴진다. ⑤ 해질 때부터 새벽까지는 원하는 대로 먹을 수 있고, 법에 저촉되지 않는 한도 내에서 자유롭게 행동할 수 있다. 무슬림들이 대추야자열매와 물병을 들고 빨리 해가져서 그날의 금식이 끝나기를 기다리는 모습을 흔히 볼 수 있다.
성지 순례 (하지)	시간	* 무슬림은 자유로운 성인이며 순례할 만큼의 돈이 있고 여행하는 동안에 가족들의 생계에 지장이 없다면 일생에 한 번 메카를 순례하는 것이 의무이다. * 순례는 무슬림역으로 12번째날에 행해지며 순례를 마친 사람에게는 "하지"(Hajji)라는 이름이 주어지고, 순례를 다녀왔다는 표식으로 머리와 수염 혹은 둘 중에 하나를 붉게 물들인다.
	의무 사항	〈알라가 정해준 순례시의 의무사항〉 ① 이흐람(ihram)이라는 겉옷을 입어야 한다. (6피트길이에 3.5피트 넓이로 이음새가 없는 것. 하나는 등 뒤로 던져 오른 팔과 어깨가 드러나게 하며 오른쪽을 묶는다. 다른 하나는 허리부터 무릎까지를 덮는데 가운데를 묶는다.) ② 아라파트(Arafat)산에 올라가 서야 한다. ③ 카아바신전 주위를 7회 돌아야 하는데, 이를 **타와프**라고 한다.
성전 (聖戰, 지하드)	의미	* **지하드**- '개인의 모든 능력을 다해 투쟁한다', '성전', '이슬람의 수호' * 지하드는 5대 신앙의식에 속하지는 않지만 꾸란과 전통문서에서 강조 * 이슬람의 증거와 무슬림으로서의 소명
	방법	* 칼과 현대 무기, 웅변과 펜과 종이, 도적적, 지적 영적 갱신의 호소 * 개인적으로는 신자의 내부에서 지속적으로 일어나는 싸움

꾸란(코란)

의미	* '암송하라'(이끄라)는 단어에서 '꾸란'이 유래됨 * 8억 5천만명 이상이 인류에 대한 알라의 메시지로 수용하고 있는 경전(經典) * 탁월한 문화의 영감이었고, 무슬림 신앙의 기초 * 이슬람의 기초이며, 무슬림의 사고를 형성시키는 이슬람 사회의 청사진 * '고백해야할 경전', '마음과 육체의 성례' * 선지자 무하맛(읽고 쓰지도 못함)의 주장을 입증해 주는 기적의 산물
기원	* 꾸란은 알라의 말씀이며, 내용은 알라 존전에 보관한 '서판' 그대로의 것 * 알라가 무하맛에게 아랍어로 계시한 것
전달	* 무하맛이 천사장 가브리엘의 환상을 통해 '암송하라'고 계시된 가르침 * 주후 611년 첫 계시 후 2년간 공백기가 있었고, 아내 카디자의 격려를 받은 후 계시가 재개됨 * 주후 632년 무하맛이 죽기까지 그의 전생애를 걸쳐 간헐적으로 계시를 받음 * 꾸란의 전체 내용을 계시받는데 23년이 걸림
무하맛과 꾸란	계시의 시기들

무하맛과 꾸란	계시의 시기들	
	메카에서의 첫 계시 시대	* 이 시기에는 주로 '경고자'로서의 메시지를 전함(축복과 저주) * 이 기간에 계시된 **수라**들은 꾸란의 중심 사상을 많이 담고 있음 * 이 시기의 **수라**들은 대개 짧음(첫 계시는 수라 96임)
	메카에서의 두번째 계시 시대	* 그의 가르침에 대한 핍박으로 무슬림들이 아비시니아로 이주하게 됨 * 이 시기의 **수라**들은 길어지고 교리와 토론이 더 많이 언급됨 * 이 때 이슬람이 유일하고 참된 종교로 선포됨 * 코란의 기적적인 측면이 확증되고, 전시대의 계시들이 반복되고 확증됨

	메디나에서의 계시시대	* 주후 622년 박해를 피해 메디나로 피난함(헤지라)
		* 이 시기는 무하맛의 지도력에 대한 알라의 인가와 축복이 많이 언급됨
		* 특징: 무하맛이 선포자에서 왕의 신분으로 변화됨
		          새로운 공동체의 발전을 통제하기 위해 입법화 작업이 시작됨
		          기도의 규례와 금식기간을 속죄의 날에서 라마단으로 옮김
		* 이때 가장 유명한 **수라**는 '암소의 장'이다. 주로 이슬람의 기본 교리를 언급

앤 쿠퍼, 『우리 형제 이스마엘』, 신서균, 이영주 공역(서울: 두란노, 1992), 69-73쪽.

꾸란(계속)

수 라	* 꾸란은 길이가 다른 114 수라로 나뉘어져 있음. * '수라'는 '열'(列, row)을 의미하는 히브리어에서 유래된 것. * 동양판에는 수라가 나뉘어져 있지 않았음 * 우트만(3대 칼리프)이 제작한 수집본에 처음으로 주제가 적힌 수라가 기록됨. * 꾸란을 책 형태로 제작하는 과정에서 길이에 따라 수라를 배열하였음. * 9장 '회개'를 뺀 모든 수라는 '자비로우시고 자애로우신 알라의 이름으로' 시작됨 * '절'(아야트)는 원본에는 없었음. * 29개의 수라에 '알라의 이름으로'라는 기록 다음에 적혀있는 신비로운 글자에 대해서는 적절한 설명이 주어지지 않았음.
수집 및 보존방법	* 첫 수집본은 무하맛의 후계자며, 초대 칼리프인 아부 바크의 주도하에 이루어짐. * 아부 바크는 무하맛의 서기인 자이드 이븐 타비트에게 꾸란을 수집을 명령함. * 그는 인간의 기억, 양피지, 파피루스, 평석, 야자잎, 어깨뼈, 동물의 갈비뼈, 가죽조각, 나무판에서도 꾸란의 구절을 수집함. * 그가 수집한 모든 꾸란을 우마르가 죽은 후 같은 크기의 천에 기록됨. * 자이드의 수집본이 우트만이 명한 꾸란 본문의 수집본의 기초가 됨 * 내용의 차이점에 대한 논쟁이 일어날 때 쿠라쉬(무하맛이 속해 있었던 부족) 방언본이 우선시 됨. * 4개의 기본 사본들이 메디나, 쿠파, 바스라, 다마스커스 등에서 발견됨. * 연대기 순으로 기록되지 않았으며, 역사서적인 의미는 거의 없다. * 이슬람 학자들은 지금의 본문의 진정성을 확신하며, 꾸란의 신성한 기원과 영감의 권위에 대해 결코 의문을 품지 않음.
조심할 점	1. 꾸란과 신약성경은 서로 모순되고 있다. 2. 꾸란의 유일신 알라와 신약의 삼위일체 하나님은 유사하지만 다른 분이다. 3. 꾸란의 율법은 하나님의 은혜에 화합될 수 없다. 4. 그리스도께서 십자가에 죽었고 사흘 후에 부활했다는 사실이 그리스도인에게는 중요한 의미가 있는 사건이며, 신약에서 역사적인 사건으로 확증하고 있음에도 꾸란은 이를 절대적으로 인정하지 않는다.

앤 쿠퍼, 『우리 형제 이스마엘』, 신서균, 이영주 공역 (서울: 두란노, 1992), 75-78쪽.

암소의 장

'암소의 장'에서의 인용구절	이슬람의 개념
의심할 바 없는 이 성경은(2절) 알라를 공경하는 자들의 이정표요(2절)	꾸란의 신적 권위와 기원
또한 그분(알라)은 너희들을 위해 삼라만상을 창조하시고(29절)	알라는 천지를 창조하신 분이시다.
알라께서 가라사대 "아담아 이 나무에 접근하지 말라…사단이 그들을 유혹하여…(35-36절)	사단이 아담으로 하여금 범죄케 하다.
알라께서 모세에게 성경을 주셨고 그를 이어 예언자들을 오게 하셨으며(87절) 알라는 마리아의 아들 예수에게 알라의 권능을 주어 성령으로 그를 보호케 하였도다(87절) 알라께서 가브리엘을 통해 그대에게 알라의 의지를 따라 꾸란을 계시하셨나니 꼇은 이전에도 확증되었느니라. 그것은 믿음이 진실한 자에게 길이요, 복음이니라(92절)	알라께서 꾸란이 인정하는 귀중한 성경을 주셨다.
어떤 말씀도 폐기하지 아니하며 망각케 하지 아니하되 보다 나은 혹은 그와 동등한 말씀으로 대체하시나니(106절)	후에 성경은 변화된 부분을 삭제했다가 결국은 꾸란 구절로 대체해 버렸다.
그들은(그리스도인들) "알라가 아들을 낳았으니…"라고 말하나 그렇지 않도다(116절)	알라는 아들을 낳을 수 없다.
기도를 드리기 위해 아브라함이 멈춘 그곳을 경배의 장소로 할지어다(125절)	이슬람은 아브라함의 진정한 종교다.

앤 쿠퍼, 『우리 형제 이스마엘』, 신서균, 이영주 공역 (서울: 두란노, 1992), 74쪽.

무하맛과 정통 칼리프 시대의 계보

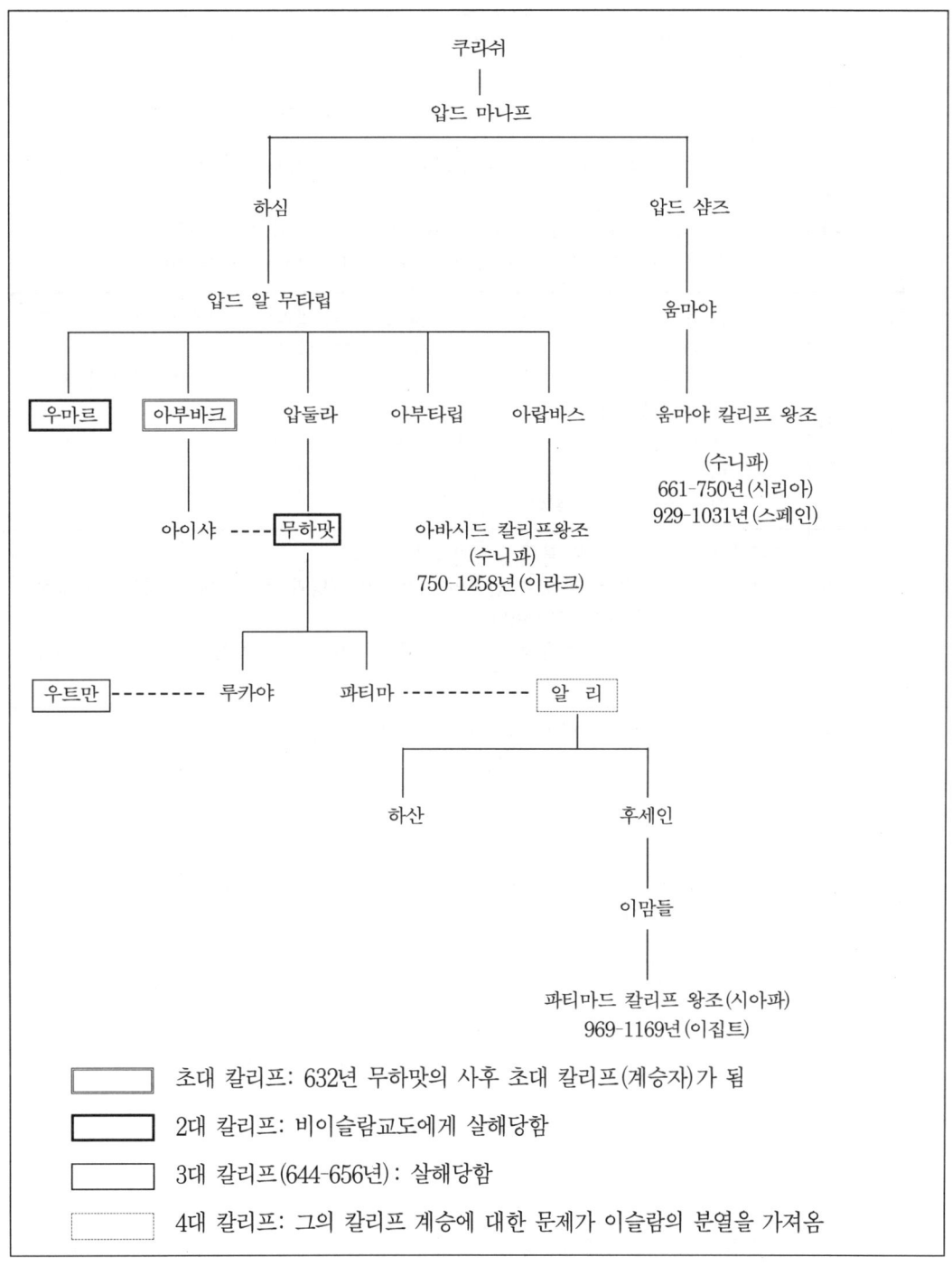

앤 쿠퍼, 『우리 형제 이스마엘』, 신서균, 이영주 공역(서울: 도서출판 두란노, 1992), 116쪽.

이슬람 분파의 역사와 의미

신학적 분열	꾸란의 위상	* 이슬람의 분열은 주로 정치적 갈등이나 신학적인 불일치의 결과이다. * 8세기 말 꾸란이 제작된 것인지 아닌지에 대한 문제로 종교회의가 열림 * 이 문제는 이맘(이슬람 성직자)들과 그 시대의 칼리프 사이의 갈등으로까지 발전하게 되었다. * 꾸란의 무오성에 대한 문제는 없었지만 제작 혹은 알라의 영원한 말씀인가에 대한 의문은 두가지 문제를 야기시켰다. ① 꾸란이 영원하다면 천국에는 두 가지 영원한 존재가 있게 된다. ② 이것은 쉬르크의 죄(하나님과 동일시하는 것)를 범하게 되는 것이다.
	유·무죄	* 인간은 유무죄의 문제를 판단해서는 안되고, 오직 알라의 판단에 맡겨야 한다. 그러나 초기에 다음 2가지 피할 수 없는 논쟁이 야기되었다. ① 무하맛의 사후 우트만을 지도자로 택하고 무하맛의 사위인 알리를 계승 서열 4위로 강등시킨 사건 ② 어떤 사람을 죄인으로 혹은 신도로 판단하는 문제와 신도가 범죄하였다고 고백했을 때의 문제. 모든 무슬림은 쉬르크나 우상숭배의 죄를 저지르지만 않는다면 천국에 가게 된다고 믿는다.
	예정론	* 인간의 자유의지와 예정론의 문제가 대두되었다. * 예정론(카드르)은 알라 만이 인간의 자유의지 개념과 무관한 것을 창조하고 생산하는 능력이 있다는 가르침이다. * 움마야 왕조 때 이슬람 공동체를 여러 분파로 나뉘게 했던 논쟁들은 믿음의 진정한 의미에 대한 다른 견해에 기인한 것이다.
정치적 분열	수니파	* 수니파는 전체 무슬림의 90%를 차지하는 정통파가 되었다. * 이 파는 무하맛의 사후 후계자를 선출할 때 논쟁이 심했기 때문에 이슬람의 연로한 자들 중에서 민주 절차를 거쳐 선출해야 한다고 주장한 분파
	시아파	* 이 파는 알리가 초대 칼리프로 선출되어야 하는가의 논쟁을 통해 등장 * 알리에게 통치권이 상속되어야 한다고 주장함(알리파 혹은 시아 아리파) * 이들은 통치에 대한 다른 개념을 발전시킴 * 수나 혹은 선자자의 의식이 법률 제정의 권위의 근거임을 주장 * 수니파와 다른 점 ① 알리는 알라의 친구라는 내용이 전통 신조에 포함되어 있음 ② 첩을 가질 수 있다는 이슬람 사상을 거부함 ③ 무타 결혼 사상 도입 – 성지 순례시나 사업 때 일시적 결혼 허용 * 세브너파(Sevener, 이스마일파)와 트웰브파(Twelver, 아샤리아)로 나뉨
	드루즈파	* 시아파의 한 분파인 세브너파의 분파로 출발함 * 세브너파의 이맘 계열이 카이로에 파티미드 왕조(909-1171년)를 세움 * 이 왕조의 알 하킴(996-1021년)이 알라의 현현이라고 주장함 * 하킴의 추종자들이 오늘날의 드루즈파임

앤 쿠퍼, 『우리 형제 이스마엘』, 신서균, 이영주 공역(서울: 두란노, 1992), 129-36쪽.

이슬람 분파(수피파)의 역사와 의미

수피 수도회	* 모슬렘의 1/3~1/2이 수피파와 어떤 형태로든 참여하고 있음 * 수피는 신비적이고 시적인 차원의 이슬람을 의미 * 거의 모든 이슬람의 분파와 학파에서 발견됨 * 알 가잘리가 1111년경 정통 이슬람의 가르침에 신비적 요소를 첨가함 * 수프(Suf)는 양털을 나타내며, 초기 수피주의자들이 입고 다녔던 옷을 의미 * 무하맛의 수피파의 원조임-그가 받은 계시와 환상이 신비적 요소를 지님 * 정통 학문과 법률 연구에 명상을 통한 방법을 혼합하거나, 수피의 내면적인 법률해석이 영향을 끼치게 되었을 때 수피파의 중요성이 부각됨 * 일하미아(알라에게 영감됨)파와 이타하디야(알라와의 연합)파로 나뉨

초기
수피
	* 최초의 스승은 쿠파의 시아파 학자였던 알-수피임
	* 수피는 무하맛(혹은 알라)의 권위에 이르는 영적 선생의 계보를 가짐
	
	경전
	* 900-975년까지 바스라 출신의 4명의 시인이 라사일(51 혹 52권)을 수집
	* 이것을 존중하는 무슬림을 순결회(이크완 알사파)라고 알려짐
	* 총서의 분류
	  1. 수학, 산술학, 기하학, 천문학, 의학
	  2. 물리학, 의학, 논리학, 화학, 생물학
	  3. 지적/도덕적 학문, 영혼, 지식, 부활
	  4. 형이상학, 법률학, 주제에 대한 이성적 이해, 천문학, 종교적 마법
	* 인생은 창조력이며, 이 창조력의 목적은 해방과 우주와의 일치이다.

계시의 근원	* 신의 계시는 인간이 이해하는 기관 즉 감정의 중심지인 '마음'(칼브), 지식을 인식하는 '영혼'(루)과 받을 준비가 되어 있는 제자들에게만 스승이 가르쳐주는 '비밀'(시리)이다. * 수피 제자들은 타리카스라고 알려진 수도회에 함께 모인다. * 드럼과 악기들을 통해 무아경에 도달하는 반복적인 **디크르** 예식을 행함 * 기적을 행하는 자인 카리마도 주술적인 방법으로 환자들을 치료함
아프리카 와 인도	* 750년경 인도에 이슬람이 포교 활동을 시작함 * 아프리카는 순회하는 성자 **아우리야**, 인도는 피르스를 통해 포교가 됨 * 이들은 이슬람의 엄격한 법을 요구하지 않고 치유와 이적을 행함 * 바라카(축복)을 통해 카리스마를 소유한 사람드로 주민에게 인기를 끎
오늘의 수피 운동	* 18-9세기 이집트, 이란과 인도가 유럽의 지배를 받을 때, 이슬람의 반응은 순응할 것인가 아니면 배격할 것인가에 따라 나뉘어지게 됨 * 배타적 입장은 사우디 아라비아의 와하비 그룹이다 * 수용적 입장은 인도의 아마디야파이다 * 아마디야 분파는 편잡주의 카디안 부족장이었던 마르쟈 구람 아마드에 의해 창립되었음 운동의 핵심적인 주장은 비폭력임 * 아마드는 자신이 최후의 선지자로 주장함으로 이단으로 몰림

앤 쿠퍼, 『우리 형제 이스마엘』, 신서균, 이영주 공역(서울: 두란노, 1992), 137-42쪽.

이슬람 율법(샤리아)

시대			내 용
해석학파	의미		* 이슬람 율법은 '낙타가 물웅덩이를 찾기 위해 걸어가는 길'을 묘사할 때 쓰는 단어인 샤리아로 알려져 있음 * 샤리아는 법적이면서도 종교적이다(결혼, 식사방법, 기도하는 법/시기 등)
	학파들		① 하나피학파 – 인도, 파키스탄, 터어키, 시리아, 요르단, 이라크, 레바논, 아프가니스탄 등 – 가장 큰 학파임 ② 말리키학파 – 서/북아프리카, 모로코, 알제리아, 튀니지아, 이집트, 쿠웨이트 등 – 두번째 큰 학파임 ③ 샤피학파 – 중동, 저지대 이집트, 북아프리카, 말레이시아, 인도네시아 등 이 법은 주로 상인들에 의해 전파된 법 체계임 ④ 한발리학파 – 사우디아라비아, 카타르
초기시대	시기		* 무하맛 시대에서 10세기까지 포함 * 뚜렷한 이슬람 법전이 나타나기 시작한 시기는 아랍의 시리아 정복 이후임 * 900년경 이슬람 율법의 발전에 중요한 4개의 권위와 원천이 등장함
	율법서들	꾸란	* 법전이 아님. 전체 6,219절 중에서 법을 다룬 절은 600개에 불과함 * 그 절은 후기 메디나 계시 시대의 수라에 포함되어 있음 * 처벌 6조(불법적 성교, 중상모략, 절도, 술취함, 노상강도, 배교)만 기록됨
		하디스	* 무하맛과 그의 초기 제자들과 동료들의 언행이 기록된 글 * 무하맛 알 부카리(870년 사망)는 최초의 그리고 가장 유명한 수집가임 * 이스나드(구전 전수자의 족보)와 마튼(구전 내용)의 2부분으로 구성 * 학자들이 각 구전의 이스나트글 조사하여 권위있는 것을 하디스에 포함 * 부카리는 7,300개의 구전을 97권의 책으로 편집함. 주제별로 되어 있음 * 종교생활과 일상 생활 규칙을 모두 포함하고 있음 * 선지자와 초기 무슬림의 다양한 삶의 상황을 느끼고 행했던 내용들임
		이즈마	* 이즈마 – '의견의 일치'를 의미 * 무하맛의 추종자들이 어떤 문제에 대해 일치하면 그들이 법 제창자가 됨 * 처음에는 무하맛의 동료였고, 지금은 선생들이 많고 있음 * 수니파는 이슬람 선생들이, 시아파는 이맘들이 법 제창자가 됨
		키아스	* 키아스 – '유추해석'이란 의미 * 꾸란이나 하디스의 구절로부터 유추 해석 혹은 문자적 적용을 도출시켜 많은 상황에 적용할 수 있는 적절한 방안을 만듬 * 이즈마는 꾸란과 하디스에, 키아스는 꾸란, 하디스와 이즈마에 근거함

앤 쿠퍼, 『우리 형제 이스마엘』, 신서균, 이영주 공역(서울: 두란노, 1992), 143-48쪽.

이슬람 율법(샤리아) (계속)

시대	내용		
발전 시기	5 범주		① 와집: 모든 무슬림에게 부과되는 강제 집행 범주 ② 만둡: 유익하고 천거할 만한 범주 ③ 무바: 개인의 선택에 개방된 중립적인 범주 ④ 마크루: 인정받을 수 없고, 싫어도 해가 될 수 있는 범주 ⑤ 하람: 금지된 행동들 * **사히**(완벽하고 적법), **바틸**(적법하지 않는 무효), **파시드**(정례적이지는 않지만 법적으로는 적법한 것)인지를 구별할 수 있도록 제정됨
	카디스		* 이슬람 첫 세기 후 **카디스**(재판관)는 아바시드 왕조 때 임명됨
		자질	① 선한 성품을 지녀야 함(아들) ② 거룩한 이슬람법을 공부한 울렘마(공동체)의 일원이어야 함 ③ 장님이 아닌, 완벽한 시각과 능력을 소유한 자 ④ 딤미 즉 유대교나 기독교 같은 다른 종교를 믿는 자는 안됨 ⑤ 여자가 아니어야 함 ⑥ 이슬람 사원에 자기의 재판소를 두어야 함
		절차와 증거	* 원고가 범법자를 재판관에게 가야 한다. 소환장이 발부됨 * 고소인과 증인의 증거는 원고가 요청함 * 고소인은 적법한 2명의 증인을 내세워 증명해야 하며, 피고는 맹세로 사실 여부를 확인해야 함. 서면 증거는 채택되지 않음 * 증인은 반대 심문을 받지 않고 단지 그들의 인격만 문제삼을 수 있음 * 여자 증인의 진술은 남자 증인의 반 정도 가치밖에 해당되지 않음
	법관리인		* 카디스는 샤라아법에만 관련될 것임. 칼리프 지배하에 정부가 법 집행 * **슈르타:** 경찰 역할 담당 관리 * **무프티스:** 법 자문 역할을 담당 * **카디브:** 법원의 서기 역할 * **우둘:** 공증인 역할
	다른법 적용		* 문제 발생시 교도가 속한 학파의 법을, 소송시에는 피고인의 법을 적용 * 이러한 재판은 서로 다른 법이 적용될 때 문제가 됨 * 무슬림/비무슬림 사이의 분쟁은 재판관이 이슬람법을 적용함 * 개종 문제가 관련된 분쟁도 자주 발생함 * 불법적인 것을 행할 수 있는 법적인 방법인 **히얄** 제도가 발전하게 됨
현대	* 18세기 이후 이슬람의 영토가 유럽에 의해 점령당하면서 이슬람법은 유럽의 영향을 받아서 변경되거나 유럽법 채택으로 밀려나게 됨 * 인도의 경우 영국의 지배 기간 동안 앵글로 무하맛 법이 발전하게 됨 * 파키스탄은 순수한 이슬람 법을 회복시키려고 노력하고 있음 * 튀니지아와 이집트는 꾸란과 하디스를 재고하면서 새로운 법 사상에 적용함 * 터어키는 1955년 샤리아 법원을 폐쇄하고 일반법원이 등장 * 샤리아 법은 과거에도 현재에도 완전하게 적용된 적이 없다. 불가능함		

앤 쿠퍼, 『우리 형제 이스마엘』, 신서균, 이영주 공역(서울: 두란노, 1992), 143-54쪽.

현대의 이슬람

		내 용
경향		1. 코란으로 복귀하려는 경향 2. 전통에 집착하지 않고서도 필요한 전통은 유지시키려는 경향 3. 신비적인 경향 4. 메카 계시의 수라를 중시하는 경향
주요 흐름	근본주의	* 무하맛과 그의 동료들이 가르쳤던 근본적인 신앙의 교리 돌아가려는 것 ① **와하비운동**: 18세기에 시작. 사우디와 페르시아만 국가에 영향을 줌 　꾸란의 가르침에 완전한 순종과 샤리아의 중요성 강조 ② 이슬람 형제단(**이크완 알 무슬리문**): 1827년 창립됨 　이집트, 시리아와 다른 중동 국가에서 활동적임. 광신적이며 테러도 함 ③ **자마트-이-이스람**: 마우라나 마우두디에 의해서 창립됨 　파키스탄과 영국에 거주하는 파키스탄인의 의한 사회사업에 관여함
	이란혁명	* 1979년 이스람 근본주의가 샤 정부를 전복시킨 혁명이 발생함 * 현재의 통치자들(아야탈라)는 시아파의 종교법학 박사들임 * 이들은 이란에 샤리아를 재소개했으며, 서구화된 분위기를 완전히 탈바꿈함
	샤리아 복귀	① 배교: 배교에 대한 강력한 처벌이 뒤따름 ② 이슬람의 은행제도: 대부를 통한 이익 수입도 금지함 　소득세는 비이슬람적으로 선포되었고, 자카드(구제)가 재도입됨
	자유주의	* 자유주의와 근본주의는 동시에 이슬람을 정화시키고 강화시키는 원동력 * 파키스탄의 정치가인 무하맛 이크발이 대표적 인물 * 터어키가 현대적 자유주의 이슬람국가로 바뀐 최초의 국가임
	사회주의	* 자말 루딘 아파카니가 사회주의의 아랍어인 '이쉬티라키야'를 먼저 사용함 * 줄피카 알리 부토가 파키스탄에서 단기간 이스람 사회주의를 실현. 실패함
국가의 변화	국가독립	* 2차 세계대전 이후 대부분의 이슬람 국가들이 독립하게 됨 * 각 나라들이 국가의 정체성 확립, 통치방법 습득, 외교 관계 수립, 사법, 정치제도를 구현하는 엄청난 변화의 시기를 겪게 됨
	석유발견	* 지금까지 발견된 석유의 절반이 북아프리카와 중동국가에 매장되어 있음 * '검은 금'은 현대 경제와 상업의 물질적인 번성으로 급변하게 됨
	이민	* 산유국의 부유한 경제는 다른 이슬람 국가의 노동력을 흡수함. * 대규모의 무슬림들이 저개발국가에서 산업화된 국가로 이주하고 있음 * 일시적 이주와 영구적 이주가 있으며, 부정적/긍정적 견해가 있음
교회들		* 고대 정통 교회: 이집트, 레바논, 요르단, 이스라엘 및 다른 국가들에 존재 　이집트의 콥틱교회와 남인도의 마토마 교회는 복음전도에 참여함 * 이슬람 영토에서 현대선교운동에 참여하고 있는 교회들 　지난 2세기의 선교의 결과로 몇 개의 이슬람국가에 교회가 세워짐 * 이슬람 국가에 사역하고 있는 평신도들(자비량 선교사들) 　북아프리카, 중동, 페르시아만 국가들에서 전문적인 직업을 통해 선교함

앤 쿠퍼, 『우리 형제 이스마엘』, 신서균, 이영주 공역(서울: 두란노, 1992), 173-89쪽.

민속 이슬람의 질병과 치료법

원인	진단	치료자	치료법
자연적 원인들	육체적 증상들	약사	자연적, 부적들
금기 위반	사례 조사	늙은 여자	회개, 고백
악한 눈	사례 조사/점	약사	'시선' 끊기
마술	점	능력있는 주술사	원인 규명/대적하기
악령(진, jinn)	점	주술사	부적들/치료 불가?
(카리나)	점	주술사	부적들/치료 불가?
운명			치료 불가
신			치료 불가

민속 이슬람의 일주일

요 일	긍정적 요소들	부정적 요소들
금 요 일	가장 강함	(한 시간)
토 요 일		꽤 강함
일 요 일	꽤 강함	
월 요 일	꽤 강함	
화 요 일		꽤 강함
수 요 일		가장 강함
목 요 일	매우 강함	

Bill Musk, *The Unseen Face of Islam* (MARC, 1989), 105, 150쪽.

공식 이슬람과 민속 이슬람의 비교(종교·사회적인 면)

관 점	공식(정통) 이슬람	민속(대중적) 이슬람
관심사	삶과 죽음, 하늘과 지옥, 구원, 영원, 신자/불신자들과 관련된 질문들로 모하메드의 설교로 부터 수집	두려움, 질병, 외로움, 죄책감, 복수, 부끄러움, 무력함, 갈망, 무의미함, 병, 위험 등 일상생활에서 수집.
경 전	꾸란(혹은 코란)	몇몇 상황에서 적용된 마술책 외에는 기본적인 경전이 없다.
제 도	• 형식적 • - 시크 또는 이맘, 계급제도에 따라 내려오며, 여성은 포함되지 않음. - 순니 정통파 시아파 이외의 분파들 - 메카, 메디나, 예루살렘, 이스탄불, 다마스커스 등에 있는 모스크들 - 대학 형태의 교육: 교과서 사용 - 단체들: 이슬람연맹, 무슬림 형제들 - 공식적인 형태의 수피즘	• 비형식적 • - 전문가들은 이맘, 의사, 장로, 마법사들, 여성을 포함. - 능력을 지닌 인물을 중심으로 형성된 분파들 - 중심 성전이 없음 - 능력이 나타나는 지역 장소들, 나무들, 사원들, 시냇가, 기타. - 단체들: 축복 전달을 위해 실행하는 자들과 추종자들 - 수피성자에 의해 전수되는 수피즘
권 위	이맘, 울렘마(성직계급), 정치 관료들	피럴, 왈리. 능력이 입증된 수행자들이 소유하고 있는 축복(바라카)에 있다.
언 어	전통적인 아랍어: 불변하는 형식	구어체 아랍어 혹은 지역 방언
도 덕	꾸란에 기초한 체제: 법적/사회적 인가	영적 세계에 대한 도덕과 무관한 "적합성": 노한 영(진)을 달래고, 극복할 수 있는 것들을 사용함
의 식	반복적이고 강화된 의식들로서 사회적이고 종교적인 기능들을 주의 깊게 고려함.	위기에 따른 의식들이 주도적으로 고려되고, 가끔 지역적이고 반복적인 참여가 있다.

Bill Musk. *The Unseen Face of Islam*(MARC), 202쪽.

제 5 부

타문화 선교

기독교와 타종교

타 종 교 에 대 한 질 문	* 다른 종교에도 진리는 있는가, 아니면 오직 기독교만 진리이고 다른 모든 종교는 전적으로 잘못되었는가? * 우리는 타종교의 신앙과 의식을 이해할 필요가 있는가? * 예수 그리스도를 믿지 않는 사람들은 모두 영원한 저주를 받도록 운명지어졌는가? * 우리가 불신자 친구에게 우리의 신앙을 전하고자 하듯이 그들에게도 그들의 신앙을 우리에게 전할 기회를 주어야 되는가? * 기독교 문화가 급속히 사라져가고 있는 나라에서 기독교 신앙을 전하는데에 우리는 왜 주저하고 있는가? * 타협이라고 생각되는 것을 우리가 수용하지 못했을 때 독선적이라는 비난을 받는 것이 두려운가? * 무용지물이 될지도 모르는 일을 위해 기도와 준비로 시간을 보낼 수 있는가? * 그들과 참된 우정과 이해를 확립한 후에 우리의 신앙을 전할 권리를 갖게 되기까지 인내해야 하는가?

타 종 교 에 대 한 관 점	배 타 주 의	* 진리는 기독교에만 존재한다고 믿는다. * 타종교는 사탄에 의해 고안된 것으로 본질적으로 악하다고 본다. * 복음전파에만 집중하며, 상호 이해와 대화에 대해서는 관심이 없다.
	포 용 주 의	* 하나님이 예수 안에서만 계시하셨다는 것을 믿는다. * 동시에 '모든 피조계를 통한 하나님의 성령의 우주적 임재'를 믿는다. * 타종교도 풍성하게 공유할 수 있는 영적 통찰력과 진리의 측면이 있다고 믿음.
	다 원 주 의	* 종교마다 나름대로의 신의 형상을 제시하고 있다. * 그 신은 역사와 문화 속에서 자신의 활동을 평안하게 재현시킨다. * 기독교 메시지를 타인에게 강요하지 않는다. * 중심되는 그리스도의 유일성과 그에 대한 신앙에 집착하지 않는다. * 혼합주의와 유사하다.
	혼 합 주 의	* 모든 종교가 신의 진리를 부분적으로 표현하고 있다. * 모든 종교가 우주적인 종교의 한 부분을 차지하고 있다. * 대부분의 복음주의자들은 혼합주의의 견해를 전적으로 반대하고 있다.

타 종 교 에 대 한 태 도	* 타종교의 세계관과 신앙체계를 이해하려고 노력 * 진리에 기초한 타협없는 관용 * 하나님의 주권과 우리의 겸손을 동반한 확신 * 성령의 사역과 우리의 믿음 * 주 예수 그리스도의 유일성과 우리의 확신 * 하나님의 말씀의 능력과 우리의 말씀 사용 * 존경을 동반한 사랑과 곤경에 빠진 사람들에 대한 우리의 연민 * 타인에게 접근하려는 우리의 노력은 자신의 영적 이해를 깊게 해 줌

복음과 타종교의 관계에 대한 확신

권위	* 우리의 입장은 궁극적이며 권위있는 안내자, 곧 계시된 하나님의 말씀 자체에 근거한다. * 그보다 더 높은 판단의 기준은 없다. * 유일한 대안이 있다면 그것은 인간의 이성인데, 그것은 수용할 수가 없다.
계시	* 예수 그리스도 안에서 하나님 자신을 드러내신 행위의 기록인 기독교 계시는 유일하고 절대적이며 궁극적이다. * 그것은 종교라는 용어를 가지고 오는 어떤 다른 것과도 질적으로 다르다. * 한마디로 그것은 다른 종교와 비교할 수 없다.
진리	* 타종교들은 인간의 종교적 의식(意識)에서 나온 철학, 사고 및 경험에서 이루어진다. * 그러나 일반계시에서 발견되는 진리의 요소(절대자의 존재 능력과 같은), 구약성경에서 취한 진리의 잔여물(인간의 타락 이야기, 도피성, 제사 등과 같은), 그리고 신약성경에 따른 진리의 잔여물(동정녀 탄생, 승천, 꾸란에서 볼 수 있는 그리스도의 재림)을 포함한다.
구원	* 세계의 종교들은 정도는 다르지만 여러 가지 면의 윤리적인 진리를 내포하나, 십자가 위의 그리스도를 통한 하나님의 구속적인 행위에서 발견되는 구원의 진리는 포함하고 있지 않다. * 어떻게 세상의 종교들이 기독교 조차 산출해 낼 수 없다고 우리가 고백하는 참다운 의의 본질을 산출해 낼 수 있겠는가? 하나님의 의는 은혜의 산물이지, 종교의 산물이 아니다.
독특성	* 기독교 신앙의 특성은 본질적으로 윤리 자체에 있지 않다. * 그 점에서 다른 종교들과 아름다운 유사점들이 있다. * 기독교에 대한 특이한 사실은 구세주를 내포하고 있는 유일한 신앙이라는 점이다. * 오직 복음 안에서 인간이 해야하는 것 보다 하나님이 해 놓으신 것에 대한 주장을 발견한다.

존 시먼즈, 『타문화권 복음 전달의 원리와 적용』, 홍성철 역(서울: 세복, 1995), 72-3쪽.

복음과 타종교의 관계에 대한 확신(계속)

구세주	* 예수 그리스도는 유일한 구세주이다. * 그는 우리 죄를 위해 죽었으며, 우리의 의를 위해 부활하셨다. * 전 인류를 위한 구원의 길은 하나 밖에 없으며, 그것은 "모든 이름 위에 뛰어난 이름"(빌 2:9)으로 우주적으로 적용되며 만인을 포용한다. * 하나님의 은혜로 주신 구원 대신에 고상하게 만든 윤리로 대치하는 것보다 더 심각한 죄는 없다.
십자가	* 세상 종교들은 복음을 제시하기 위한 교두보를 제공하는 어떤 진리의 요소들과 윤리적 실행을 내포한다는 점에서 복음을 위한 준비가 될 수 있다. * 그와 동시에 세상 종교들은 근본적으로 사람들이 복음을 이해하고 받아들이는 것을 어렵게 만드는 그릇된 방향을 지니고 있다. * 많은 사람들에게, 십자가는 여전히 "거리끼는 것"이나 아니면 "미련한 것"(고전 1:23)이다. * 그러나 무소부재한 성령은 복음의 선포를 선행하며 그리스도를 받아들이도록 마음을 준비시킨다. (선행은총)
신앙	* 기독교 신앙은 통합된 사고(사고)의 체계로 볼 때, 세상 종교들의 성취가 아니다. * 기독교 신앙은 개인의 기본적인 욕구 – 용서의 욕구, 하나님과의 평화, 삶의 능력 등 – 의 성취일 뿐이다.
하나님	* 하나님은 기독교 계시의 영역 밖에 있는 사람들의 마음속에서 역사하고 있다. * 비기독교 종교의 지배 아래 살고 있는 사람들 가운데는 수용할 만한 신앙의 사람들도 있으나, 그들은 이러한 종교적 제도의 산물이 아니라 성령님의 신비로운 역사의 산물인 것이다.
결론	* 성경은 기독교들에게뿐만 아니고, 모든 인류에게 속한 책이다. * 그리스도는 서양 나라뿐에게만 아니고, 모든 나라들에 속한다. * 복음은 서양은 물론 동양을 위한, 곧 전세계를 위한 것이다. * 기독교 선교의 과제는 예수 그리스도 안에 있는 온전한 실재(실재)에 대한 우주적 일치를 말과 행위로 증거하는 것이다. * 복음 증거는 종교들을 대항하는 메시지가 아니고 종교들을 위한 메시지이다.

존 시먼즈, 『타문화권 복음 전달의 원리와 적용』, 홍성철 역(서울: 세복, 1995), 73-4쪽.

복음 대 종교

종 교	복 음
인간이 만든 것	하나님께서 주신 것
하나님을 위해 인간이 하는 것	인간을 위해 하나님께서 해 놓으신 것
하나님에 대한 인간의 추구	인간에 대한 하나님의 추구
자신의 의의 사다리를 올라가는 것	그리스도의 성육신의 사다리로 만나주심
좋은 견해	좋은 소식
좋은 권면	영광스러운 선포
인간을 받아들이나 변화시키지 못함	인간을 그대로 받아들여서 변화를 시킴
외적인 개혁	내적인 변화
희게 칠함	희게 씻어줌
가끔 속임수가 됨	믿는 자를 구원시키는 하나님의 능력
많은 종교가 있음	하나뿐임
외적인 행실	내적인 성품
인간을 구속할 수 없음	그리스도를 통해 구속받음
자신의 노력과 도덕의 신뢰	믿음으로 말미암음

행위	선을 행하라 – 선하게 됨	실존	선하게 되라
	진실을 말하라 – 진실하게 됨		마음이 정직하게 되라
	선한 생각을 하라 – 청결케 됨		마음이 청결하게 되라
	사람을 도우라 – 사랑하게 됨		하나님의 사랑을 받아들이라
원리	이것들을 받아들이며 믿고 따르라	인격	그를 받아들이며 믿고 따르라
	인간의 사고의 체계		그리스도의 인격
	사고의 전환		그리스도의 부활
선행	달성하라	은혜	얻으라
	시도하라		받아들이라
	네 자신을 발전시켜라		네 자신을 부인하라
	네 자신을 구하라		제 자신을 항복하라
	(이것 저것을) 하라 – 구원의 길		다 이루었다 믿으라 – 구원의 길
			복음은 실존을 강조한다.
			실존은 변화로 말미암는다.
			실존는 소속으로 말미암는다.
			소속은 믿음으로 말미암는다.

존 시먼즈, 『복음 전달의 원리와 적용』, 홍성철 역(서울: 세복, 1995), 91-104쪽.

힌두교와 기독교의 비교

	힌 두 교	기 독 교
신	창시자 없음	예수 그리스도의 의해 기초됨
	일원론 – 유일한 존재 내지 실재 다른 모든 것은 환상이고 무지의 결과이다.	이원론 – 하나님과 세계는 분리된다; 하나님과 인간은 별개이다. 영과 물질은 둘 다 실재이다.
	브라만 – 비인격적이고 알 수 없으며 관계를 맺을 수 없고 속성을 지니고 있지 않는다. 이스바라 – 개인적이고 알 수 있으며, 속성을 지닌다. 만신전 – 보편적 힌두교에 보급되어 있는 남신과 여신들(3억 3천만의 신들)	하나님은 한 분 개인적이고 알 수 있으며; 거룩하고 의로우시며 사랑이시다; 인간은 하나님과 교제할 수 있다.

삼위일체	삼신(3개의 머리를 지닌 한 신)
	  창조자-브라마
	  보존자-비시누
	  파괴자-시바
		성부, 성자, 성령: 1체 안에 삼위

성육신	비시누의 동물과 인간의 다양한 형태들로의 열 가지 환생: 악인들을 멸하기 위함	한 번의 성육신; 신인(신성과 인성)이신 예수 그리스도 목적: 죄인들을 구원하시기 위함
	신화적 형상들: 신들과 영웅들의 전설들	성육신은 실제이며 역사에 뿌리를 두고 있다.
죄	다양하게 정의된 avidya(아비댜, 무지) – 진리에 대한 무지 maya(마야, 환상) – 실재를 개성에 돌림 mala(말라) – 개체의 느낌	하나님과 잘못된 관계; 하나님께 불순종 도덕률의 위반; 불신앙 죄는 죄책과 죄의 선고를 가져온다.
행위	업보(karma) – 선행과 악행들과 그 결과들; 비인격적인 심판 제도; 또는 대속의 고난의 가능성은 없다.	도덕률: 행위의 결과. "뿌리는 대로 거둔다." 인격적 입법자와 심판자가 있다. 그리스도는 자신이 우리의 업보를 대신 지셨다. 죄사함이 가능하다.
중생	윤회(삼사라, samsara) – 과거의 업보에 따른 환생. 탄생과 환생의 순환	생애는 한 번밖에 없다. 신생(영적 생명)은 그리스도를 통해 가능하다. 장차 올 몸의 부활
구원	구원(모크샤, moksha) – 탄생과 환생의 순환으로부터 해방; 브라만에 흡수 공로에 의함 – 지식의 길, 행위의 길, 헌신의 길	구속 – 죄책과 죄의 권세로부터의 구출; 영생의 선물. 우리 안에 사시는 하나님 은혜를 인하여 믿음으로. 결과는 하나님을 아는 것, 선행, 하나님께 대한 헌신

존 시먼즈, 『타문화권 복음 전달의 원리와 적용』, 홍성철 역(서울: 세복, 1995), 236-237쪽.

힌두교와 기독교의 비교(계속)

		힌두교	기독교
본질적 관점		브라만 그 자체로는 비인격적 존재이나 인격적인 신으로 존경받기도 한다. 신은 인격적이거나 비인격적 둘 사이에 어디에도 속하지 않는다.	하나님은 인격적인 임재를 하셨고 신약의 최고 계시는 인격적 계시(요 4:9)
		신은 창조물 전체와 동일시되며, 그가 창조를 초월한다 해도 피조물과 분리될 수 없다.	하나님은 무한히 완전. 모든 피조물을 초월하신 존재(출 15:11; 왕상 8:27; 시 96:4-6; 사 57:15; 렘 23:24)
		브라만은 전 우주의 정신이며, 모든 사물안에 있으며, 모든 살아있는 존재들의 자아(Atman)이며, 유일한 원리, 거룩한 존재, 모든 창조물은 브라만과 하나이다.	하나님과 그의 완전성은 단일하심. 스스로 존재하시는 분(출 3:14), 진리 자체, 생명, 빛 그 자체(요 14:6)
		삼위는 브라마, 비시누, 시바의 세 신으로 나타나는데, 이 셋은 비인격적인 브라만이 인격신으로 드러난 신이라고 한다. 브라마는 조물주로서, 비시누는 보존자로서, 시바는 파괴적인 표상으로 나타나며 힌두교인들은 수많은 신들 중 자기가 좋아하는 신(이스타바나) 하나, 둘을 예배할 뿐이다.	하나님은 그의 본질적 존재에 있어서는 한 분, 이 한 분 안에는 성부, 성자, 성령이라 불리우는 삼위(삼인격)가 존재함. 삼위는 각자가 완전성을 지니고 있으면서 전체를 이루고 있어 그것은 인격을 떠나서는 존재하지 않는다. (창 1;26, 11:7, 16:7-13, 18:1-21, 19:1-11, 사 48:16, 63:10, 눅 3:21, 22, 요 14-16장, 마 28:19, 고후 13:13, 눅 1:35, 고전 12:4-6, 벧전 1:2 등)
속성적 관점		'신'은 다신이므로 각기 '신'마다 지닌 기능이 모두 다르며, 기독교의 '신'이 피조물과는 엄격히 구별되는 것과 달리 신인동형론적 신으로 묘사되고 대표적인 신은 초기 베다의 '인드라'이다. 신은 스스로를 수태시키는 씨앗이나 이로써 세계를 낳으며 신이 창조하는 이유나 목적은 그의 놀이나 운동이기 때문이다.	절대적 속성-피조물과는 유사점을 찾을 수 없는 신적 완전성을 의미한다. 1) 하나님의 독립성-(롬 11:33-34; 단 4:35; 롬 9:19; 엡 1:5; 계 4:11), 혹은 자존성(Self-existence) 2) 하나님의 불변성-영원히 동일하신 분(시 102:27; 말 3:6; 골 1:17) 3) 하나님의 무한성-절대적 완전성(욥 11:7-11; 시 145:3), 영원성(시 90:2; 엡 3:21), 무변성(왕상 8:27; 시 66:1; 행 7:48, 17:27-28), 단순성
		신은 주로 세력(Power)으로 표현되며, 이 신들은 우주의 질서를 유지시키고 제의를 통해서 이러한 세력들의 통제가 가능하다고 믿는다. 앞부분의 브라마, 비시누, 시비의 대표적인 신을 통해 드러났듯이 신들끼리 속성이 모두 다르며 인간도 제의의 과정을 통하여 초월적 실제인 신의 세력에 동참할 수 있다고 믿음으로 힌두교인들의 제의는 우주적 드라마를 재현한다. 그리고 사제들이 이런 신을 조절할 수 있으며, 따라서 많은 힌두교인들은 계속 다시 수만번 거듭 태어나 브라만 계급에 속하기를 기원한다.	보편적 속성 1) 하나님의 전지전능성(왕상 8:39; 시 139:1-16; 사 46:10; 요 21:17; 히 4:13; 11:33; 엡 1:11,12; 골 1:16; 엡 3:10; 시 19:1-7 등) 2) 하나님은 사랑이시다-하나님의 은총(엡 1:6,7; 딛 2:11, 3:4-7)과 긍휼(눅 1:54, 롬15:9; 엡 2:4)과 오래 참으심(롬 2:4, 9:22; 벧전 3:20; 벧후 3:15) 3) 하나님은 거룩 자체이시다(출 15:11; 삼상 2:2; 사 57:15; 호 11:9) 4) 하나님은 의로우시다(시 99:4; 사 33:22; 롬 1:32; 신 7:9; 시 58:11; 히 11:26; 롬 2:9 등) 5) 하나님의 진실성(민 23:19; 골 1:9; 히 6:17) 6) 하나님의 주권적 의지-하나님의 창조와 보존(계 4:11), 통치(잠 21:1; 엡 1:11), 신적 권능을 의미

기독교와의 대조점과 장애요소

대조점	1. 힌두교는 영의 존재만을 근본적으로 인정하는 일원론적이다. 　기독교는 영과 물질 세계를 인정하는 이원론적이다.
	2. 힌두교는 신이 비인격적이고 속성을 지니지 않는다. 　기독교는 신이 인격적이며, 속성을 지니며, 사람과 관계를 갖는다.
	3. 힌두교에서 우주는 하나의 환상이다. 물질과 사람은 신의 방사물(放射物)이다. 　기독교에서 우주는 실제적이며, 인간은 신과 교제할 수 있는 능력이 있다.
	4. 힌두교에서 기본적인 문제는 지적인 문제, 즉 인간의 무지이다. 　기독교에서 기본적인 문제는 도덕적 문제, 즉 인간의 죄이다.
	5. 힌두교에서 환생의 목적은 죄인을 사악한 자를 멸하고 의인을 보호함이다. 　기독교에서 성육신의 목적은 "잃어버린 자"를 찾아 구원시키기 위함이다.
	6. 힌두교에서 구원은 업보와 윤회에서 자신의 노력을 통한 해방이다. 　기독교에서 구원은 죄로부터 그리스도를 통한 믿음으로만 이루어진다.
장애요소	1. 교리적으로 포용력이 너무 강하여 흡수당할 위험이 있다.
	2. 힌두교의 종교적 감정과는 상반된 신자들의 음식 습관 – 쇠고기 먹는 것
	3. 인도 문화와 동떨어진 기독교 예배 방법
	4. 신자의 가정이나 교회 활동에서 남녀의 지나치게 함께 앉는 것
	5. 기독교가 이마에 주홍색 점을 찍는 것을 금지하는 것
	6. 기독교가 인도문화와 주체성에 위협적으로 보이는 것
	7. 기독교는 애국적이 아닌 것으로 간주되는 것
	8. 기독교는 불가촉(不可觸) 천민의 종교로만 간주 됨
	9. 기독교가 카스트 제도에 위협적인 요소로 간주됨
	10. 기독교 선교를 법적으로 금지하는 정치적 요인들
	11. 개종시의 핍박이 심함 – 공동체로부터 추방, 가족들의 명예 손상, 결혼의 어려움 폭력과 박해 등

힌두교와의 접촉점과 선교전략

접촉점	1. 힌두교가 영혼과 영적 세계를 우선적으로 강조하는 것 "먼저 그의 나라와 그의 의를 구하라"(마 6:33) "위엣 것을 생각하고 땅엣 것을 생각하지 말라"(골 3:2)에 해당됨
	2. 신에 대한 헌신(bhatti)의 강조 "네 마음을 다하고 목숨을 다하고 뜻을 다하여 주 너의 하나님을 사랑하라"(마 22:37)에 해당됨
	3. 힌두교에서 볼 수 있는 자기 희생의 정신 자기를 부인하고 세상을 포기하라(마 16:24, 요일 2:15)에 해당됨
	4. 명상과 침묵의 훈련 개인의 강한 헌신 생활을 위한 기초를 놓는다. ("너희는 가만히 있어 내가 하나님 됨을 알지어다"-시 46:10)
	5. 요가(정신지배)의 연습 훈련된 그리스도인의 생활-성령을 통한 절제-을 위한 토대가 됨
	6. 힌두교의 삼신(브라마, 비쉬누, 시바) 기독교의 삼위일체 교리를 쉽게 수용하게 함(회교도와는 달리)
	7. 비시누의 10가지 환생 예수 그리스도의 성육신을 받아들이는 데 문제가 없음
선교전략	1. 가족단위와 부족 단위의 선교 전략 개종시 문화적 사회적 장벽의 어려움을 겪지 않게 한다.
	2. 토착화 전략 영국의 오랜 식민지 경험으로 인해 토착화된 복음 전달이 필요하다.
	3. 자립 원리의 강조 인도의 신자는 대체로 하류 계층이 많은데, 자립의 원리가 중요하다.
	4. 선교사의 인격적인 삶과 절제 생활 선교사가 인격적인 삶과 절제 생활에 실패하면 성경의 메시지는 무효하다.
	5. 토착화된 복음 전달(접촉점)
	6. 선교변증의 연구 힌두교는 타종교에 대한 관용과 포용력이 매우 강하기 때문에 복음의 분명한 진리에 대한 전달이 필요하다.

힌두교와의 접촉점과 선교전략(계속)

업보와 십자가	* 복음 전도의 신학적 장애는 업보교리를 극단적으로 적용할 때 발생함 * 업보는 하나님의 은혜와 대속을 위한 고난의 가능성을 완전히 배제함 * 예수의 십자가는 그 자신의 업보와 책임이라고 생각함
	* 업보는 반쪽 진리임을 지적-예, 2차 대전에 학살당한 600만명의 유태인 * 세상에서 가장 고귀한 법은 희생적 사랑임을 보여줌(어머니의 사랑) * 십자가는 하나님의 법과 질서 그리고 사랑을 계시함 * 십자가는 업보를 폐지하는 것이 아니고 보다 높은 법칙을 보여주는 것 * 업보의 법이 한 **원칙**을 나타낸다면 십자가는 한 **인격**을 드러냄 * 업보는 비인격적이고 조직적이지만 십자가는 인격적이고 동정적인 분을 보임 * 업보는 공의의 하나님을 말하지만 십자가는 사랑의 하나님을 드러냄 * 업보로 생각지 않는 간디의 죽음은 대속적 고난의 본보기로 들 수 있음
베다와 십자가	* 베다에는 희생만이 구원의 수단이라는 구절들이 있음 "희생의 길을 통하여 구원을 얻을 수 있다" ☞ "피흘림이 없은즉 사함은 없느니라"(히 9:22) "희생을 통해서만 신들은 하늘을 얻었다" "모든 것을 부여해 주는 것은 희생이다" "구원하는 것은 희생이다. 행위는 희생의 그림자이다" "신은 자신의 희생을 바쳐서 죄를 위한 속죄를 얻는다" "프라쟈파티(Prajapati, 모든 피조물의 주) 자신이 희생이다" ☞ "세상 죄를 지고 가는 하나님의 어린양"(요 1:29)
	* 진실하고 위대한 구속의 희생이 예수 그리스도에 의해 이루어짐 * 이 분은 신이시로 성육신하시어 인류를 위해 자신을 희생으로 드리신 분 * 이 모든 것이 그리스도의 성육신과 죽음과 부활로 인해 단번에 성취됨
복음전도	* 힌두교의 핵심은 신을 알기 위해 모든 것을 다 바치고자 하는 갈망임 * 힌두교도들에 대한 접근은 그리스도의 인격에서 시작되어야 함 * 그리스도 예수는 하나님의 유일한 **내려온 자**(avatar), 곧 성육신임 * 그의 강림은 신화가 아니라 역사적인 사실임 * 예수는 임마누엘 곧 "우리와 함께 계시는 하나님"이심 * 그리스도 안에서 하나님을 볼 수 있으며, 우리 자신을 바라볼 수 있음 * 힌두교도들은 인간의 죄성을 인식하고 있음 * 사람의 업보는 그리스도 위에 아니면 자신에게 있음 회개하고 예수 그리스도를 믿으면 업보는 그에게로 굴러가서 처리됨 * 그리스도는 힌두교의 고상한 열망의 완성임 karma-"나는 길이요", jinana-"나는 진리요", bahkti-"나는 생명이라"(요 14:6) * 지식의 방법은 이상에 대한 헌신이고, 행위의 방법은 규범에 대한 헌신이며, 헌신의 방법은 한 인격에 대한 헌신임 * 예수는 이상이 현실이 된 분이며, 규범은 이제 한 인격이며, 그 인격은 이제 최고의 분(the Supreme Person)이심

존 시먼즈, 『복음 전달의 원리와 적용』, 홍성철 역(서울: 세복, 1995), 237-249쪽.

불교와 기독교의 비교

	불 교	기 독 교
창시자	1. 과다마 부처. 신성의 부인. 도를 우리에게 보여준 인간 선생	1. 하나님의 성육신이신 예수 그리스도. 그는 "내가 길이다"라고 말했다. 그리스도가 누구인가가 그의 가르침보다 더 중요하다.
신	2. 원래의 형태는 무신론. 하나님과 신은 불필요. 널리 보급되어 있는 불교에서, 부처는 신적 존재 내지 인간화된 구세주로 경배된다.	2. 유신론. 유일의 하나님으로 전지, 전능, 편재; 창조자, 구속자, 심판자. 그리스도는 세상의 구제주이다.
인간의 문제	3. 고통과 고난의 문제로 시작. 고난의 원인과 치유에 관심. 목표는 고통으로부터 구원받는 것이다. 인간중심이다.	3. 죄, 곧 도덕적으로 악으로 시작, 하나님의 거룩, 인간의 죄, 그리고 죄로부터 구원에 관심. 하나님 중심이다.
인간과 영혼	4. 인간의 육체 안에는 영원한 것이 아무 것도 없다; 영원한 자아가 없다; 개인의 존재는 실제 환상이다.	4. 인간은 영원한 혼을 가지고 있다; 개인의 존재와 자아는 실재이다.
행동과 결과	5. 업보(karma) — 행동과 반응; 원인과 결과의 법, 탄생과 환생의 순환과 부착. 업보는 계속해서 남아있다.	5. 도덕법 — 자신이 뿌린대로 거둔다; 그러나 용서가 가능하며 그리스도가 용서해 주심; 결과는 새로운 탄생과 새로운 삶
구원	6. 열반(nirvana) — 열정없는 행복과 평안의 상태; 업보와 고난으로부터 해방; 분리와 생성의 중지	6. 죄, 죄책, 그리고 죄의 능력으로부터 구속; 영생; 그리스도에 대한 믿음과 은혜로. 인간은 자신을 구원할 수 없다; 하나님이 주도권을 행사하며, 선물로서 구원을 주신다.
구원의 방법	7. 모든 욕구를 제거함으로; 자아 해방의 체계; 순수한 인본주의	7. 우리를 위해 고난당하고 고관과 죽음에서 승리하신 그리스도에 대한 믿음과 은혜로. 인간은 자신을 구원할 수 없다. 하나님이 주도권을 행사하며, 선물로서 구원을 주신다.
피난처	8. 불교도는 말한다: "나는 부처와 달마(Dharma)와 상하(Sangha)에서 피난처를 찾는다."	8. 기독교인은 말한다: "나는 그리스도, 말씀, 그리고 교회에서 피난처를 찾는다."

존 시먼즈, 『복음 전달의 원리와 적용』, 홍성철 역(서울: 세복, 1995), 261쪽.

불교와 기독교의 대조점

	불 교	기 독 교
1	정통불교는 하나님을 배제한다(**무신론**).	하나님엣 시작하여 하나님으로 끝난다(유신론). 하나님은 첫번째 원인(시간에 있어서)이고 마지막 원인이다(목적에 있어서).
2	부처는 신성에 대한 어떤 주장도 회피한다. 그는 말하길, "나는 길을 발견했으며, 지금 그 길을 너에게 보여주고 있다."	예수 그리스도는 자신이 하나님의 아들이며, 하나님과 하나라고 말씀한다. 그는 말하길, "나는 길이요, 진리요, 생명이라."
3	세상과 인생의 무상함	변함없으신 그리스도와 흔들림 없는 왕국(성경이 확언하는 대로)이 존재한다.
4	**인간 중심**-인간의 필요, 노력	**하나님 중심**-하나님의 목적, 공급
5	인간의 몸안에는 영원한 것이나 불멸하는 것이 없다. 영원한 자아도 없다.	인간은 혼을 가지고 있다. 개인의 존재와 자아는 실재이다.
6	기본적인 문제는 **고**(苦)이다.	기본적인 문제는 **죄**(罪)이다.
7	구원은 고로부터의 해방이며, 탄생-죽음-환생의 끝없는 사슬로부터의 해방이다. 이것은 생의 소멸이다.	성경에 따르는 구원은 죄로부터의 해방과 하나님과의 화해이다. 단 한번의 신생(신생)을 통한 생의 확장이다.
8	각 개인은 자신의 노력으로 구원을 이루어야 한다. 구원은 명상, 선행, 그리고 지식을 통해서 성취된다.	어떤 인간도 자신을 구원할 수가 없다. 구원은 하나님의 선물이다. 죄인은 "그 은혜를 인하여 믿음으로 말미암아"(엡 2:8) 구원을 받는다.

존 시먼즈, 『복음 전달의 원리와 적용』, 홍성철 역(서울: 세복, 1995), 262쪽.

불교와 기독교의 접촉점

1	* 불교와 기독교는 다 한시성의 사실을 강조함 * 우주와 인생에 볼 때 삼라만상은 끝없이 변화함 * 어떤 것도 영원히 계속되는 것은 없음 풀은 시들고, 꽃은 사라짐. 나라들은 흥망하고, 인간은 강하다가 약해짐 * 인간의 모든 업적조차도 죽음으로 영향을 받음 * 인생은 계속 변화하며, 모든 인간은 죽음으로 끝남
2	* 둘 다 높은 수준의 윤리를 지지함 * 진리, 순결, 깨끗한 마음, 자비를 명령함 * 살인, 부정직, 호색, 거짓말, 폭식 및 술취함을 공개적으로 비난함 * 불교의 열가지 법칙과 팔정도는 기독교의 십계명과 윤리적 구조가 비슷함
3	* 모두 묵상과 자기 훈련을 강하게 강조함
4	* 타인을 위한 동정과 생명에 대한 경의를 권함
5	* 불교는 모든 욕구의 제거를 말함 기독교는 사람의 본성적 욕구의 승화와 이기적인 욕구에서의 성결을 말함
6	* 대승불교는 장래의 보상과 형벌이 있는 극락과 지옥을 믿음 이것은 미래의 생명에 대한 기독교의 교리와 매우 유사함
7	* 타인의 구원을 가능하게 하기 위해 열반에 들어가는 것을 연기한 사람들에 대한 불교의 가르침은 대속의 고난과 이타적(이타적)인 전도의 교리와 비슷함
8	* 내적 평안을 말함

존 시먼즈, 『복음 전달의 원리와 적용』, 홍성철 역(서울: 세복, 1995), 261, 2쪽.

불교도를 위한 복음

난제 인식		* 불교는 무신론이므로 죄를 느끼거나 죄로부터 구원의 필요성을 느끼지 못함 * 고(苦)가 가장 큰 악이며, 원인은 욕망. 욕망을 없애면 苦도 끝남 * 사랑도 욕구의 한 형태로 여김. 끊어버려야 할 것으로 여김 * 기독교의 핵심인 하나님의 사랑을 하나의 욕망을 간주함
사 성 체 四 聖 諦	고(苦)	* 고(난)은 인생의 엄연한 사실임 ⇒ 인생은 각종 고난 속에 있으며, 아무도 현생에서 고난을 피할 수 없음
	집(集)	* 고(난)의 원인은 죄임 ⇒ 죄는 근본적으로 하나님과의 잘못된 관계임 ⇒ 죄는 우리의 존재의 근원이고, 세상의 궁극적 원인임 ⇒ 죄는 인생에 의미를 주는 목적인 하나님을 향한 반항과 불신의 태도임 ⇒ 문제는 세상이 아니라 자신이며, 세상의 슬픔이 관심이 아니라 죄임 ⇒ 성경은 세상의 고난이 인간의 타락한 상태인 죄 때문임을 말함 ⇒ 인간에게 가장 필요한 것은 스스로 할 수 없는 자신을 위하여 기꺼이 하실 수 있으며, 자신이 하나님 안에서 자연적 자발적으로 살 수 있도록 자신의 본성 안에 있는 반항적 기질을 제거하시는 구제주 뿐임 ∴ 죄는 인간을 죽음에 이르게 하는 절망적인 병이다.
	멸(滅)	* 죄의 치료는 그리스도의 고(난)임 ⇒ 죄는 인간의 근본적인 병으로 하나님의 능력과 사랑으로만 치료됨 ⇒ 죄는 근본적으로 변화되어야 하는 상태임 ⇒ 인간이 죄를 짓는 순간에 하나님에게 십자가가 이루어짐 ⇒ 예수는 인간의 고를 체득하시고 인간의 죄를 위하여 십자가에 달리심 ⇒ 그리스도는 인간의 모든 업보, 죄를 자신이 인간을 위하여 대신 지심 ⇒ 그는 가장 큰 비극-십자가의 죽음-을 가장 큰 승리로 바꾸어 놓으심 ⇒ 인간은 하나님께 왜 인간의 구원을 위해 그런 방법을 택하였는가?라고 묻기보다 구원의 본질을 이해하는 것이 중요함
	도(道)	* 구원의 길은 예수 그리스도에 대한 믿음을 통해서만 이루어짐 ⇒ 성경은 인간은 죄인이며 절대적으로 자신을 구원할 수 없다고 말함 ⇒ 성경의 "기쁜 소식"은 하나님께서 주도권을 잡으셨다는 것 ⇒ 하나님이 행동하셨으며, 인간의 필요는 하나님의 행위가 되었음 ⇒ 그는 한 인물안에서 행하셨으며, 예수는 인간을 위한 하나님의 행위임 ⇒ 불교: 여기에 따를 가르침이 있고, 행함의 훈련이 있다 기독교: 여기 한 분이 있다. 그를 믿고 따르라 ⇒ 예수는 완전한 하나님이시며 완전하신 인간이심 ⇒ 그는 거룩하고 무한하신 하나님과 유한하고 죄있는 인간의 중보자 ⇒ 부처는 위대하지만 인간에 불과하며, 구세주는 아님 ⇒ 기독교의 신앙은 삶에서 삶으로(in life and to life)의 구원을 제공함 ⇒ 진리는 부처가말한 삶에 대한 열망의 파괴가 아니라 만족임 ⇒ 복음의 문제: 하나님이 너를 위해 하신 일에 대해 너는 무엇했는가? ⇒ 회개하면-자신과 하나님께 대한 태도를 바꾸고-예수를 구세주로 신뢰한다면 용서와 새생명을 얻음 ⇒ 영생의 경험으로 인해 현세의 삶에 이 세상의 슬픔이 앗아 갈 수 없는 완전안 평안을 누림

존 시먼즈, 『복음 전달의 원리와 적용』, 홍성철 역(서울: 세복, 1995), 263-72쪽.

불교도를 위한 복음(계속)

	* 불교에서 극기의 길과 윤리적 행위는 고와 욕망으로부터 구원을 이루는 수단임
	   기독교에서는 하나님과 화해되고 죄의 권세에서 해방된 후에야 실현되는 길임
	* 윤리는 구원을 얻기 위함이 아니라 구원의 경험 속에서 나타나는 결과임
	* 구원을 얻기 위한 도덕과 선행은 자기 주장의 행위이며, 죄의 본질임
	   인간은 도덕적이고, 선하고, 예의바르지만 여전히 죄인일 수 있음
	* 윤리적인 삶은 하나님의 구속적 행위를 경험한 열매로서 나타나는 결과임	

팔정도 八正道	정견 (正見)	* 위에서 말한 사성체를 받아들이고, 진리가 하나님께 대한 인간의 사색 가운데 있는 것이 아니라 그리스도와 그의 말씀 안에 있다는 것을 승인하는 것
	정사 (正思)	* 인간의 본질적 욕망은 하나님의 의도대로 절제되고 만족되어야 함 * 인간은 인생에서 최상의 욕망을 갖게 되었는데, 그것은 그리스도처럼 되고 그를 기쁘게 해드리는 것
	정어 (正語)	* "거짓을 버리고 각각 그 이웃으로 더불어 참된 것을 말하라. 이는 우리가 서로 지체됨이니라"(엡 4:25). "너희 말을 항상 은혜 가운데서 소금으로 고루게 함같이 하라. 그러면 각 사람에게 마땅히 대답할 것을 알리라"(골 4:6).
	정업 (正業)	* 각자는 하나님이 주신 재능을 잘 활용하고 타인을 유익케 함 * 삶을 정직하게 영위해야 하며 사치스러운 생활을 피해야 함
	정명 (正命)	* "땅에 있는 지체를 죽이라 곧 음란과 부정과 사욕과 악한 정욕이니 탐심은 우상숭배니라…그러므로 너희는 하나님의 택하신 거룩하고 사랑하신 자처럼 긍휼과 자비와 겸손과 온유와 오래참음을 옷입고…서로 용납하여 피차 용서하되"(골 3:5, 12-3).
	정정진 (正定進)	* "뒤에 있는 것은 잊어버리고 앞에 있는 것을 잡으려고 푯대를 향하여 그리스도 예수 안에서 하나님이 위에서 부르신 부름의 상을 위하여 좇아가노라"(빌 3:13-14).
	정념 (正念)	* 하나님 앞에서 잠잠하고 그의 임재를 알라! * 매일 그의 말씀을 묵상하고 쉬지 말고 기도하라.
	정정 (正定)	* 동료의 부담과 필요를 알라. * 그들과 함께 당신의 자원을 나누라. * 온 세계 사람들의 영적 필요를 알고 하나님의 세계선교에 참여하라.

존 시먼즈, 『복음 전달의 원리와 적용』, 홍성철 역(서울: 세복, 1995), 272-4쪽.

보리수(菩提樹)와 십자가(十字架)

보리수	내용	* 부처가 깨달음을 얻었던 나무 * 불교도들은 그로 인해 보리수를 공경함 * 부처는 보리수 밑에서 해탈의 경지에 도달하고 스스로 구원을 얻음

	의미	* 지식의 완성을 의미함. 보리는 '지식' 내지 '지혜'를 의미함
		* 자기 구원의 성취를 의미함
		  부처가 그 나무 아래서 얻은 것은 자신을 위한 것임
		  그의 깨달음으로 인해 그는 다른 사람을 구원한다고 주장하지 않음
		* 세상으로부터의 분리를 의미함
		  인간은 세상을 포기할 때에만 자신을 위한 구원을 얻을 수 있음

	불교도	* 나는 부처를 생각하면서 위안을 얻습니다. * 나는 달마(가르침) 가운데서 위안을 얻습니다. * 나는 상하(수도회) 안에서 위안을 얻습니다.
십자가	내용	* 그리스도가 인간의 죄를 대신하여 달려 죽으신 십자형의 나무 * 부처가 명상 중 보리수 나무 아래 앉아 있었음 예수는 화목제물로 나무에 달려 죽으심

	의미	* 사랑의 완성을 의미함. 지식의 추구가 아니라 인간을 위한 사랑의 표현
		* 우주적 구원을 의미함
		  그 이유는 그리스도가 모든 사람을 위해 죽으셨기 때문임
		* 탈속(脫俗) 혹은 분리가 아니라 참여를 의미함
		  세상을 포기함으로가 아니라 세상에 참여하심으로 세상의 구주가 되심
		∴ 십자가의 사랑을 통해 그는 인간과 하나가 되어 세상을 구원하심

	기독도	* 나는 그리스도 안에서 평안을 얻습니다. * 나는 그의 말씀 안에서 평안을 얻습니다. * 나는 교회의 교제 가운데서 평안을 얻습니다.

존 시먼즈, 『복음 전달의 원리와 적용』, 홍성철 역(서울: 세복, 1995), 274-6쪽.

유교와 기독교의 비교

관점	선진유교(先秦儒敎)	신유학(新儒學)	기독교
신관	上帝, 天 인격적 주재자 창조자적 성격은 빈약	理, 太極, 天, 道 비인격적 생성의 논리적근거	인격적 창조자 주재자 삼위일체
창조론	창조에 대한 언급없음 창조라는 개념보다는 끝없이 계속되는 변화	유출설(流出說) 有->有의 생성의 창조	하나님에 의한 無->有
인간관	성선(性善), 혹은 성악(性惡)	성선(性은 곧 理)	하나님의 형상 원죄
영혼관	영혼 및 사후세계에 대한 언급이 없음	영혼의 불멸을 부정 魂魄, 鬼神을 포함한 인간의 생사는 氣의 취산(聚散) 않으므로 불멸	영혼 불별 사후심판 영혼은 물질에 속하지 않음
내세관	언급 없음	천당 지옥설을 부인—>지옥은 上帝의 至仁之心에 어긋남	천국과 지옥 사후에 심판이 있음
종말론	언급 없음	우주의 주기가 있으나 궁극적 종말은 아님—> 다시 반복 순환됨	역사의 종말 신천신지가 도래함
제사	禮의 차원에서 인정 天에 대한 제사 중시	孝, 敬의 차원에서 인정 혼백이 흠향한다고 봄	제사는 魔鬼가 흠향
구원관	왕도정치에 의한 이상 사회 실현 수양에 의한 개인의 인격완성	氣質을 다스림으로서 개인의 인격수양—> 백성을 잘 다스림	예수 그리스도의 대속을 믿음으로 말미암아 구원을 얻게 됨
기독론		성육신, 동정녀 탄생, 대속, 부활을 부정함(도덕적, 음양론적 관점)	성육신, 동정녀 탄생, 대속, 부활, 승천, 재림

안점식, 『유교』(한국해외선교훈련원 강의안, 1996), 4-5쪽.

유교의 비판

1. 현실위주의 종교이며 정치를 위한 종교임
   - 유교는 정치에서 시작되어 정치로 귀착됨
   - 수신(修身)과 치국(治國)을 위해 하늘의 뜻을 아는 자가 정치를 해야 한다고 주장함
   - 정치적으로 인해 종교가 학문을 숭상하지만 다스림의 수단으로 전락함
   - 유교의 학문은 이로인해 인류와 사회에 공헌하는 봉사적 기능이 결여됨
   - 사회발전의 수단으로서 학문보다는 입신양명(立身揚名)의 수단으로 변질되어 버림
   - 자연에 대한 합리적 순응으로 인해 산업과 과학기술을 발전시키지 못함

2. 권위주의적 가치관을 지님
   - 천신에게 접근하는 것은 왕에게 국한되며 평민은 불가하게하여 불평등을 조장함
   - 임금은 천단에서 천신에게, 귀족은 사직과 다른 신에게, 평민은 조상신에게 제사함
   - 이런 불평등하고 수직적인 가치관은 국가의 민주화를 어렵게 함

3. 유교의 가족중심주의는 폐쇄적이고 이기주의적 취약점을 지님
   - 가족중심적 구조는 혈연과 지연 중심의 이기주의적 약점을 지니게 됨
   - 근대화와 산업화의 사회에서조차도 족벌중심의 폐습을 가져다 줌
   - 어른에 대한 예의와 형제간의 우의를 중시하지만 실제로 형식으로 흐르는 경향

4. 유교의 윤리는 관계의 윤리이며, 대중성과 공익성을 띄지 못함
   - 군자의 도는 치자의 가치관이며 평민들이 국가와 사회의 봉사하는 대중 윤리 부재
   - 관계의 윤리는 체면을 중시하며, 양심과 법은 차선으로 전락할 경우가 많음
   - 유교의 관계성은 특정 집단에 해당하며 사회와 집단 전체의 의식과 도덕은 결여됨
   - 공중도덕의 부재현상을 초래하며, 약자와 빈자를 돌보는 사회윤리가 부족함

5. 낙천적 인간관과 현실관은 사회악과 모순의 현대사회를 해석하기에 어려움
   - 수양에 의해 군자가 될 수 있다는 것은 철저한 현실 긍정의 사상임
   - 죄는 사회적인 기본 의무인 충효를 어기는 것이 가장 크게 부각됨
   - 인간을 가정과 국가의 연장선에서 생각하므로 독립된 개체의 인격은 거의 부정됨
   - 개인과 사회가 조화를 이루지 못하고 개인이 희생되는 집단주의의 위험이 있음

6. 보수성으로 인해 급격히 변화하는 시대상황에 대처하지 못하며 사회발전이 더딤
   - 이상적 사회를 미래지향적보다도 과거지향적(요순시대)으로 거슬러 올라감
   - 영원한 현재에서 과거만을 바라보는 영원한 미래가 없음
   - 역사를 퇴행시키는 보수성은 비판의 대상이 됨

7. 유교는 힌두교처럼 계급주의적 종교임
   - 임금을 천자로 신격화하며, 지배자/피지배자, 남자/여자의 신분사회를 조성함
   - 권력지향적이며, 음양의 원리에 의해 남성우월의 사회가 불가피함
   - 특히 여성에 대한 권리가 거의 무시됨
   - 차별적인 인간관과 사회관은 평등과 인권을 중시하는 현대에 봉건윤리로 부적당함

전호진, 『종교다원주의와 타종교 선교 전략』(서울: 개혁주의신행협회, 1993), 259-266쪽.

유교와의 접촉점

<table>
<tr>
<td>접

촉

점</td>
<td>

* 儒敎 사상의 헛점을 공격하는 식으로 하는 것보다 접촉점을 찾음
* 新儒家에서 궁극적 실체 개념들은 원래 유교적인 것이 아니라 불교의 영향->上帝 개념을 유도하여 삼위 일체 하나님을 설명
* 義에 대한 글자 풀이(羊+我)를 통해서 그리스도의 대속을 설명
  어린 양(羊) 예수 그리스도께서 殺身成仁으로 나(我)의 죄를 대속하셨음
* 夏殷周 시대의 이상향이나 이상적 왕도정치-->천년왕국의 이상적 모습을 설명
* 修養에 의한 氣質 변화가 어느정도 가능하다는 것을 인정
  ➔ 성령이 우리 안에 오시면 우리가 성령의 힘에 의해서 더욱 修養이 잘됨
  ➔ 종국에는 그리스도가 다시 올 때 완전한 몸(기질)을 가짐
  聖化, 榮化의 개념을 설명
* 성선/성악: 기독교는 두 가지 모두를 잘 설명해 줌
  왜 성악설이 더 현실적일 수밖에 없는가를 잘 설명해 줌
* 天子의 개념: 예수 그리스도야말로 天의 뜻을 완성한 하나님의 아들임
* 孝, 敬: 성경도 孝와 敬을 강조함. 하나님을 공경하는 것이 敬의 극치
  부모가 살아 있을 때 공경하는 것이 효의 극치
* 제사를 지내는 것이 孝와 敬의 연장선이라면 부모 생전에 공경하고 효도함
  ➔ 만일 복을 빌기 위한 것이라면 더욱 능력 있는 분에게 빌어야 할 것
  ➔ 자신의 삶에 관계 없이 조상에게 빌어 복을 구한다면 그것은 사사로운 것
  ➔ 귀신이 결국 氣의 한 형태이고 흩어지고 말면 조상 제사는 무의미함
* 유교 사상은 인간의 자기 노력으로 인격의 완성과 이상 사회 건설을 추구하려는 humanism(인본주의, 인간중심주의, 인문주의)
  ➔ 기독교에 있어서 인격의 완성(榮化)과 이상사회(하나님 왕국)는 예수 그리스도의 오심에 의해서만 가능
* 성리학, 성즉리(性卽里)는 궁극적 실체가 만물에 내재해 있다는 범신론의 하나
  ➔ 인간이 곧 하나님이라는 결론에 도달
  ➔ 예수 그리스도를 영접함으로 말미암아 성령께서 인간에게 내주

</td>
</tr>
</table>

안점식, 『유교』(한국해외선교훈련원 강의안, 1996), 5쪽.

회교와 기독교의 비교

	회 교	기 독 교
복종 대상	알라	하나님
유일신	셔크(Shirk: 인간을 신의 협동자로 만드는 것)의 죄	삼위일체의 성부, 성자, 성령
하나님의 주권	* 초월성 * 인간은 신의 자녀가 아니고 노예	* 초월성과 내재성 * 아버지 — 사랑의 하나님 * 인간은 하나님의 자녀가 될 수 있다.
인간과 영혼	* 의롭고, 악을 심판 * 선한 자에게 보상 * 주권을 기초로 용서해 줌(속죄불필요)	거룩하며, 그리스도 안에 있는 속죄를 기초로 용서해 줌
행동과 결과	신의 뜻에 따라서만	* 하나님 자신(자기를 드러내심) * 자신의 뜻과 성품을 계시하심
예수 그리스도	* 하나님의 아들이 아님 * 십자가에서 죽지 않았음(부활이 없음) * 신은 그의 선자자가 모욕당하고, 패배하는 것을 허락지 않으실 것임 * 모하멧이 신의 사도이며, 최후의 선지자	* 하나님의 성육신 * 인간으로 자신을 나타내신 분으로서의 하나님 * 참 하나님, 참 인간 * 하나님의 아들 * 십자가에 달리시고 부활하심! * 화목에 필요한 그의 부활은 하나님의 가장 위대한 승리!

존 시먼즈, 『복음 전달의 원리와 적용』, 홍성철 역 (서울: 세복 1995), 319쪽.

민속 회교의 본원적 욕구와 기독교적 답변

민속 회교의 본원적 욕구	본원적 욕구에 대한 정령숭배적 답변 수용불가〈------------〉보다 수용가능			본원적 욕구에 대한 기독교적 답변
알지 못하는 것에 대한 두려움	우상숭배 돌숭배	주물(呪物) 부적 주문	미신	인도자이시며, 보호자되신 예수님 안에서 안정감
악령에 대한 두려움	마술 마력	호신부(護身符) 매듭	악령 추방 의식(?)	악령 추방, 예수 그리스도 안에서 보호받음
미래에 대한 두려움	천사 숭배	점성술 주문	운명론	미래의 주인이신 그리스도를 신뢰함
소속감의 상실에 대한 두려움	마법 저주와 축복	머리카락/손톱	광신	성도들과의 교제권 안에 수용됨
악에 대한 개인의 무기력함	성자 숭배		바라카 성자/천사에게 간구	성령의 권위와 능력
삶에 대한 무의미		친숙한 영에 의지(?)		하나님의 자녀로서 삶의 목적을 가짐
병듦	나무 숭배 성자 숭배	마법적인 치유		하나님의 치유

앤 쿠퍼, 『우리 형제 이스마엘』, 신서균, 이영주 공역(서울: 두란노, 1992), 204쪽.

회교의 사제와 기독교 선교사에 대한 대중들의 인식 비교

	회교 사제	기독교 선교사
인상	수동적인 성향	활동적-행동주의자
	주관적인 견해	삶에 대한 객관적인 경향
	사람 지향적	업무 지향적
	재정적으로 가난함	부유한 자로 간주됨(차, 카메라, 녹음기 등을 소유하고 있음)
	연극/TV/영화를 보지 않음	이 모든 것을 행함
	값비싼 음식을 먹지 않음	가끔 값비싼 음식점에서 식사함
	돼지고기를 먹지 않음	돼지고기를 먹음
	종교인의 신분에 맞는 옷을 입음	일반인과 같은 옷을 입음
	수염을 기름	대개 수염을 기르지 않음
	부인들은 문화적으로 인정된 정숙한 옷을 입고 베일을 씀	부인들은 회교도가 생각하는, 항상 정결한 옷만 입지는 않음. 그래서 부인 선교사는 서양영화나 텔레비전에 나오는 '사악한' 여배우로 여겨짐.
사역	회교 사원이 삶의 중심지	일주일에 몇 시간만 교회에 있음
	하루에 다섯 번 공식적으로 기도함	공식적인 기도는 거의 하지 않음
	해가 있는 동안 한 달 금식함(라마단)	거의 하지 않음
	항상 종교어휘를 사용함	드물게 사용함
	구제기금이나 재정원조를 주지 않음 지역재정에만 의지함	외국기관으로부터 구제기금, 직업훈련원, 병원기금으로 들어오는 것을 분배해 줌
	고용인을 두지 않음	고용인을 두며, 높은 지위를 누림
	비코란적 교육에 가치를 두지 않음	세속적이고, 공식적인 교육과 학위에 큰 가치를 부여함
	아랍어로 코란의 많은 부분을 암송함	성경의 적은 부분만을 아무 언어로나 암송함
	자신이 치유사역에 참여함 환자에게 성수를 뿌려주고, 죽은 이를 위해 부적을 달아주고, 코란을 읊조리고 기도문을 암송함	영적인 면보다 과학적인 면을 강조함. 환자를 위해 믿음과 신념이 별로 없는 듯이 가볍게 기도해 줌. 사람들이 선교사에게 가는 이유는 약 때문이지 기도받기 위한 것이 아님

앤 쿠퍼, 『우리 형제 이스마엘』, (서울: 두란노, 1992), 239-240쪽.

회교에 대한 선교와 방법들

장벽	1. 회교도와 기독교도 사이를 분리시켰던 초기의 문화적, 역사적 사건, 그리고 적대적인 질문과 실제적 접촉의 결핍 2. 회교의 외적인 장점/사회적, 정치적, 문화적 결속력/기독교보다 교리적으로 우수하고 기독교를 계승했다는 자부심/코란을 '하나님의 말씀'으로 여기는 그들의 경외심 3. 새 개종자들이 견디어야만 하는 외로움, 박해, 소외 4. 지역교회에서 회교도 개종자들을 수용하지 않으려는 거부감. 이는 신실치 못한 거짓 신도가 들어오는 것에 대한 두려움, 불신감, 문화적 융통성 결여, 그리고 하나님의 성령이 회교도들을 개종시킨다는 사실에 대한 완전한 불신에 기인한 것임

선교 방법	* 그 지역문화에 대해 폭넓은 이해를 가진 사역
	* 정확하고 개방적인 증거를 할 줄 알아야 함
	* 그리스도의 제자의 삶을 보여줄 수 있는 모본
	* 회교도와 토론할 때 논쟁보다는 비교할 수 있도록 해주는 것
	* 상황화
	  1) 선교시 불쾌감을 일으키는 요소를 최적화하라.
	  2) 신뢰감을 증진시키라.
	  3) 목음의 메시지를 상황(혹은 문화)에 접목시키라.
	* 개종자의 지역교회로의 수용
	  1) 회교 개종자들은 기존교회에서 활동하도록 해야 한다.
	  2) 개종자들은 별도로 '회교 개종자 교회'를 조직하도록 해야 한다.

앤 쿠퍼, 『우리 형제 이스마엘』(서울: 두란노, 1992), 240-249쪽.

샤머니즘과 기독교의 비교와 전도방법

샤머니즘	기 독 교
운명적, 의타적	개척적, 모험적
주술, 요행	심은 대로 그둠
보수적, 폐쇄성	진취적, 변화 추구
현세지향적, 이기적	미래지향적, 헌신 위주
오락적 기능	예술적, 예배 중심

전도방법

1. 창조주와 자연의 지배자로서의 하나님을 전함
   - 샤머니즘의 하늘 신 개념은 성경적인 하나님을 이해하는 데 도움을 줌
   - 샤머니즘의 신은 공포의 대상이지만 기독교는 자비하신 아버지임을 전해야 함

2. 마귀의 권세를 물리치고 질병의 궁극적 치유자이신 예수 그리스도를 전함
   - 인간의 영적/육적 질병의 진정한 치유자는 예수 그리스도이심
   - 성도들의 기도와 하나님의 섭리적 이적을 통해 치유의 역사가 있음

3. 무당 대신에 신과 인간의 참 중보자이신 예수 그리스도를 전함
   - 기독교는 마귀의 권세에서 해방하는 그리스도를 전해야 함
   - 사랑과 은혜의 법률 제정자로서 인간을 죄에서 해방시키신 예수 그리스도이심
   - 공포와 억압에서 해방을 주시는 은혜와 사랑의 예수 그리스도를 증거함

4. 귀신의 능력을 능가하는 성령의 사역을 강조, 신학적으로 성령론을 발전시킴
   - 자연만물에 영이 존재하는 것이 아니라 자연에 역사하시는 성령을 가르침
   - 雨神과 風神이 아니라 하나님과 성령이 자연을 지배하며 다스리심
   - 하나님께서 자연에 은혜를 베푸시고 성령이 지면을 새롭게 하심

5. 토착화를 신중하게 시도해야 함
   - 샤머니즘은 보수적 경향이 있으며 신자들도 이 문화적 요소를 견지하려고 함
   - 성경에 근거하여 문화의 우상적 요소들을 과감하게 제거하도록 함
   - 성령께서 원주민 지도자들을 인도하셔서 진리의 길을 가르칠 것을 확신해야 함
   - 교회와 선교는 성경적으로 바람직하거나 가치중립적인 전통을 유지하면서 신앙생활에 적절하게 반영하게 하여 기독교가 외래적인 종교라는 인상을 배재하게 함

전호진, 『종교다원주의와 타종교 선교 전략』(서울: 개혁주의신행협회, 1993), 139-148쪽.

뉴에이지 운동과 기독교의 비교

	뉴에이지 운동	기독교
하나님 (신)	힘 비인격적 선과 악이 공존 모든 것이 신이다-범신론	아버지 인격적 오직 선하심 만물을 창조하심
인 간	인간은 신이다. 인간은 선하다. 인간은 윤회적 존재이다.	하나님의 형상 죄인 부활
예 수 그리스도	예수와 그리스도는 다르다. 인간 안에 있는 신의 영 죽었다가 다시 태어남	예수와 그리스도는 동일인 참 하나님이시며 참 인간 죽었다가 부활하신 분
구 원	부조화된 상태로부터	죄로부터
믿 음	인간의 잠재력 안에서 인간의 의지로 가능	하나님의 뜻 하나님의 능력으로
기 적	인간의 능력으로 비범한 능력 다른 영들의 연합으로	하나님의 능력에 의해 창조주의 초자연적인 역사 성령의 역사로

사도행전에 나타난 능력대결 사례들

장	능력대결	처음 반응	결과
2	오순절	조롱	일부분이 믿음
3-4	앉은뱅이를 고침	놀람	감옥에 갇힘
5:1-11	아나니아/삽비라의 속임		죽음
5:12-42	기적과 표적	제도권의 반대	감옥에 갇힘
6-8:3	기적과 표적	제도권의 반대	죽음
8:4	표적	모방	책망
9	사울의 반대	주님을 만남	회심
10	전도하길 꺼림	환상	순종
11-12:19	예언	제도권의 반대	죽음
12:20-23	헤롯의 신격화	하나님의 심판	죽음
13:4-12	엘루마와 충돌	엘루마가 소경이 됨	사람들이 믿음
13:13-52	설교	많은 사람이 믿음	주방당함
14:1-7	설교	일부분의 믿음	추방당함
14:8-20	앉은뱅이를 고침	바울, 바나바가 신격화 됨	돌에 맞아 죽은 자로 버리워짐
16:16-40	축귀	군중이 공격함	감옥
17:1-9	설교	일부분이 믿음	공격당하여 도망함
18:1-21	설교	유대인이 대적함	핍박
19:8-20	유대인 축귀자와 충돌	귀신들린 자가 그들을 억제함	마술책을 불사름
21-28	관헌들과 충돌	감옥에 갇힘	로마에서 죽임당함

Paul Hibert, *Power Encounters and Folk Islam*, 58쪽.

능력대결에 대한 몇 가지 관점들

능력대결(Power Encounter)
의미: 능력에 초점을 맞추어 복음을 전하는 사역의 일종이다. 이 단어는 선교인류학자인 알란 티펫(Alan Tippet)이 1971년 *People Movement in Southren Polynesia*에서 처음 사용하였다.
능력대력 방법의 한계
1. 능력 대결 자체가 회심을 가져오지는 않는다. 2. 복음을 받아들이는 사람이 있는 반면에 적대적인 반응을 일으킬 수도 있다. 　사도행전에 나타난 능력대결의 표에서 보듯이 능력 대결이 반드시 좋은 결과를 가져다 주는 것이 아니며 오히려 박해와 핍박을 가져다 줄 수도 있다.
능력대결에 대한 신학적 주의점들
1. 진리 자체를 현상과 혼동할 수 있는 위험성이 있다.
2. 자기 중심적인 도취에 빠질 위험이 있다.
3. 능력 대결이 하나의 새로운 기독교 마술로 변질될 위험성이 있다. (행 14:8-18)
4. 능력 대결의 영역과 창조 영역을 구분하여 이원론에서 빠져 새로운 세속주의를 야기시킬 위험이 있다.
5. 기사와 표적 자체를 목적으로 삼고 규범화 할 위험이 있다.
6. 병이나 고통 중에 있는 사람들은 거짓된 죄책감과 실패의식을 유발시킬 수 있다.
7. 기적을 행하는 인간 지도자를 높이려는 위험이 있다.
8. 진리보다는 능력을 통한 실리적인 효과를 추구하는 실용주의의 위험성이 있다.
루스드라 능력 대결을 통해 본 신학적 변질과 진리대결
(능력대결) ──────────────▶ (진리대결) 앉은뱅이를 고침　　　　　　　　　　　　하나님께 돌아오라 　　　　세계관: 　　　　쓰쓰와 허메를 섬기는 전통종교 　　　　　　　신학적 변질 　　　　바울과 바나바를 신으로 오해함

타문화 복음 전달의 접근 방법들

방법		내용
수용못하는 방법	정면 접근법	* 다른 신앙들을 공격적으로 논박하고 정죄하는 방법 * 타종교는 모두 마귀의 역사이며, 잘못되었음 * 타종교에는 복음전파를 위한 어떤 접촉점이나 거점도 없음 * '전쟁 선포', '제국주의적 접근'이라고 불리움
	악수 접근법	* 청중이 복음을 수용하도록 복음을 희석시키는 방법 * 이 방법은 진정한 믿음에 대한 배신 행위이다. * 기독교의 메시지의 형태는 바뀌지만, 내용을 변화시킬 권리가 없음 * 다원주의와 혼합주의적 경향을 띠게 됨 * '보편구원론', '익명의 기독교인' 등 * 이 방법은 그리스도의 유일성을 포기하고 기독교를 종교로 전락시키는 것
수용가능 방법	마음 대 마음 접근법	* 복음 전달의 일차적 관심은 타종교의 체계가 아니라 그 사람 자체이다. * 인간의 본성과 인간의 곤경이라는 공통분모로 접촉점을 찾을 수 있다. * 모든 사람은 죽음이라는 실재를 직면하고 있다. * 타종교의 세계관을 이해해야만 이 접근법을 사용할 수 있다. * 이 방법은 모든 전도와 설교에 기초가 되는 일반적 접근법이다.
	접촉점 접근법	① **일반적 관심들 가운데서** 　다른 사람의 관심과 언어의 통로를 통해 접촉점을 찾음 ② **공통적 필요와 문제** 　모든 사람들에게 공통되는 필요들과 문제들을 통해 접촉점을 발견 　성령의 도우심으로 대상자의 두려움과 상처와 갈망을 발견하여 복음제시 ③ **공통된 종교 사상들** 　타종교에서 기독교와 유사한 점을 통한 접촉점을 마련. 단 유사성은 진실되어야 한다. * 선별적이고 현명하게 사용될 경우 복음전달의 효과적인 방법이 된다.
	대조 접근법	① 임의로 징벌하는 신들 그리고 피곱히고 파괴하는 악령들과는 대조적으로 사려깊게 보살피고, 무조건적으로 사랑하며 우리의 선만을 원하시는 하나님 아버지의 계시가 있다. ② 필사적이고도 계속적으로 신을 추구하는 것과는 대조적으로, 하나님께서는 우리를 찾고 계시는 성경적 계시(잃어버린 양, 동전)가 있다. ③ 일반적으로 타종교는 인간의 잘못에 대한 신의 용서가 없다. 대조적으로 범죄할 때마다 고백하면 용서해 주시는 하나님이시다. ④ 그리스 신화나 힌두교에 나오는 타락한 신과는 대조적으로 "모든 일에 우리와 한결같이 시험을 받은 자로되 죄는 없으신"(히 4:15) 흠없고 거룩한 하나님의 아들이 있다. * 이 방법은 두드러지고 현저한 대조들을 사용하여 복음의 유일성을 나타내주며 듣는 사람의 마음을 충격을 줄 정도로 강하게 사로 잡을 수 있다. * 전도자는 그 대조점을 말로 지적해 주지 말고, 단지 긍정적인 태도로 복음의 독특한 진리를 제시해 주고 듣는 사람이 스스로 대조점을 알도록 하는 것이 현명하다. * 대조점들은 듣는 사람의 신앙을 경시하지 않고 나쁜 감정을 일으키지 않는 방법으로 제시되어야 한다. * 재치있고 적극적인 태도로 제시되어야 한다.

* 이 3가지 방법들은 상호 배타적이 아니라 서로 보완적인 것이다.

존 시먼즈, 『타문화권 복음 전달의 원리와 적용』(서울: 세복, 1995), 108-27쪽.

타문화 복음 전달을 위한 준비들

준비	내용
선교지 종교 연구	① 종교 창시자에 대한 좋은 자서전을 읽어라. ② 종교의 경전들도 읽어라. ③ 그 종교의 추종자가 쓴 종교의 주석책을 읽어라. ④ 그 종교의 신(神), 축제, 종교의식, 예배 형태에 대해 배워라. ⑤ 종교의 "정신"과 그 종교의 목적이 무엇인지를 분별하도록 하라 ⑥ 관심의 대상이 된 종교와 기독교 신앙 사이의 공통 근거, 접촉점, 차이점과 대조점들을 발견하라. * 선교사가 선교지의 신앙에 대해 관심을 갖게 될 때, 그리고 인간으로서 그들에게 관심을 보였을 때, 그들은 그의 신앙과 그에게 관심을 갖게 된다.
현지 언어 습득	* 타문화권 복음 사역자들에게 언어 숙달은 최우선 순위이다. * 언어의 통달은 선교사의 생활과 사역에 있어서 효과와 비효과 사이의 차이를 정확하게 만들어 낸다. * 언어의 숙달은 사람들을 이해하는데 필요하다. * 언어는 그들의 마음의 열쇠이다. * 언어는 인간의 영혼에 대한 열쇠이다. * 십자가의 메시지는 그 사람들의 사고방식, 관용어 및 속담에서 잘 전달된다.
현지인과 일체감	* 일체감은 효과적인 복음 전달을 위해서 절대적으로 필요하다. * 예수님은 우리 인간과 온전한 일체감을 가지셨다. * 예수님은 백성의 문화와 일체감을 가지셨다. * 사람들과 일체감을 가지려는 노력에서 우리의 목적은 함께 또는 하나라는 느낌을 달성하는 것이다. 이것은 인격의 만남이다. * 일체감은 단순한 동정 이상의 것이다. * 일체감은 한 번에 다 오지 않는다. 그들의 삶에 참여함으로 얻게 된다. * 선교사는 영혼 구원을 위해 "여러 사람에게 여러 모양으로" 되어야 한다.
훌륭한 청취자	* 복음 전달자는 청취자에게 일방통행이어서는 안된다. * 복음을 전달하는 것도 중요하지만 듣는 것도 못지 않게 중요하다. * 먼저 그들을 들을 수 있어야 그들도 복음의 메시지를 들으려고 한다. * 듣는 사람의 신앙, 포부, 마음의 상처를 경청해야만 그들의 본원적 욕구를 채워줄 수 있는 메시지를 전할 수 있다. * 복음 전달자는 설교 전에 잘 들어야 할 필요가 있을 뿐 아니라, 설교 후에도 청중들이 메시지를 잘 이해했는지 확인하기 위해서 경청해야 한다. * 듣는 자에게서 말하는 자에게로 "사회적 피드백"(feedback)이 있어야 함

존 시먼즈, 『타문화권 복음 전달의 원리와 적용』(서울: 세복, 1995), 129-43쪽.

타문화 복음 전달의 기본적 원리들

1	**복음을 단순하게 제시하라.** ① 복음의 사건들: 예수의 죽음과 부활(눅 1:1, 24:14, 18; 고전 15:3-5) ② 복음의 증거들: 메시지의 확증을 위해 사도들이 호소한 증거들 ③ 복음의 확인들: 예수님은 죄를 용서해 주시고 구원을 주시는 구세주이시다. ④ 복음의 약속들: 과거의 용서와 성령의 내주를 통한 현세의 새로운 삶을 제시 ⑤ 복음의 요구들: 회개와 믿음- '지금 그리고 여기서'의 결단의 긴박성
2	**설교에서 긍정적이 되라.** * 복음 전도자는 복음의 부정적인 제시를 조심스럽게 피해야 한다. * 예수 그리스도의 장대한 주장들과 약속들을 강조해야 한다. * 논쟁하지 말라. 오직 복음을 증거하라! * 논쟁은 승리는 있지만 사람의 마음을 결코 얻을 수 없다. * 복음 전도자의 목적은 사람을 얻는 것이지, 논쟁이 아님을 명심하라. * 복음 전도자는 변증가가 아니라 복음의 위대한 진리를 증거하는 증인이다. * 증거할 때 그 증거가 청중의 종교적, 문화적 배경과 관련 여부를 확인해야 한다.
3	**복음 선포에서 그리스도 중심이 되라.** * 무엇을 강조하느냐가 아니고 누구를 강조하는가이다. * 우리가 믿는 바가 아니고, 우리가 신뢰하는 분을 강조하는 것이 기본적이다. * 기독교는 구약성경이 아니라 그리스도로 정의내려야 한다. * 기독교는 서양 문명도, 심지어는 서양에서 이루어진 체계도 아니며 그리스도 자신으로 정의내려야 한다. * 그리스도인이 되는 것은 그리스도를 따르는 것이다. * 비기독교도에게 어떠한 것으로 매꿀 수 없는 부족한 것이 바로 그리스도이다. * 타종교와 기독교의 차이는 그리스도이시다. 이것은 너무나 큰 차이이다. * 복음의 유일성은 예수 그리스도의 인격과 그의 변화시키는 능력에 있다. * 그리스도 중심의 메시지를 전달할 때만 효과적인 복음 전달자가 될 수 있다.
4	**복음의 시범에서 그리스도처럼 되라.** * 선교사 자신이 메시지의 일부분이다. * 이것은 항상 선행이 따르는 진리에 대한 생생한 시범이다. * 구약 성경의 메시지는 정의보다는 시범에 의해 전달되었다. * 신약 성경은 그리스도의 성육신이며, 그가 믿음의 중심으로 제시되었다. * 모든 효과적인 복음 전달은 성육신적이다. * 선교사는 메시지를 줄 뿐만 아니라, 또한 메시지대로 **살아야** 한다.

존 시먼즈, 『타문화권 복음 전달의 원리와 적용』(서울: 세복, 1995), 145-65쪽.

타문화 복음 전달의 기본적 원리들(계속)

5	**메시지를 관련성 있게 만들도록 하라.** 1) 메시지를 듣는 자의 구체적인 **필요**와 관련시켜야만 한다. **요구**가 아니라 **필요**임 　① **생리적 필요**: 배고픔, 목마름, 잠과 같은 기본적 신체적 욕구이다. 　② **안전의 필요**: 안전과 감정적 확신에 대한 관심이다. 　③ **소속과 사랑의 필요**: 의미있는 관계와 동질감과 교제를 가질 관계에 대한 것 　④ **자기 존중의 필요**: 자기 가치와 자기 존중의 필요이다. 　⑤ **자기 실현의 필요**: 인간의 내적 잠재력을 실현하고, 존재 목적을 깨닫고, 그의 운명을 충족시키고, 개성을 표현하려는 욕구이다. 　　* 효과적인 복음 전달은 듣는 자의 특별한 필요와 상태에 맞게 해야 한다. 2) 복음전달자는 청중의 특수한 영적 상태에도 맞게 전해야 한다. 　① 절대자의 인식은 있으나 복음의 효율적 인식은 없음 　② 복음의 첫 인식 　③ 복음의 기본 원리에 대한 인식 　④ 복음의 함축적 의미의 파악 　⑤ 복음에 대한 긍정적 태도 　⑥ 개인적 문제의 인식 　⑦ 행동을 위한 결정 　⑧ 회개와 그리스도에 대한 믿음 　* 이 모형은 하나님, 전달자, 청중의 상호 작용의 역할을 통합하려는 시도이다. 　* 하나님은 일반 계시에서 특별계시로, 확신에서 중생으로 진행하신다. 　* 전달자는 선포에서 설득으로 진행되며, 청중의 반응은 구체적 결정으로 진행됨 　* 하나님은 성령의 역사를 통해 청중의 마음을 움직이신다. 　* 개인이 자신의 영적 문제를 깨닫게 되면 그리스도를 영접하도록 권면한다. 　* 그가 그리스도를 영접하면 하나님은 중생을 통해 새생명을 부여하신다. 　* 비서구인은 가장 낮은 인식 수준의 단계에, 명목상의 기독교국가에서는 ①-④ 사이에 있을 것이다.
6	**성령을 믿고 의지하라.** * 선교(전도)는 하나님의 무한한 자원에 의존하는 하나님의 사업이다. * 하나님은 최초의 가장 위대한 전도자이시다. * 하나님은 활동하시는 분이시다. 끊임없이 일하신다. * 일하시는 하나님께서 우리를 일하라고 부르신다. * 선교(전도)는 신인 협동 내지는 동역이 된 것이다. (행 8:26-35) * 하나님의 성령은 세계 각처에 있는 사람들의 마음과 정신가운데 역사하신다. * 복음의 선포될 때, 성령은 듣는 자의 마음과 정신에 역사하신다. * 선교사는 성령을 믿고 의지해야 하며, 성령으로 충만해야 한다. * 오순절의 역사는 영적인 사치가 아니라 복음 전파를 위한 전적인 필수품이다.

존 시먼즈, 『타문화권 복음 전달의 원리와 적용』(서울: 세복, 1995), 165-79쪽.

타문화 복음 전달에 대한 장애 극복 방법들

종류		내용 및 장애 극복 방법
언어 장애	구두 전달	* 언어 구조, 생각의 형태, 어휘, 관용어, 함축 그리고 단어의 뜻에서 차이점들 때문에 메시지를 전달할 때 문제들이 발생한다. * 이 점들의 차이로 메시지의 의도와 메시지의 해석 사이에 차이가 생김 * 수용자에게 복음을 전달할 때, 청중에 대한 적응이 필요하다. * 적응은 청중에게 의미가 정확하게, 알기쉽게 사람들의 배경에 맞추어 메시지를 조절하는 것을 의미한다. * 청중의 언어에 회개, 믿음, 사랑, 죄, 구원, 성화 같은 복음의 기본적인 개념을 전달하는 단어들을 가지고 있지 않을 때 일어난다. * 복음을 효과적으로 전달하기 위해 어느 특정 언어의 모든 관용구, 사고형태, 묘사력을 최대한 사용해야 하며, 특히 대등한 개념(dynamic equivalent)을 가진 단어로 전달할 수 있어야 한다. * 언어의 차이는 선교사에게 많은 어려움을 주지만, 언어의 숙달과 단어와 구절의 올바른 적용을 통해 이러한 장애들을 극복할 수 있을 것이다.
	비구두 전달	* 선교사는 언어의 구어(口語) 뿐만 아니라 비구두적인 몸짓과 상징의 의미도 동등하게 배워야 함 * 같은 몸짓이라도 문화적 배경에 따라 다른 의미를 가져다 준다. * 그 결과로 전달자와 수용자 사이에 엄청난 오해를 일으킬 수 있다.
문화 장애		* 다양한 풍습, 생활 방식, 태도, 관습 등으로부터 발생하는 문화적 차이는 늘 복음 전달의 장애를 가져다 준다. * 문화적 차이는 문화적으로 대등한 것들을 효과적으로 사용함으로 가급적 많이 축소시켜야 한다. * 문화적 차이로 인해 청중들이 의미있는 구절을 이해하기 힘들 수 있다. * 한 족속의 문화적 양식에 기독교의 메시지를 적용함으로 선교사는 효과적인 복음 전달을 할 수 있다. 이 경우 메시지를 문화적으로 적절하게 바꾼 것이다. * 같은 내용의 메시지를 듣는 청중이 이해하기 쉬운 분화석으로 의미있는 형태로 적응시킬 의무가 있다. * 효과적인 복음 전달은 전달자가 의도한 의미와 청중이 해석한 의미가 동등할 때 이루어진다. * 메시지를 정확하게 해석하기 위해 성경의 문화적 배경을 이해해야 한다. * 전달자는 복음의 핵심과 문화를 분리하여 청중이 이해할 수 있는 형태로 만듬 * 메시지를 받는 사람들은 복음의 문화적 표현에서 성령의 인도함이 필요함 * 모든 문화는 복음 전달을 위해 효과적인 도구가 될 수 있는 특징이 있다. * **하나님께서는 효과적인 복음전달을 위하여 모든 종족과 민족들의 문화 속에 구속적 유추(類推)를 만들어 놓으셨다.**
종교 개념 장애		* 비기독교인들에게 복음을 전달하는데 생기는 모든 장애 중에서 종교적 개념의 장애가 가장 극복하기 어렵다-그들의 세계관과 깊은 관련이 있기 때문이다. * 때로 중요한 종교적 용어나 개념의 차이는 메시지의 "전달"과 "해석"에서 심각한 괴리감을 가져올 수 있다. * 메시지의 의도한 의미를 명확하게 하기 위해 어떤 것은 조금 다르게 표현해야 하거나, 우리의 용어를 더 정확하게 규정할 필요가 있다. * 궁극적인 것은 성령의 도우심으로 극복할 수밖에 없는 것들이 많이 있다.

존 시먼즈, 『타문화권 복음 전달의 원리와 적용』(서울: 세복, 1995), 182-205쪽.

성경의 상황화(문화의 적응성 예제)

아래의 내용을 항구적인 것과 가변적인 것으로 분류하여 보라.
항구적인 것: 모든 시대에 있어서 변할 수 없는 진리
가변적인 것: 시대, 문화, 환경에 따라 다르게 수용하거나 변화시킬 수 있는 내용

No.	내 용	항구적	가변적
1	거룩한 입맞춤으로 서로 문안하라(롬 16:16)		
2	우상의 제물을 멀리할지니라(행 15:29)		
3	세례를 받으라(행 2:38)		
4	여자는 머리에 베일을 쓰라(고전 11:10)		
5	성찬식 때 다른 사람의 발을 씻기라(요 13:14)		
6	교제의 악수를 하라(갈 2:9)		
7	손을 얹어 안수하라(행 13:3)		
8	여자가 교회에서 말하는 것은 부끄러운 것임이라(고전 14:35)		
9	시와 찬미와 신령한 노래를 부르라(골 3:16)		
10	정해진 시간에 기도하라(행 3:1)		
11	피를 먹지말라(행 15:29)		
12	노예는 주인에게 복종하라(엡 6:5)		
13	주의 성찬에 참여하라(고전 11:24)		
14	어떤 맹세도 하지말라(야 5:12)		
15	병자에게 기름을 바르라(야 5:12)		
16	여자가 남자를 가르치는 것을 허용하지 말라(딤전 2:12)		
17	두사람씩 짝을 지어 전도하라(막 6:7)		
18	복음전도를 위해 유대인의 회당으로 가라(행 14:1)		
19	양심을 위하여 묻지 말고 먹으라(고전 10:27)		
20	땋은 머리와 금이나 진주나 값진 옷으로 단장하지 말라(딤전 2:9)		
21	음행을 삼가라(행 15:29)		
22	결혼하려고 애쓰지 말라(고전 7:27)		
23	할례를 받으라(행 15:5)		
24	여자는 머리에 쓰고 기도하라(고전 11:5)		
25	한 잔으로 성찬식의 포도주를 마시라(막 14:23)		
26	머리를 깎고 서원을 하라(행 18:18)		
27	공중 기도를 피하라(마 6:5,6)		
28	방언과 예언을 하라(고전 14:5)		
29	집에 있는 교회로 모이라(골 4:15)		

성경의 상황화(문화의 적응성 예제)(계속)

No.	내 용	항구	가변
30	손으로 일하라(살전 4:11)		
31	손을 들고 기도하라(딤전 2:8)		
32	네게 구하는 자에게 주라(마 5:42)		
33	식사 전에 기도하라(눅 24:30)		
34	60 이하의 과부는 돕지 말라(딤전 5:9)		
35	기도를 마칠 때 "아멘"으로 마치라(고전 14:16)		
36	안수받을 때 금식하라(행 13:3)		
37	여벌의 신발을 갖지 말라(막 6:9)		
38	여자는 남편에게 복종하라(골 3:18)		
39	부자에게 호의를 베풀지 말라(야 2:1-7)		
40	성찬식 때 누룩이 없는 빵을 사용하라(눅 22:13, 19)		
41	교회의 직원을 선출하기 위해 제비를 뽑으라(행 1:26)		
42	아무에게든지 아무 빚도 지지 말라(롬 13:8)		
43	교회에서 일곱 집사를 선출하라(행 6:3)		
44	목매여 죽인 짐승을 먹지 말라(행 15:29)		
45	일하지 싫어하거든 먹지도 말게 하라(살후 3:10)		
46	토요일에 예배드리라(행 13:14, 42, 44)		
47	개인의 재산을 포기하라(행 2:44, 45)		
48	스스로 돈을 버는 직원을 뽑으라(살후 3:7, 8)		
49	가난한 자를 위하여 연보하라(고전 16:1)		
50	남자가 긴 머리를 하면 자기에게 욕되는 것이니라(고전 11:14)		

'항구적인 것'과 '가변적인 것'을 결정하는 원리는 무엇이었는가?
어떤 원리를 입각하여 2개의 범주를 구분하고 있는가?
'성경적'이라는 기준은 어디에 있는가?
'항구적'에 집착하여 동의하지 않은 다른 집단과 연합하지 못하는 경우가 있는가?
성경에서 '중요한' 혹은 '중요하지 않은' 사항들이 있는가?
어느 항목이 다른 항목에 비해 좀더 '항구적'이라고 할 수 있는가?(5개 정도)

이 내용은 타문화 혹은 교회 내에서 진리의 내용을 주장할 때 현지인 혹은 다른 사람들의 견해에 대해 수용할 수 있는 부분이 있음을 알려준다. 진정한 복음의 진리 외에는 각 문화, 환경, 시대에 따라 가변적일 수 있는 부분들을 항구적인 것으로 강조하거나 주장함으로 다른 문화와 환경, 시대의 내용과 연합하거나 협력하지 못하게 될 수도 있는 경우가 많이 있다.

제 6 부

선교 실제

선교사와 선교단체

* 선교사는 어떻게 선교단체를 선택할 것인가?	
선택	* 선교단체들에 대한 정보를 많이 수집할 것 2년마다 열리는 '선교한국' 대회에 참석하면 대부분의 선교단체를 알 수 있음
단체	* 선교단체들과 교단선교부의 특성을 잘 파악할 것 ① 역사와 전통을 지닌 국제선교단체(InterServe, OMF, WEC, SIM, WBT) ② 역사가 짧은 국제선교단체(OM, YWAM, Prontiers, Open Doors) ③ 국제단체와 협력하는 국내선교단체(GBT-WBT, Hope-Prontiers〈선택적〉) ④ 국내 선교단체 ⑤ 타 단체와 협력하는 교단선교부 ⑥ 독자적으로 선교하는 교단선교부
사역지	* 사역지와 선교단체를 잘 생각할 것 선교지역과 밀접한 관련이 있는 선교부나 선교단체를 알아볼 것
사역방향	* 사역의 방향과 선교단체의 입장을 잘 고려할 것 ① 교회 개척 ② 신학교 사역 ③ 지역개발 ④ 전문인 사역(교수, 의사, 간호원, 선생 등)
	* 자신의 성격과 선교단체의 성격을 잘 비교해 볼 것
	* 자신이 속한 교단과 선교단체와의 관계를 잘 파악할 것
재정	* 자신과 합당한 재정원리를 지닌 선교단체를 잘 파악할 것 ① 풀링 시스템(pooling system) : 선교사 전체적으로 재정을 운영하는 제도 ② 세미 풀링 시스템(semi-pooling system) : 전체적인 것과 개인적인 것을 혼용하는 제도 ③ 퍼스날 시스템(personal system) : 선교사 개인이 자신의 재정을 책임지는 제도

선교사의 종류(자비량선교사)

분류	내용
정의	직업을 갖고 해외에서 일하면서 그 직업을 통해 복음 사역을 하는 선교사
준비	* 자신의 전문 분야를 충실하게 준비해야만 한다. * 신앙과 신학 그리고 선교에 대한 기초 훈련을 받는다. * 자비량 선교에 대한 자료를 수집하고 연구하여 자신의 사역을 설정한다. * 선교의 비전을 넓힌다. * 일반 선교사들처럼 비전과 사역을 나눌 기도 후원자를 모집한다. * 파송교회, 단체, 팀 사역을 할수 있도록 준비한다.
분야	* 의료: 의사, 간호사, 약사, 치기공사 등 * 교육: 대학교(석사 이상 자격), 한국어 선생 등 * 공학: 기술자, 공장 책임자, 플랜트 상담 등 * 농업: 기술지도자 * 경제: * 기타:
약점	* 자기 마음대로 사역을 하기가 쉽다. * 선교지에서 진행되는 팀사역에 동참하지 않고 '자기 나름대로의 일'을 함 * 선교훈련과 신학훈련의 준비가 미숙한 채 선교지로 나가기 쉽다. * 선교지의 언어를 배우는 데 우선순위를 두지 않을 수 있다. * 자신의 직업의 시간과 열정을 가져야 함으로 사역이 등한시되기 쉽다. * 그가 일하는 기관이나 회사가 선교적 사역을 못하게 제한할 수 있다. * 장기적인 사역이 힘들 수 있다. (다른 곳으로의 이동 때문) * 위장하였다는 비난을 받을 수 있다. * 이중적인 동기(직업, 선교)를 둘 다 가질 수 있다. * 일반적인 선교사들처럼 본국 교회의 기도 지원을 받기가 어렵다. * 주로 접촉하는 사람이 자국민이어서 현지인과 접촉하기가 어려울 수 있음 * 직업으로 인해 영적인 책임감을 등한시 할 수 있다. * 성도간의 교제가 없는 지역에서 자신과의 영적 싸움을 가질 수도 있다.

단기 선교

기간	2주~2년 정도 (보통 2년 이상은 장기사역자로 간주함)
장점	* 단기 선교사 자신의 비전이 변함 - 25%가 장기사역자로 헌신함 * 개교회의 선교의 비전이 변함 - 교회의 선교열정이 발전하게 됨 * 선교지의 장기선교사의 사역에 도움이 된다. * 단기간에 많은 인력이 동원되어 현지선교사와 집중적인 사역이 가능 * 지쳐있는 현지 선교사에게 위안과 격려를 주게 됨 * 선교를 할 수 없는 폐쇄된 지역에 관광비자를 통해 입국하여 사역 가능 * 장기 선교사로 갔을 때의 갈등과 어려움에 대한 충격을 완화할 수 있음 * 예비 선교지에서의 자신의 능력과 적응 능력을 파악할 수 있음
단점	* 개인적인 호기심이나 모험심에 대한 개인적인 활동이 될 수도 있음 * 선교지의 정상적인 사역이나 생활을 파괴할 수 있음 * 지속성이 없음-접촉자에 대한 계속적인 접촉과 관심을 가질 수 없다. * 경험이 부족(신학교육, 선교훈련, 선교지의 문화)하여 실수할 가능성이 많음 * 언어와 단기선교 훈련이 부족한 경우에 여행객으로 사역에 임할 수 있음 * 선교현장의 피상적인 이해로 선교에 대한 인식을 잘못 가질 수 있음

훈련 방법	* 교회/선교단체에서 단기선교에 대한 계획을 수립
	  ① 1년전부터 구체적인 계획을 세워야 함
	  ② 선교 현지와 긴밀한 관계를 갖고 계획을 수립, 추진해야 함
	  ③ 교회/선교단체의 행정팀 임역원들이 역할을 분담하여 유기적으로 함
	* 단기선교 훈련팀을 구성한다.
	  ① 현지에 따라 구성인원수, 남/녀, 연령층, 직업, 특기를 고려하여 구성함
	* 선교 훈련의 준비 및 훈련
	  ① 준비 및 훈련을 최소한 6개월 전부터 매주/격주로 실시해야 함
	  ② 경험있는 실무자가 하거나 초빙하여 실시하도록 함
	  ③ 교회/선교단체는 준비사항을 세부적으로 계획하여 점검하도록 함
	  ④ 필요한 재정(교회 혹은 개인)의 문제를 명확히 하도록 함
	* 단기선교사역을 마친 후에는 반드시 교회/선교단체에 공식적으로 보고하게 함
	  ① 문서로 공식적으로 보고함
	  ② 교회/선교단체의 각종 기관에 슬라이드, 비디오, 사진 등을 이용하여 보고함
	  ③ 다양한 보고 방법을 통해 교회/선교단체의 선교 열정을 고취시키도록 함

(　　　)'s HEALTH RECORD (건강기록부)

DATE OF BIRTH(출생일):	SEX(성별):	ADOPTED(입양여부):
PREGNANCY(임신기간):	E.D.C.:	AGE OF MOTHER:

LABOUR AND DELIVERY	PLACE(분만장소):
Length of Labour(산통시간):	Type of Delivery(분만방법):

NEONATAL DATA	BLOOD GROUP(혈액형):
Gestation(임신기간):	Birth Weight(몸무게):
	Feeding(수유방법):

SIBLING(형제/자매)

Name(이름):	Sex(성별):	Date of Birth(출생일):
Name(이름):	Sex(성별):	Date of Birth(출생일):

COUNTRY OF RESIDENCE(이전거주국)

Country(거주국)	Date(일시)

DATE OF IMMUNIZATIONS(예방접종)

Immunizations(접종이름)	primary (기본접종)	Booster 1 (1차접종)	Booster 2 (2차접종)	Memo
B.C.G				
Diphtheria				
Pertussis				
Tetanus				
Polio				
Measles				
Mumps				
Rubella(홍역)				
Hepatitis B(B형간염)				
Japanese Encephalitis				

SIGNIFICANT ILLNESS, ACCIDENTS AND OPERATIONS(중대병명/사고 기록)

Age	illness and Complications	Age	illness and Complications

출국 전에 기록하여 현지의 의사에게 보이면 본인과 자녀의 건강관리에 도움이 됩니다.

(   )교회의 선교 사역을 위한 자기진단표

	지도력		전략		도전과 자극		선교사 파송		지원	
	목사	선교위원회	선교 정책	목표	교육	비전/기도	모집/목양	선교사에 대한 관심	개인 선교 헌금	교회 예산
탁월함 5	교인들의 대부분이 선교에 참여하도록 동기를 부여하고 교육시킴.	선교위원회의 절반은 선교오리엔테이션을 받음.	선교사업은 잘 계획되고, 포괄적이고 실천적인 정책에 의해 이루어짐. 5	중요 목표들에 직면하고 있음. 5	선교 교육 과정이 전체적인 교회 프로그램과 맞게 조정되어 있음. 5	선교 이론은 불타는 기도, 증가하는 헌금, 능동적인 회원 모집에서 잘 나타남. 5	교회는 자기 교인들 중에서 선교사를 발굴하고, 격려하고 파송함.	선교사들은 현장에서 목사나 교회 지도자들의 방문을 받고 격려를 받음. 5	매년 600,000원 정도 작정하고 헌금함 (월 50,000원)	교회 전체 예산의 50%가 선교에 쓰여진다.
훌륭함 4	선교에 봉사하도록 중직자들에게 계속적으로 자극을 줌.	위원회와 소그룹은 한 달에 몇 번 모든 선교 계획을 짜기 위해 만남. 4	정책이 매년 검토되고 중요 결정을 위해 사용됨.	장기 계획과 목표 설정이 설립되어 있음. 4	연락담당자와 분과위원회가 선교 교육을 계속 감독함.	교회는 거시적인 선교 비전과 전략의 기반 위에 직원과 경제적인 자원을 할당.	교회는 파송 기관과 긴밀한 사역관계를 유지하고 있음.	선교사들은 교회 직원으로 간주되고, 돌보아짐. 4	매년 360,000원 정도 작정하고 헌금함 (월 30,000원)	예산의 45%
잘함 3	견고한 지식을 가르침: 선교에 대한 책을 5권 정도 읽고 매년 선교세미나에 참석.	위원들은 성문화되고 위원/간사/선교사들에게 주어져 있음. 새회원들은 오리엔테이션을 받음. 3	정책이 성문화되고 있음. 위원들은 서류를 갖고 있음. 새회원들은 오리엔테이션을 받음.	목표는 충실히 추구되고 매년 평가되고 있음. 3	선교교육자료가 이용가치가 있으며 또 사용되고 있음.	교인들은 창의적 접근지역에 대한 선교의 인식과 정보를 공유함. 3	교회는 선교를 향한 제자훈련과 상담학의 프로그램을 갖고 있음.	위원회는 교인들이 출장(해외근무) 혹은 휴가 기간 중 선교사를 돌보도록 격려함. 3	매년 240,000원 정도 작정하고 헌금함 (월 20,000원)	예산의 40%
보통 2	1년에 선교에 대해 3-6번 설교: 선교위원회와 긴밀한 관계를 유지.	위원들은 1년 이상의 임기로 재임할 수 있음. 2	완전히 성문화된 선교 정책이 개발 중에 있음.	모든 선교 활동은 성공할 수 있는 합당한 목표가 설정됨. 2	교인의 선교 지식의 수준을 결정할 관찰 작업이 있음.	정보와 기도를 통해 미전도족속에 대한 교회의 비전이 확대되고 있음.	선교위원회는 타문화권에서 사역할 사람들을 찾아 냄.	선교위원회는 활발히 현지선교사들을 돌봄. 2	매년 120,000원 정도 작정하고 헌금함 (월 10,000원)	예산의 30%
헌신 필요 1	설교에서 선교에 대해 가끔 언급.	선교위원회가 세워지고 규례에 의해 기능을 행사함. 1	몇 가지 정책이 승화한 과제를 위해 성문화되어 있음.	몇 가지 특별한 목표가 계획, 예산, 새 회원 모집 등에 설정됨. 1	선교에 대한 자극이 매년 모임/선교세미나를 통해 유지됨.	선교사역을 위한 교회의 비전은 지역을 초월함. 1	교회는 짧은 기간이나 노는 다른 선교 봉사를 위한 기회를 제공함.	교인들은 대체 섹으로 사기 선교사들과 간헐적인 연락을 가짐. 1	매년 60,000원 정도 작정하고 헌금함 (월 5,000원)	예산의 20%
분기점 0	선교에서 지역교회의 역할과 목사의 지도력에 책임을 의식.	교회가 영구적인 선교위원회의 중요성을 인식. 0	성문화된 선교정책의 필요성을 인식하고 있음.	교회는 특별한 선교 목표를 설정할 필요를 인식. 0	정규적인 선교교육을 강조할 필요성을 인식.	교인들은 지상명령의 성취를 이루는 책임을 깨닫고 있음. 0	선교사를 모집, 훈련, 선교지로 파송하는데 교회의 역할을 이해함.	교인들은 자기 선교사를 알고, 그들을 돌볼 책임성을 인식함. 0	매년 36,000원 정도 작정하고 헌금함 (월 3,000원)	예산의 10%
출발점 -1	선교에 관심이 있음.	목사와 위원들이 필요에 따라 선교사를 후원함. -1	교회는 성문화되지 않은 선교 정책의 기반 위에서 활동함.	몇 가지 일반적인 선교 목표가 설정됨. -1	교회는 가끔 선교에 대한 교육을 가짐.	성도들은 지상명령과 선교의 미완성 과제를 인식하고 있음. -1	선교활동은 고취되고 있으나, 모집, 훈련, 파송 등 효율적인 단계가 없음.	교인들은 자기 선교사가 누구인지 약간 알고 있음. -1	매년 24,000원 정도 작정하고 헌금함 (월 2,000원)	예산의 5%
출발점 -2	선교에 거의 관심이 없음.	위원회가 없음. 선교 사업은 간헐적으로 이루어짐. -2	교회는 선교정책이 필요가 없다고 생각함.	교회는 선교 목표의 필요성을 느끼지 못함. -2	교회 수준에서의 선교 교육은 거의 없음.	교인들은 선교가 아직 미완성 과업임을 거의 인식하지 못함. -2	선교 활동에 대한 고취가 없음.	교인들은 개인적인 차원에서는 선교사들과 관련이 없음. -2	매년 12,000원 정도 작정하고 헌금함 (월 1,000원)	예산의 3% 이하

타문화 교회 개척 10단계 과정 (바울의 모델)

단계	과정	관련 성구	내용
1단계	선교사	행 13:1-4 15:39,40	* 선택 및 훈련 * 파송 * 후원 * 기도 * 격려
2단계	대상 접촉	행 13:14-16 14:1	* 인사를 위한 접촉 * 공공체와의 접촉 * 선택적 접촉(전도 대상자, 관련 모임들) * 전도를 위한 광범위한 접촉
3단계	복음전파	행 13:17이하 16:31	* 메시지의 상황화 * 방법 선택(문화배경, 절실한 필요성) * 적절한 매개체 선택 * 대상에 대한 효과 측정(이해 및 호응도)
4단계	청중의 회심	행 13:48 16:14,15	* 가르침(회심의 필요성) * 동기부여(인간의 성경적 의미) * 결신(순간과 과정의 다양성) * 신앙고백(세례)
5단계	신자의 회중화	행 13:43	* 소속감(동질성) * 모임의 적절한 규모(상대적임) * 모임 장소(가정, 고정장소, 예배처) * 모임 시간(시간/사건 중심, 융통성 중요)
6단계	확증된 믿음	행 14:21,22 14:41	* 가르침(교리, 제자훈련) * 예배(기존/어린/새신자, 방문자 균형) * 봉사(다양성, 공동체의 필요성) * 증거(말, 행동-성도의 삶) * 청지기직분
7단계	지도자 성별	행 14:23	* 지도자 발굴 * 영구적인 조직(자율성, 다수결, 형태) * 성경적 권징(징벌 중심, 구속적)
8단계	지도력 위임	행 14:23 16:40	* 개척자의 철수 * 지도력의 교체(현지인 지도자) * 계속되는 사역(협력, 보조 사역)
9단계	지속적인 관계	행 15:36 18:23	* 개척자와 교회의 관계 * 이 교회와 타교회의 관계 * 이 교회와 선교부의 관계
10단계	파송교회의 모임	행 14:26,27 15:1-4	* 교회의 선교에 대한 이해 * 선교에의 참여(선교사 발굴, 기도/재정)

David. J. Hesselgrave, *Planting Churches Cross-Culturally: A Guide for Home and Foreign Missions*(Grand Rapid: Baker Book House, 1980).

제 7 부

인류학과 선교

세계관과 문화

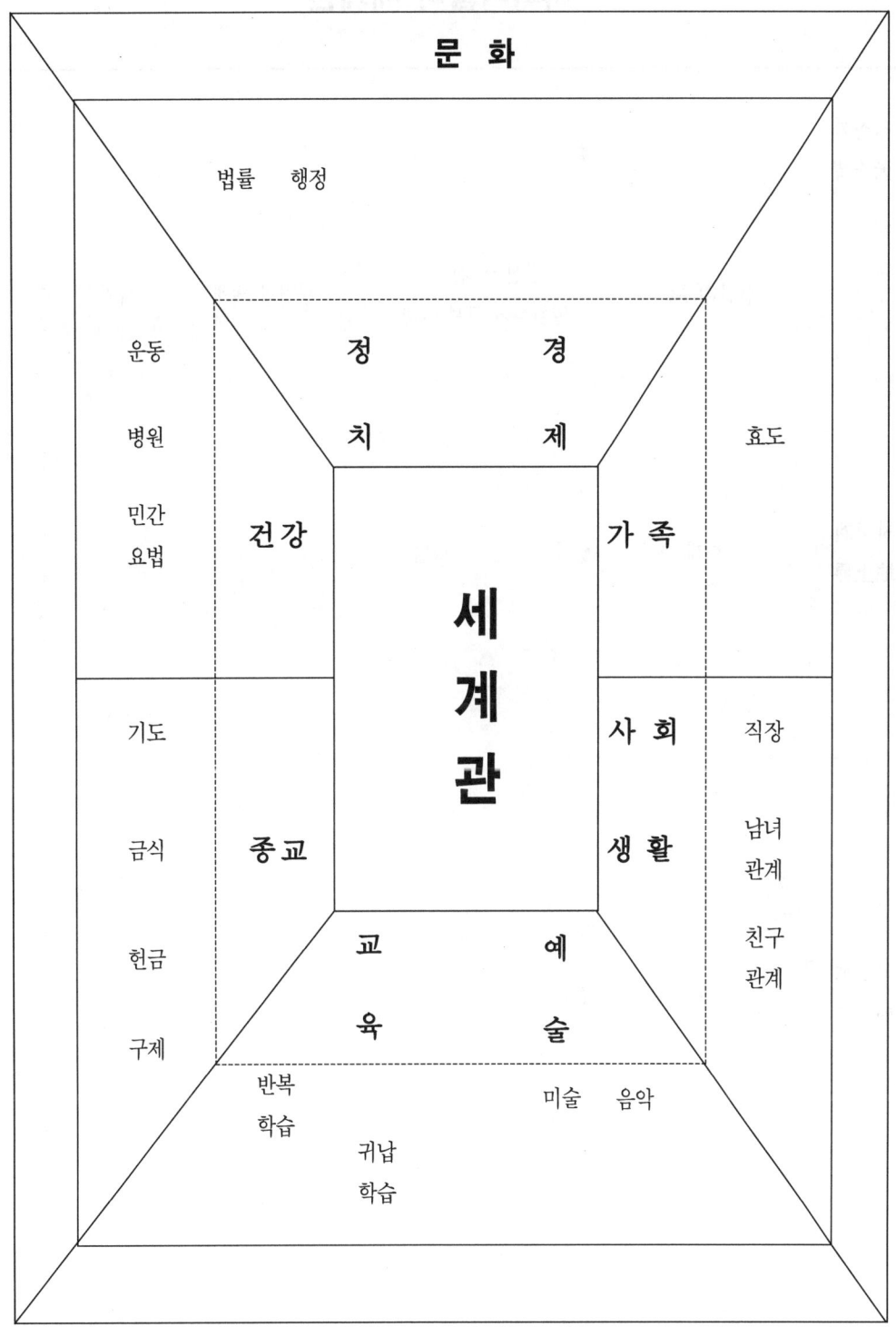

샤머니즘의 세계관

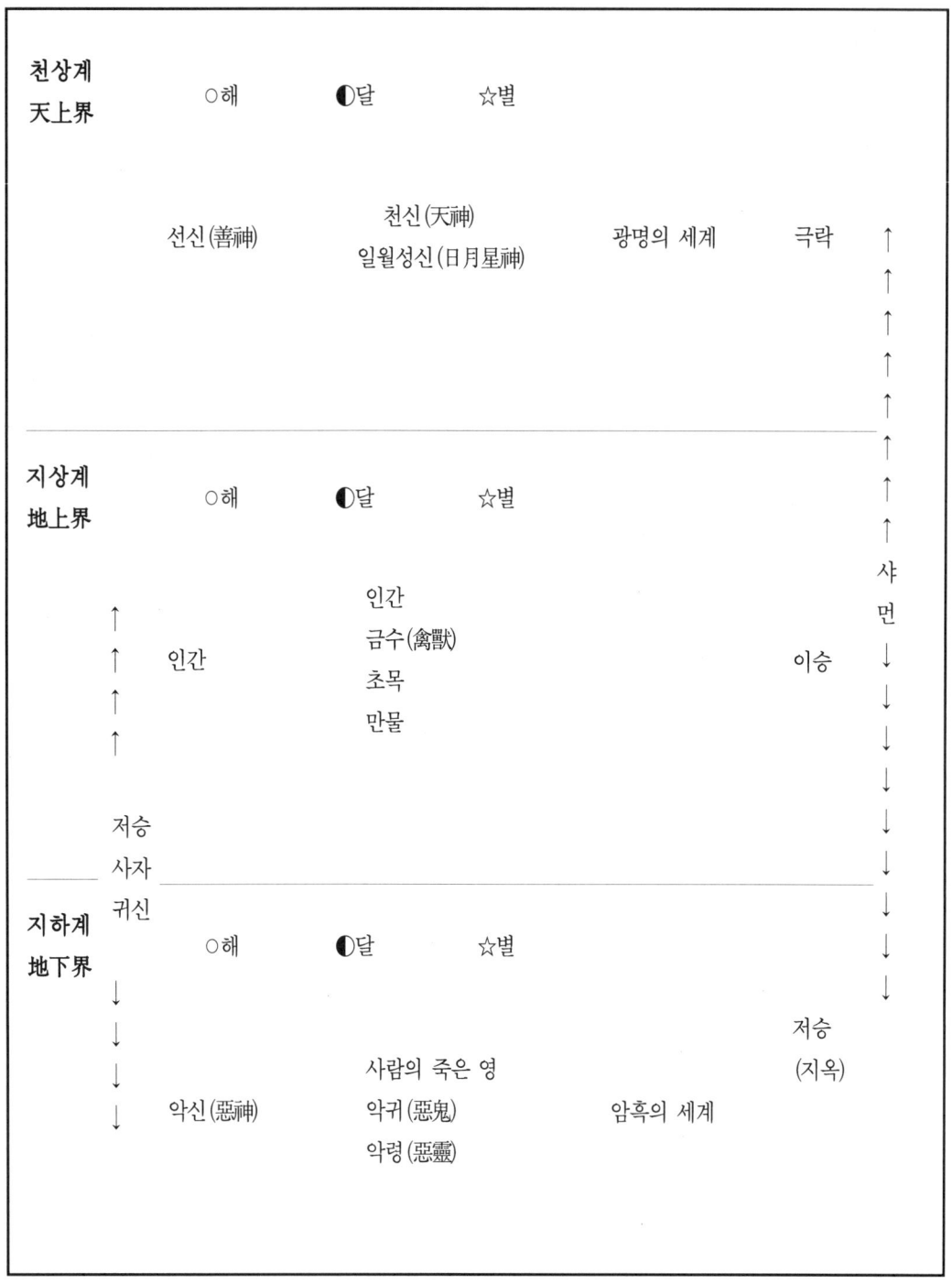

인도 세계의 존재의 고리(Chain of beings)

브라만(Brahman)
유일의 실재, 만물의 근원
찰라적(刹那的)인 현세에서는 알 수 없는 존재

실재 세계
─────────────
환상(幻像)
(찰라적 세계)

신(神)	고등 신
	하등 신

영적 존재	마귀와 영
	반신(半神)
	성자와 화육(化肉)

비가시적 세계
─────────────
가시적 세계

사람	브라민	승려
	크샤트리아	통치자
	바이샤	상인 계층
		장인 계층
		노동자 계층
	수드라	노예 계층
		불가촉천민

동물	고등동물
	하등동물

식물

무생물

서양문화권의 세계관

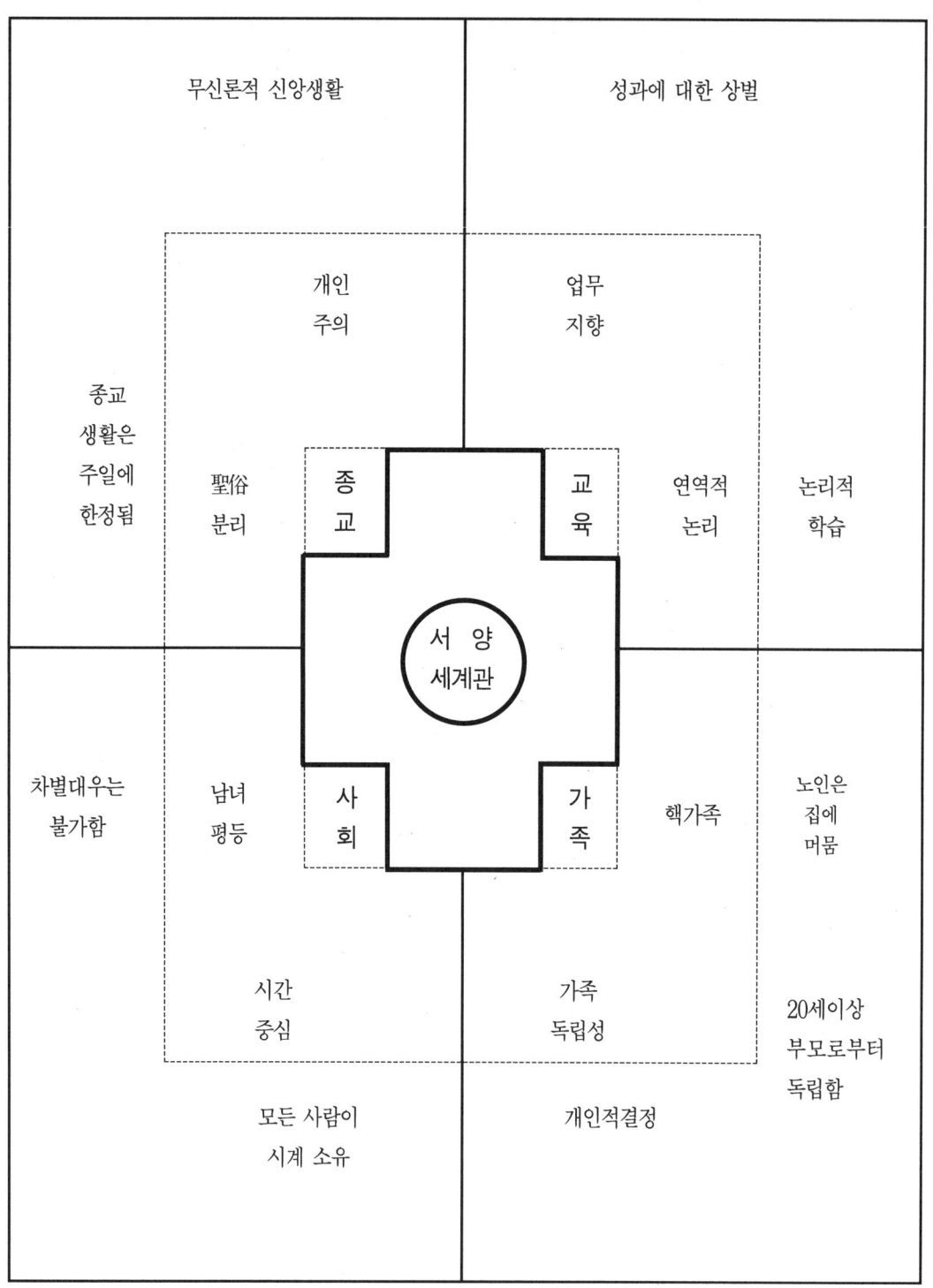

서양문화권의 존재의 고리(Chain of beings)

하나님(God)
영원
초자연적
무한한 존재

창조주

───────────

피조물

영적 세계(비가시적)　　천사, 마귀: 영적 존재

물질 세계(가시적)

인간: 영적, 육적 존재

동물: 육적 존재

식물

무생물

서구 사상의 전이

선교	식민지주의	반식민지주의	세계주의
타종교	거부	대화	진리 탐구를 위한 대화
번역	형식적	역동적 대등성	이중 번역
상징	형식=의미	형식/의미(소쉬르파)	형식↔의미↔실제
상황화	무상황화	무비판적 상황화	비판적 상황화
욕구	실제 욕구	본원적 욕구	실제 및 본원적 욕구
선교학	서구에서 동양으로	서로 배움	모든 문화로 접근
선교사	국외자	내부자	성육신적
태도	대결적	비대결적	힘든 사랑, 비헤겔적
인류학	혁명주의	기능주의	후기기능주의
문화/인간성	통일성(문화)	다양성(문화)	통일성/다양성
관점	외부적	내부적	외부적/내부적
진리	절대적	상대적	절대적/상대적
대화	화자 중심적	수신자 중심적	상보 이론
이론	하나의 이론	특별한 이론들	보충적 이론들의 통합
신학	신학	신학들	초신학
특징	조직적, 이해적	해체/다원주의자들	공동체 근거의 초신학
초점	본문(신학)	상황(사회과학)	공동체 근거의 초신학
해석학	문자적	해석적	공동체 근거의 초신학
인식론	실증주의	기구주의	비판적 영역
목표	절대적 진리	도구주의 및 문제 해결	절대적 진리와 진리 및 문제 해결
진리의 특징	절대적	상대적, 관망적	절대적/상대적
지식	객관적	주관적	객관적/주관적
통일성	통일적 이론	해체주의자 및 쿤의 패러다임들	보충적 모델들 (상화 보편적 경험들)
실제 관점	환원주의	환원주의	통합적
전망	A 문화에서	B 문화에서	초문화적 관점

Paul G. Hiebert, *Anthropological Reflexions on Missiological Issues* (Grand Rapids: Baker Books, 1994), 72쪽.

중동문화권의 세계관

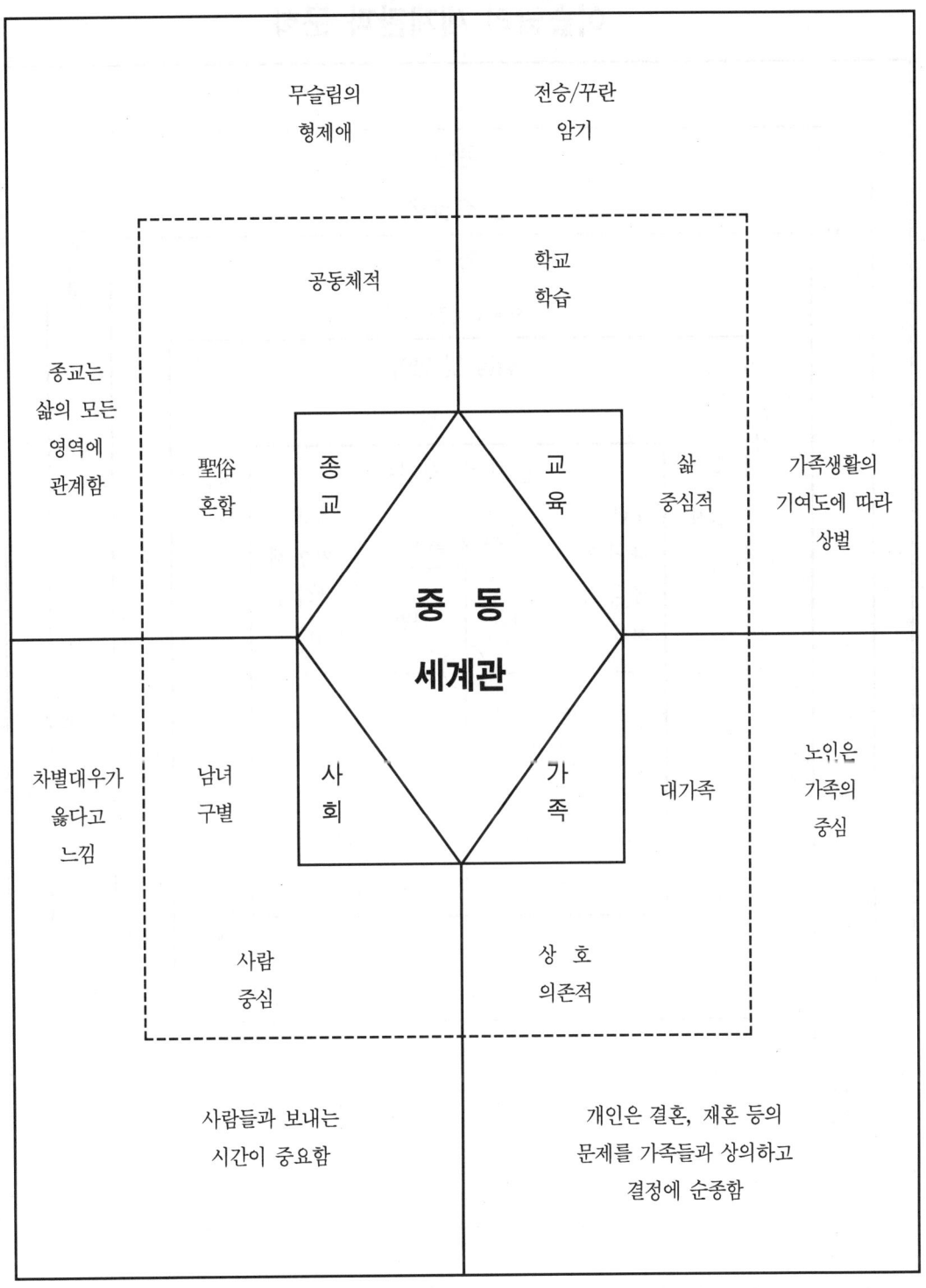

이슬람의 세계관과 문화

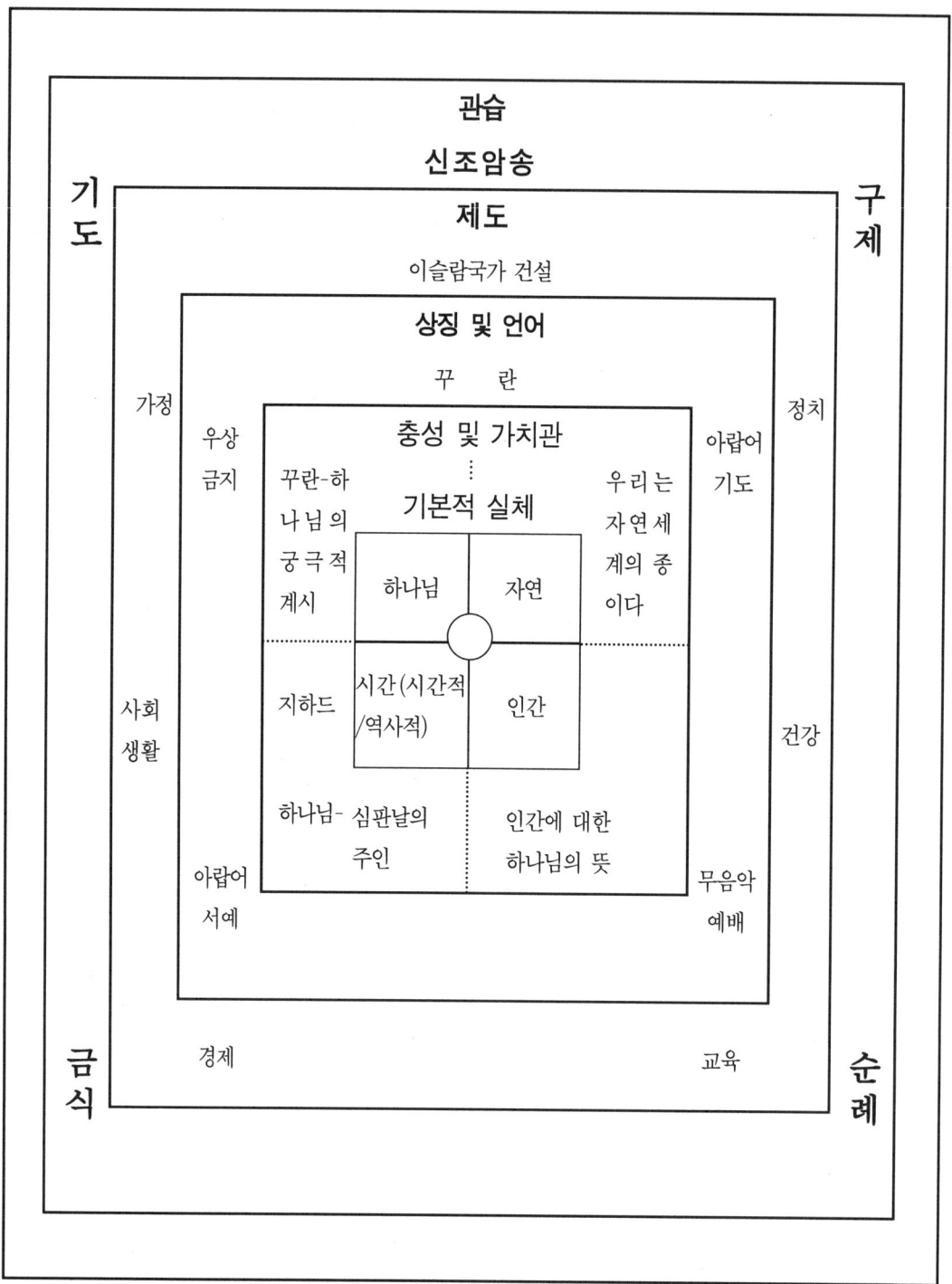

서구와 민속 이슬람의 '존재'와 '능력'에 대한 견해

서구의 견해

"존재"

| 내세 | 하나님 / 천사들 / 마귀들 | 초경험적 |
| 현세 | 인간들 / 동물들 | 경험적 |

민속 이슬람의 견해

"존재"

내세	하나님 / 천사들	
	영들 / 악령들 / 조상들	초경험적
현세	인간들 / 동물들	경험적

"능력들"

| 내세 | 마술 / 점성술 | 초경험적 |
| 현세 | 마약들 / 전기 | 경험적 |

"능력들"

내세	운명	
	마술 / 점성술 / 축복(바라카) / 악한 눈	초경험적
현세	약초들	경험적

Bill Musk, *The Unseen Face of Islam* (MARC, 1989), 176-7쪽.

민속 이슬람의 우주관

"능력"에 대한 개념 (비인격적)	"존재"에 대한 개념 (인격적)	
 내 세 의 영 역 예정론(카드르, qadr) 책들: 특별히 꾸란	하나님 천사장들: 사라피엘 　　　　　 가브리엘 　　　　　 다른 천사장들 천사들: 성(性)이 없음. 　　　　빛으로 창조됨.	초 경 험 적 영 역 들
  현 세 의 영 역 마술 주술 점성술 점 축복(바라카) 하나님 이름 암송(디크르, dhikr) 악한 눈 징조 맹세 저주 축복 prophylaxes 　꿈 ｛환상｝ 　잠 약초들 마약들 다른 자연적인 힘들	마귀들: 이블리스 　　　　다른 것들 악령: 성(性)이 있음 　　　주로 나쁜 영들임 예언자들: 사도들 　　　　　예언자들 　　　　　메신저들 죽은 성자들: 좋은 존재들 제사(자르, zar) 영들 악령으로 불리는 것들 어린이 탄생 때 나타나는 귀신들 조상들 최근에 죽은 영혼들 살아 있는 성자들 인간들: 무슬림: 남자 　　　　　　　　여자 　　　　　다른 사람들 동물들 식물들: 밀(빵) 　　　　다른 것들	 경 험 적 영 역 들

Bill Musk, *The Unseen Face of Islam* (MARC, 1989), 192쪽.

세계관 비교(유대인, 무슬림, 기독교인)

개 념	구약 유대인과 무슬림	서구 기독교인
통일성	삶의 모든 영역에서 강조됨	실용적인 가치를 가질 경우에만 통일성을 강조
시 간	과거와 전통에 높은 가치를 둠	미래를 지향함
가 족	연대 중시	개인을 강조함
평 화	조화, 통합 내면적이고 외형적인 성격 삶의 총체적 방식	만족 내면적인 성격 삶의 한 부분
명 예	모두 중요하게 고려함	높은 우선권을 둠
신 분	부귀, 가문, 이름 등과 관련된 문제	성취의 결과
개인주의	단체 혹은 집단의 강조에 종속됨	독립에 높은 가치를 둠
세속주의	전혀 수용될 수 없는 경향	널리 수용되는 경향
변 화	바람직하지 않는 현상	바람직한 현상
평 등	실행되지 않는 이론적인 현상	실행되지 않는 이론적인 현상
효 과	적거나 혹은 전혀 고려하지 않는 문제	피할 수 없는 요구

Phil Parshall, *New Paths in Muslim Evangelism*, 66쪽.

인본주의, 뉴에이지운동, 기독교의 세계관 비교

	인본주의	뉴에이지 운동	기독교
하나님과 세상	신은 없으며, 우주는 스스로 존재한다.	이 세상이 곧 신이다. 범신론	창조주/구분된 피조물
신 성	신의 존재는 미신이다.	신은 비인격적이며, 무도덕적이다.	하나님은 인격적이시며, 도덕적이시다.
우 주 론	물질, 에너지	영, 의식, 일원론	하나님에 의해 창조
인 식 론	인간이 만물의 척도다. 이성과 과학	인간 자체가 진리이며, 모든 것이 된다.	성경에 계시된 진리
윤 리 관	자율적, 상황적, 상대적	자율적, 상황적, 상대적	계시에 근거, 절대적
인 성	진화된 동물	영적 존재, 잠자는 신	타락하였지만, 하나님의 형상으로 지음받은 존재
인간의 문제	미신, 무지	진정한 잠재력의 무지	하나님을 거역한 죄
문제의 해답	이성과 기술문명	의식의 변화	그리스도를 믿음
역 사 관	직선적이며 기회적	순환적	직선적이나 섭리적
죽 음	존재의 끝	윤회적	천국 혹은 지옥
종 교 관	미신, 도덕적 가르침	모든 것이 하나됨 혼합주의	모든 것이 하나님으로부터 온 것이 아님
예수 그리스도	윤리 선생, 성인	시대의 영적 지도자	참 하나님이며 인간, 주님이시며 구원자이심

신관

견 해	다신론(多神論, Polytheism)	이상론(Idealism)
지지자	고대의 자연 종교들 힌두교 선불교 몰몬교	플라토(Plato) 요시아 로이스(Josiah Royce) 윌리엄 호킹(William Hocking) 기독교 과학자들(Christian Scientists) 헤겔(Hegel) 에머슨(Emerson)
교리의 종합	하나님의 복수성에 대한 믿음 일신론에 대한 반대로 제기됨 자연 숭배와 밀접하게 관련됨 범신론의 일반적인 짝임	하나의 모든 것을 포함하는 무한한 정신 속에서 물질과 정신을 인식하는 이원론을 설명하는 정신적인 환원주의 선/악을 포함하여 우주의 모든 요소들은 무한자에 대한 유한한 짝으로 구성되어 있음 모든 요소들은 궁극적인 선에 병합됨 선은 차례로 이상적인 실체를 나타냄
신관	하나님은 신들의 만신전(萬神殿) 속에서 많은 신들중의 하나로 전락됨 많은 신들 중에서 한 신을 섬기는 단일신론과는 다름	하나님은 절대자의 희미한 구현 완전하고, 불변하고, 초월해 있음 비인격적 존재
성경적 반박	한 분 참 하나님이 계심(신 6:4; 사 43;10-11; 고전 8:4-6; 갈 4:8)	하나님은 인격적일 뿐만 아니라 초월해 계심 (시 103:13; 113:5-6; 사 55:8-9) 인간은 본래 하나님으로부터 소외되어 있음 (엡 4:18)

신관(계속)

견해	실재론(Realism)	범신론(汎神論, Pantheism)
지지자	토마스 레이드(Thomas Reid) 신 실재론자들(Neo-Realists)	스피노자(Spinoza) 라드하르크리쉬난(Radhakrishnan) 힌두교도들 초월주의자들(Transcendentalists)
교리의 종합	일반 개념은 어떤 점에서 정신의 특별한 인식과 독립된 한 존재가 있다는 것이다. 그 순수한 형태에서 이것은 환원주의와 정반대된다. 이것은 객관성과 주관성의 균형을 추구한다. 이것은 직관의 중요성을 강조하는 골격을 체계화한다. 이것은 주체/객체 구별을 위한 근거를 제공한다.	이 견해는 만물에 대한 신의 주체성을 강조한다. 실체는 모든 물질과 정신의 정형이 없는 융합으로 묘사된다. 인격적인 존재는 하나의 탁원한 절대 정신에 삼켜졌다. 이 견해는 이신론(理神論)의 반대되는 견해이다.
신관	이 견해는 필연적으로 이상주의와 동일하다. 신은 그의 창조와 구별되며, 그래서 그는 창조물에서 초월해 있다.	신은 만물과 동등하며 그리고 만물은 신과 동등하다(신은 비인격적이며 그리고 내재적이지 초월해 있지 않다)

성경적 반박	첫 세 관점을 위해 이상주의를 보라
	인간은 신에 대한 독립적인 어떤 감각도 없을 뿐 아니라 독립적으로 영적 진리에 도달할 수가 없다(행 17:28; 고전 2:10-14)
		하나님은 인격적 초월자이심
		  (시 103:13; 113:5-6; 사 55:8-9).
		인간은 실제적인 실체
		  (창 2:7; 살전 5:23)
		제한된 자유를 지닌 도덕적 매개체
		  (요 6:44: 7:18)

신관(계속)

견해	만유재신론(萬有在神論, panenthesm)	이신론(理神論, Deism)
지지자	디오게네스(Diogenes) 앙리 베르그송(Henri Bergson) 찰스 하트숀(Charles Hartshorne) 알프레드 화잇헤드(Alfred N. Whitehead) 슈베르트 옥덴(Schubert Ogden) 존 콥(John Cobb)	볼테르(Voltaire) 토마스 홉스(Thomas Hobbes) 찰스 블룬트(Charles Blount) 존 톨란드(John Toland) 유신론적 진화론자들(Theistic Evolutionists) 토마스 제퍼슨(Thomas Jefferson)
교리의 종합	세상의 모든 가능성들을 인식하는 무한한 신 가운데서 실체와 신의 활동에 대한 견해는 인간과의 협력 속에서 세상 속에서 점진적으로 구체화됨 신은 가능성과 실재의 양극을 쥐고 있으며, 양극신론(bipolartheism)이란 용어로 사용되기도 함	자연/이성은 기본적 진리들을 나타냄 합리적인 발전으로 인해 사람은 신의 조명이 필요없이 자증하는 진리들을 이해할 수 있음 신을 알지만 우주 속에서 초자연적인 간섭은 부인함
신관	신은 무한하며 세상과 구별됨 세상과 분리되거나 독립되지 않음	신은 인격적이며 초월해 있지만 내재하지는 않음 "거리에서 조정하는" 신
성경적 반박	무한하신 하나님(시 139:7-12; 렘 23:23; 계 1:8) 초월하신 하나님(시 113:5-6) 전능하신 하나님(창 18:14; 마 28:18) 인간은 하나님을 필요로 함(행 17:28) 하나님은 인간이 필요하지 않으심 (출 3:14; 단 4:35)	내재하시는 하나님(대하 16:9; 행 17:28; 학 2:5; 마 6:25-30; 행 17:28). 인간은 선천적으로 부패함(렘 17:9; 엡 2:1-2) 구원받을 은혜가 필요함(엡 2:8-9) 인간은 "자율적이지" 못함

다양한 신관들

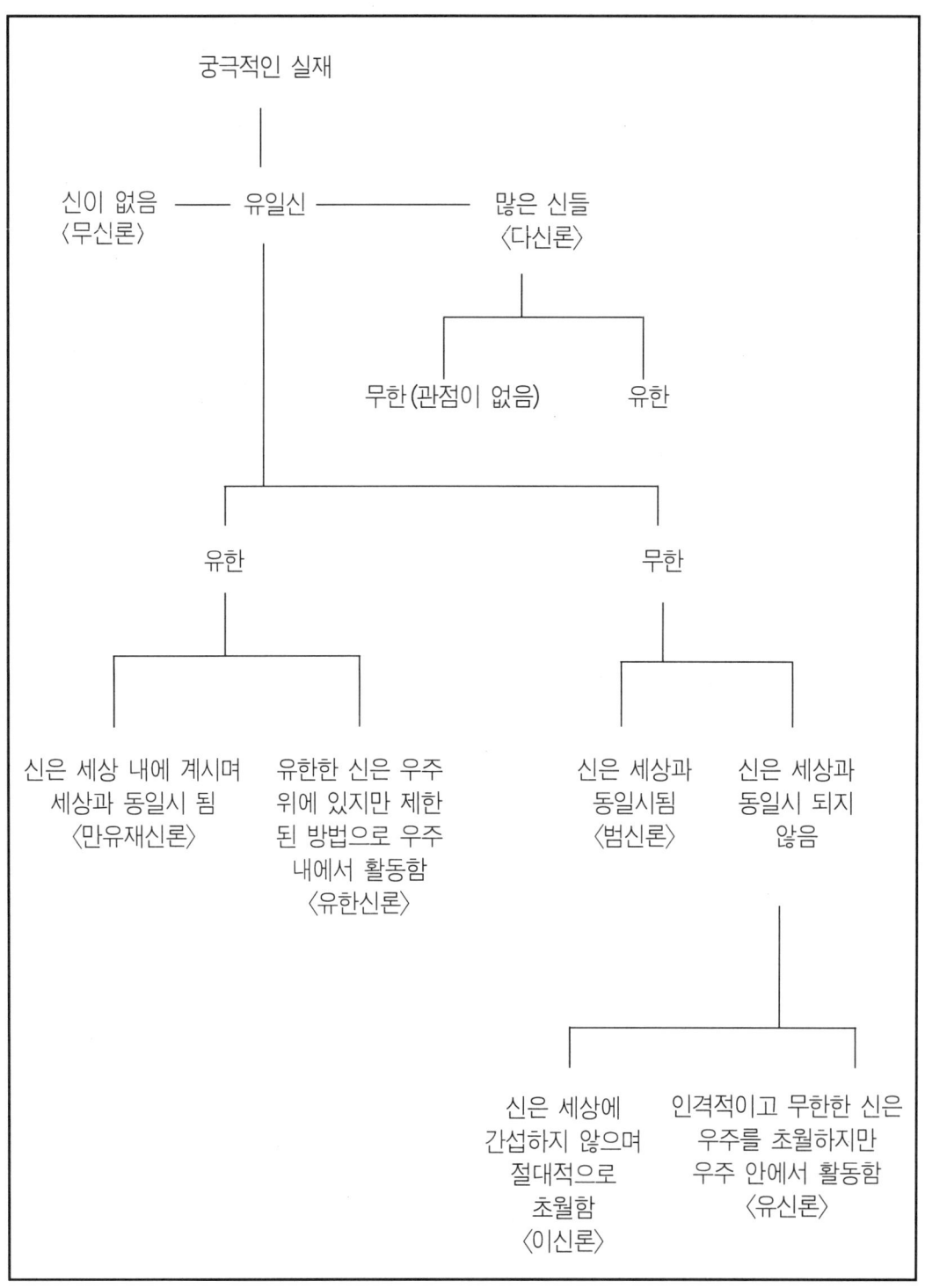

❖ 주제별 참고문헌 ❖

이 부분의 자료들은 아래의 주제별로 정리되어 있음

* 선교신학(일반)   * 선교신학(성경적 근거)   * 다원주의   * 에큐메니즘
* 선교와 정치신학 * 선교역사 / 인물   * 타종교(변증학) * 선교와 문화 및 인류학
* 커뮤니케이션   * 선교전략   * 선교사 / 훈련, 선교지, 삶   * 선교연구
* 선교행정   * 한국의 선교   * 선교저널

선교신학(일반)

강문석.	선교신학개론. 성광문화사.
김의환 외.	복음주의 선교신학의 동향. 생명의 말씀사, 1990.
문대연.	기독교 선교학. 나침반사.
박영호.	선교학. 서울: 기독교문서선교회, 1988.
뷔르클레, 호르스트.	선교신학. 서울: 컨콜디아사, 1989.
서정운.	교회와 선교. 서울: 두란노서원.
신내리.	칼빈주의 신학과 선교. 서울: 성광문화사, 1987.
신서균.	선교학 개론. 서울: 기독교문서선교회, 1993.
이동주.	현대선교신학. 서울: 기독교문서선교회, 1998.
장중렬.	교회성장과 선교학. 성광문화사.
전호진.	선교학. 서울: 개혁주의신행협회, 1989.
채은수.	선교의 이슈들. 서울: 광야, 1988.
Anderson, G. H., ed.	*The Theology of Christian Mission.* London: SCM Press, 1961.
Anderson, G. H., ed.	*Christian Mission in Theological Perspective.* Nashville: Abingdon, 1967.
Anderson, G. H., ed.	선교신학서설. 서울: 대한기독교서회, 1989.
Bavinck, J. H.	*An Introduction to the Science of Missions.* Grand Rapids: Baker Book House, 1961; 선교학개론. 전호진 역. 서울: 성광문화사, 1991.

Beyerhaus, P.	*Missions: Which Way?* Grand Rapids: Zondervan, 1971.
Bosch, David.	*Witness to the World: The Christian Mission in Theological Perspetive* Marshalls Theological Library, ed. Peter Toon. London: Marshall, Morgan & Scott, 1980; 선교신학. 전재옥 역. 서울: 두란노서원, 1990.
Bosch, David.	*Transforming Mission: Paradigm Shifts in Theology of Mission.* 11th 1996 ed. American Society of Missiology Series, No. 16. New York: Orbis Books, 1991.
Hesselgrave, David J.	신학과 선교. 전호진 역. 서울: 엠마오, 1990.
Kuiper, R. B.	전도신학(*God Centred Evangelism*). 박수준 역. 서울: 생명의 말씀사, 1993.
Newbigin, Lesslie.	*The Relevance of Trinitarian Doctrine for Today's Mission.* London: Edinburgh House Press, 1963.
Piet, J. H.	*The Road Ahead: A Theology for the Church in Mission.* Grand Rapids: Eerdmans, 1970.
Power, J.	*Mission Theology Today.* Dublin: Gill and Macmillian, 1970.
Rosin, H. H.	*Missio Dei: An Examination of the Origin, Contexts and Function of the Term in Protestant Missiological Discussion.* Leiden: Inter-University Institute for Missiological and Ecumenical Research, 1972.
Scherer, James A.	*Gospel, Church and Kingdom: Compative Studies in World Mission Theology*, 1987.
Scherer, James A.	*New Directions in Mission & Evangelization I*, 1993.
Scherer, James A.	*New Directions in Mission & Evangelization II*, 1994.
SEDOS.	*Foundations of Mission Theology.* New York: Orbis Books, 1972.
Taylor, William D., ed.	*Kingdom Partnerships for Synergy in Missions.* Pasadena: William Carey Library/WEF, 1994.
Thomas, Norman, ed.	*Reading in World Mission.* New York/London: Orbis Books/SPCK, 1995.
Thomas, Norman E, ed.	*Classic Texts in Mission and World Christianity*, 1995.
Winter, Ralph D., and Steven C. Hawthorne, eds.	*Perspectives on the World Christian Movement.* Pasadena/Carlisle: William Carey Library/The Paternoster Press Ltd., 1981.

선교신학(성경적 근거)

Allen, Roland.	*Missionary Method: St. Paul's or Ours?* reprinted 1996 ed. Grand Rapids: Eerdmans, 1962.

Burnett, David G.	*The Healing of the Nations: The Biblical Basis of the Mission of God.* revised 1996 ed. Biblical Classics Library. Carlisle: Paternoster Press, 1986.
Gnanakan, Ken R.	*Kingdom Concerns: A Biblical Exploration towards a Theology of Mission.* Bangalore, India: Theological Book Trust, 1989.
Kane, J. Herbert.	*Christian Mission in Biblical Perspective.* Grand Rapids: Baker Book House, 1976; 선교신학의 성서적 기초. 이재범 역. 서울: 나단출판사, 1988.
Legrand, Lucien.	*Unity and Plurality: Mission in the Bible.* Translated by Robert R. Barr. New York: Orbis Books, 1990.
O'Brien, Peter T.	*Gospel and Mission in the Writings on Paul: An Exegetical and Theological Analysis.* 1995 ed. Grand Rapids/Carlisle: Baker/Paternoster Press, 1993.
Peters, George W.	*A Biblical Theology of Missions.* paperback in 1984 ed. Chicago: Moody Press, 1972.
Rheenen, Gailyn Van.	*Missions: Biblical Foundations and Contemporary Strategies,* 1996.
Ridder, Richard R. de.	*Discipling the Nations.* Grand Rapids: Baker, 1971.
Scott, Jack B.	당신의 선교에 대한 개념 전통적인가 성경적인가?. 서울: 나침반사, 1991.
Senior, Donald, and Carroll Stuhlmueller.	*The Biblical Foundations for Mission.* 5th 1994 ed. New York: Orbis Books, 1983.

다원주의

김승철 편저.	종교다원주의와 기독교 I. 서울: 나단, 1993.
김승철 편저.	종교다원주의와 기독교 II. 서울: 나단.
전호진.	종교다원주의와 타종교 선교전략. 서울: 개혁주의신행협회, 1993.
한국기독교학회편.	신앙과 신학 제7집: 종교다원주의와 신학적 과제, 한국기독교신학논총 7. 서울: 대한기독교서회, 1990.
Carson, D. A.	*The Gagging God: Christianity Confronts Pluralism.* Leicester, England: Apollos, 1996.
Hick, John.	새로운 기독교 (*The Second Christianity*). 김승철 역. 서울: 나단.
Netland, Harold.	*Dissonant Voices: Religious Pluralism and the Question of Truth,* 1991.

에큐메니즘

Let the Earth Hear His Voice: Lausanne Occasional Papers. Wheaton, IL:

Lausanne Committee for World Evangelism.	
김명혁.	현대교회의 동향: 선교신학을 중심으로. 서울: 성광문화사, 1987.
김의환 외.	복음주의 선교신학의 동향. 서울: 생명의 말씀사, 1990.
조종남 편저.	로잔, 세계 복음화 운동의 역사와 정신. 서울: IVP, 1990.
Evangelization.	The Lausanne Committee for World. "Willowbank Report." In *Perspectives on the World Christian Movement*, ed. Ralph D. Winter and Steven C. Haqthorne, A-121-124. Pasadena/Carlisle: William Carey Library/The Paternoster Press Ltd., 1981.
Hoekendijk, J. C.	*The Church Inside Out.* London: SCM Press, 1966.
Hoekstra, H.	*The World Council of Churches and Demise of Evangelicalism.* Wheaton: Tyndale House, 1979.
Nazir-Ali, Michael.	*Mission and Dialogue: Proclaiming the Gospel Afresh in Every Age.* London: SPCK, 1995.
Tan, Kim-Sai.	*The Great Digression: World Evangelism since 1910: The Ecumenical Digression and Evangelical Response.* Selangor, Malaysia: Malaysia Bible Seminary, 1981.
Verstraelen, F. J., ed.	*Missiology: An Ecumenical Introduction*, 1995.
WCC, ed.	*Ecumenical Terminology.*
WCC, ed.	*Index to the World Council of Churches' Official Statements and Report 1948-1994.*

선교와 정치신학(해방신학, 흑인신학, 민중신학, 여성신학, 사회정의 등)

Kirk, Andrew.	복음주의 입장에서 본 해방신학(*Liberation Theology: An Evangelical View from the Third World*). 서울: 정음출판사, 1983.
Pieris, Aloysius.	아시아의 해방신학. 성 념 역. 아시아 신학 3. 왜관: 분도출판사, 1988.
Scott, Waldron.	*Bring Forth Justice: A Contemporary Perspective on Missiion.* Grand Rapids: Zondervan; 사회정의와 세계선교를 향한 제자도. 강선규 옮김. 서울: 두란노서원, 1988.
Sider, R. J.	*Evangelism, Salvation and Social Justice.* Bramcote: Grove Books, 1977.

선교역사/인물

웨인 하우스.	차트 신약. 박용성 역. 서울: 기독교문서선교회, 1991.
김계욱.	선교와 국제법. 서울: 총신대학부설 선교연구소, 1990.
김광수.	동방기독교사. 서울: 기독교문사, 1981.

김광수.	아시아 기독교 확장사. 서울: 기독교문사, 1981.	
김상옥편집.	아메리카 흑인 선교사의 아프리카 사역. 서울: 포도원, 1990.	
맹갈와디, 루스와 비샬 맹갈와디.	윌리암 캐리와 성경의 문명 개혁 능력. 서울: 예영커뮤니케이션, 1997.	
신내리.	칼빈주의 신학과 선교. 서울: 성광문화사, 1987.	
이장식.	아시아 고대 기독교사. 서울: 기독교문사, 1990.	
전호진.	혁명이냐, 개혁이냐. 서울: 교회교육연구원, 1990.	
조종남 편저.	로잔, 세계 복음화 운동의 역사와 정신. 서울: IVP, 1990.	
Adney, David.	중국선교. 서울: IVP, 1990.	

Anderson, G. H.　　*The Theology of Mission: 1928-1958*. Ann Arbor: Univ. Microfilms, 1960.

Anderson, Gerald H., Robert T. Coote, Norman A. Horner, and James M. Philips, eds. *Mission Legacies: Bibliographical Studies of Leaders of the Modern Missionary Movement*, American Society of Missiology Series, No. 19. New York: Orbis Books, 1994.

Arberry, A. J.　　*The Koran Interpreted*. New York: Macmillian Publishers, 1955.

Boer, Harry.　　*Pentecost and Mission*. London: Lutterworth Press, 1961.

Bosch, David.　　*Believing in the Future: Toward a Missiology of Western Culture Christian Mission and Modern Culture*, ed. Alan Neely, H. Wayne Pipkin, and Wilbert R. Shenk. Valley Forge/Leominster: Trinity Press International/Gracewing, 1995.

Burnett, David.　　*Clash of Worlds*. reprinted 1995 ed. Crowborough: MARC, 1990.

Dodd, Edward and Rose.　　*Mecca and Beyond*. Boston: The Central Committee on the United Study of Foreign Missions, 1937.

Dretke, James P.　　*A Christian Approach to Muslims*. Pasadena: William Carey Library, 1976.

Drewery, Mary.　　*William Carey, A Boigraphy*. Grand Rapids: Zondervan, 1978.

Elder, J.　　*Biblical Approach to the Muslim*. Grand Rapids: Baker, 1974.

Fernea, Elizabeth, and Basima Bezirgan, eds. *Middle Eastern Muslim Women Speak*. University of Texas Press, 1978.

Fry, George, and James R. King. *Islam: A Survey of the Muslim Faith*. Grand Rapids: Baker, 1982.

Glasser, Arthur F., and Donald A. McGavran.	
	Contemporary Theologies of Mission. Grand Rapids: Baker, 1983; 현대선교신학. 고환규 역. 서울: 성광문화사, 1990.
Goldsmith, Martin.	*Islam and Christian Witness.* Downers Grove: IVP, 1984.
Grubb, John.	*The Life and Times of Muhammed.* New York: Stein and Day, 1979.
Harnack, A. von.	*The Mission and Expansion of Christianity in the First Three Centuries.* New York: Harper, 1961.
Hesselgrave, David J.	현대선교의 도전과 전망. 장신대 세계선교원. 서울: 대한예수교장로회 총회출판국, 1991.
Hesselgrave, David J.	*Today's Choices for Tomorrows Missions.* Grand Rapids: Zondervan, 1991.
Horner, N. A., ed.	*Protestant Cross-currents in Mission.* New York: Abingdon, 1968.
Ilaim.	*What Is That in Your Hand?* Toronto: Fellowship of Faith for Muslims.
Johnston, Arthur.	세계 복음화를 위한 투쟁. 임홍빈 역. 서울: 성광문화사, 1983.
Kane, J. Herbert.	*A Concise History of the Christian World Mission: A Panoramic View of Missions from Pentecost to the Present.* Grand Rapids: Baker Book House, 1978.
Kane, J. Herbert.	기독교 세계 선교사. 박광철 역. 서울: 생명의 말씀사, 1981.
Kuhn, Isobel.	*In the Arena.* Robesonia, PA: OMF Books.
Laffin, John.	*The Dagger of Islam.* Sphere Books, 1979.
Marsh, Chales.	*The Challenge of Islam.* London: Ark Publishing, 1980.
Massey, Kundan L.	*Tide of the Supernatural: A Call to Love the Muslim World.* Her's Life Publishers, 1980.
Matheny, Tim.	*Reaching the Arabs.* Pasadena: William Carey Library.
Miller, William M.	*A Christian's Response to Islam.* Wheaton: Tyndale House Publishers, 1976.
Milton, Owen.	*Christian Missionaries.* Bridgend: Evangelical Press of Wales, 1995.
Neill, Stephen C.	*A History of Christian Missions.* reprinted 1990 ed. Harmondsworth: Penguin Books, 1964; 기독교 선교사. 홍치모, 오만규 역. 서울: 성광문화사, 1982.
Neill, Stephen C.	*Salvation Tomorrow.* London/Nashville: Lutterworth/ Abingdon, 1976.
Parshall, Phil.	*New Paths in Muslim Evangelism.* Grand Rapids: Baker, 1980.
Parshall, Phil.	*Bridges to Islam.* Grand Rapids: Baker, 1983.
Parshall, Phil.	*Beyond the Mosque.* Grand Rapids: Baker, 1985.

Philips, James M., and etc, eds.
　　　　　　　　　　Towards the 21st Century in Christian Mission, 1993.
Pieris, Aloysius.　　아시아의 해방신학. 성 념 역. 아시아 신학 3. 왜관: 분도출판사, 1988.
Rooy, S. H.　　*The Theology of Mission in the Puritan Tradition.* Delft: Meinema, 1965.
Saayman, Willem, and Klippies Kritzinger, eds.
　　　　　　　　　　Mission in Bold Humility: David Bosch's Work Considered. New York: Orbis Books, 1996.
Smith, Oswald J.　　*David Brainerd: His message for Today.* London: Marshall, Morgan & Scott, Ltd, 1949.
Smith, Wilfred Cantwell.　　*Islam in Modern History.* New York: New American Library, 1982.
Song(송천성), Choan-Seng.　　*Third-Eye Theology: Theology in Formation in Asian Settings.* Maryknoll, NY: Orbis Books.
송천성.　　아시아인의 심성과 신학. 성 념 역. 아시아 신학 1. 왜관: 분도출판사, 1982.
Stanley, Brian.　　*The Bible and the Flag: Protestant Missions and British Imperialism in the Nineteenth and Twentieth Centuries.* reprinted 1992 ed. Leicester: Apollos, 1990.
Stott, John.　　*Christian Mission in the Modern World.* 1976 ed. London/Downers Grove: Falcon/IVP, 1975.
Taylor, John B.　　*The World of Islam.* New York: Friendship Press, 1979.
Trojesen, Edvard P.　　*Frederick Franson: A Model of Worldwide Evangelism.* Pasadona: William Carey Library, 1983.
Tucker, Ruth.　　*From Jerusalem to Irianja: A Biographical History of Christian Missions.* Grand Rapids: Zondervan, 1983; 선교사열전. 박해근 역. 서울: 크리스챤다이제스트, 1991.
Verkuyl, J.　　*Contemporary Missiology: An Introduction.* Translated by Dale Cooper. Grand Rapids: Eerdmans, 1978.
Warren, Max.　　*I Believe in the Great Commision.* London/Grand Rapids: Hodder & Stoughton/Eerdmans, 1976.
Whitehouse, Aubrey H. *Introduction to Islam.* Middle East Christian Outreach.
Williams, C. Peter.　　*The Ideal of the Self-governing Church: A Study in Victorian Missionary Strategy.* Vol. I Studies in Christian Mission, ed. Marc R. Spindler. Leiden: E. J. Brill, 1990.
Wilson, J. Christi.　　*Introducing Islam.* New York: Friendship Press.
Woodberry, J. Dudley, ed.　　*Muslims and Christians on the Emmaus Road.* Monrovia: MARC, 1989.

Yates, Timothy.	*Christian Mission in the Twentieth Century.* Cambridge: Cambridge University Press, 1994.
Young, John M. L.	선교의 동기와 목적. 서울: 개혁주의신행협회, 1980.

타종교(변증학)

김정현 감수.	세계 종교사전(비 기독교편). 서울: 종로서적, 1990.
이동주.	아시아 종교와 기독교. 서울: 기독교문서선교회, 1998.
전재옥.	파키스탄, 나의 사랑. 서울: 도서출판 두란노, 1991.
전호진.	종교다원주의와 타종교 선교 전략. 서울: 개혁주의신행협회, 1993.
존 시먼즈.	타문화권 복음 전달의 원리와 적용. 홍성철 역. 서울: 세복, 1995.
존 엘더.	무슬림을 향한 성경적 접근. KTM 편집부 옮김. 서울: 도서출판 펴내기, 1992.
채필근.	비교종교론. 서울: 대한기독교서회, 1977.
Bavinck, J. H.	*The Church between Temple and Mosque: A Study of the Relationship between the Christian Faith and Other Religions.* Grand Rapids: Eerdmans; 선교적 변증학. 전호진 역. 서울: 성광문화사, 1983.
Chapman, Colin.	가서 너희도 이와 같이 하라. 전재옥 옮김. 서울: 죠이선교회출판부, 1996.
Conze, Edward.	*Buddhism: Its Essence and Development.* New York: Harper and Row, 1965.
Conze, Edward.	*A Short History of Buddhism.* London: Unwin Paperbacks, 1981.
Cooper, Ann.	우리 형제 이스마엘. 서울: 도서출판 두란노, 1992.
Latourette, Kenneth S.	*Introducing Buddhism.* New York: Friendship Press, 1956.
Maharaj, Rabindranath R.	*Escape into the Light.* Eugene, OR: Harvest House Publishers, 1977.
McDowell, Josh, and Don Stewart.	*Handbook of Today's Religions.* San Bernadino: Her's Life Publishers, 1983; 이방종교. 이호열 역. 서울: 기독지혜사, 1989.
Musk, Bill.	*The Unseen Face of Islam.* MARC, 1989.
Nida, Eugene A., and William Smalley.	*Introducing Animism.* New York: Friendship Press, 1959.
Niles, Daniel T.	*Buddhism and the Claim of Christ.* Richmond, VA: John Knox Press, 1967.
Renou, Louis, ed.	*Hinduism.* New York: Washington Square Press, 1961.
Zaehner, R. C., ed.	*Hinduism.* New York: Oxford Unversity Press.

선교와 문화 및 인류학

Bavinck, J. H.	기독교 선교와 세계 문화. 권순태 역. 서울: 성광문화사, 1990.
Bosch, David.	*Believing in the Future: Toward a Missiology of Western Culture Christian Mission and Modern Culture*, ed. Alan Neely, H. Wayne Pipkin, and Wilbert R. Shenk. Valley Forge/Leominster: Trinity Press International/Gracewing, 1995.
Conn, Harvie M.	영원한 말씀과 변천하는 세계. 최정만 역. 서울: 기독교문서선교회, 1992.
Dawson, Christopher.	선교와 서구문화의 변혁. 채은수 역. 서울: 한국로고스연구원, 1989.
Grunlan, S. A., and M. K. Mayers.	*Cultural Anthropology: A Christian Perspective*. Grand Rapids: Zondervan, 1979.
Hiebert, Paul G.	*Cultural Anthropology*. Grand Rapids: Baker Books, 1983.
Hiebert, Paul G.	문화속의 선교. 서울: 총신대학출판부, 1989.
Hiebert, Paul G.	*Anthropological Reflections on Missiological Issues*. First ed. Grand Rapids: Baker Books, 1994.
Hofstede, Geert.	*Cultures and Organizations: Software of the Mind*. New York: The McGraw-Hill Companies, Inc, 1995.
Kraft, Charles H.	*Christianity in Culture*. 12th 1995 ed. New York: Orbis Books, 1979.
Kraft, Charles H.	*Anthropology for Christian Witness 1*. Vol. 1: Section I, II, III. Pasadena: Fuller Theological Seminary, 1994.
Kraft, Charles H.	*Anthropology for Christian Witness 2*. Vol. 1: Section IV, V, VI. Pasadena: Fuller Theological Seminary, 1994.
Luzbetak, Louis J.	*The Church and Cultures: New Perspectives in Missiological Anthropology*. 6th 1995 ed. American Society of Missiology Series, No. 12. New York: Orbis Books, 1988; 문화인류학. 채은수 역. 서울: 한국로고스연구원, 1992.
Newbigin, Lesslie.	*Foolishness to the Greeks: The Gospel and Western Culture*. Grand Rapids: Eerdmans; 현대서구문화와 기독교. 서울: 대한기독교서회, 1989.
Nida, Eugene A.	*Religion Across Cultures: A Study in the Communication of the Christian Faith*. reprinted 1979 ed. Pasadena: William Carey Library, 1968; 문화 속의 종교. 채은수 역. 3판 1990, 서울: 한국로고스연구원, 1986.
Niebuhr, Richard.	*Christ and Culture*. New York: Harper and Row, 1951.
Richardson, Don.	*Eternity in Their Hearts*. Ventura: Regal Books.

Stott, John R. W., and Robert Coote, eds. *Down to Earth: Studies in Christianity and Culture*. Grand Rapids: Eerdmans, 1980.

Ward, Ted Warren. *Living Overseas: A Book of Preparations*. New York: Free Press, 1984.

커뮤니케이션

실바, 모세. *하나님 그리고 언어와 성경과의 관계*. 김재영. 서울: 나침판사, 1994.

정흥호. *복음주의 입장에서 본 상황화 신학*. 1996.

하도례. *종교와 문화의 관계*. 서울: 개혁주의신행협회, 1990.

Dyrness, William A. *Invitation to Cross-Cultural Theology: Case Studies in Vernacular Theologies*. Grand Rapids: Zondervan, 1992.

Elmer, Duane. *Cross-cultural Conflict: Building relationships for effective Ministry*. Downers Grove: IVP, 1993.

Hesselgrave, David J. *Planting Churches Cross-Culturally: A Guide for Home and Foreign Missions*. 11th 1995 ed. Grand Rapids: Baker, 1980.

Hesselgrave, David J. *Communicating Christ Cross-Culturally: An Introduction to Missionary Communication*. 2nd ed. Grand Rapids: Zondervan, 1991; *선교커뮤니케이션*. 서울: 한국로고스연구원, 1993.

Hesselgrave, David J., and Edward Rommen. *Contextualization: Meanings, Methods, and Models*. 2nd 1992 ed. Grand Rapids: Baker, 1989.

Kraft, Charles H. *복음과 커뮤니케이션: 어떻게 복음을 전할 것인가*. 김동화 역. 서울: 한국기독학생회출판부, 1991.

Kraft, Charles H. *Jesus, God's Model for Christian Communication*, 1991.

Kuhn, Thomas S. *The Structure of Scientific Revolution*. Enlarged 1970 ed. Chicago: University of Chicago Press, 1962; *과학혁명의 구조*. 초판 14쇄 1997. 서울: 두산동아, 1992.

Lee, Hyun Mo. "A Missiological Appraisal of the Korean Church in light of Theological Contextualization." Ph.D, Southwestern Baptist Theological Seminary, 1992.

Nida, Eugene A. *Message and Mission: The Communication of the Christian Faith*. revised ed. Pasadena: William Carey Library, 1990; *선교와 메시지 선포*. 채은수 역. 서울: 총신대학부설 선교연구소, 1989.

Reed, Lyman E. *Preparing Missionaries for Intercultural Communication: A Bicultural Approach*. 3rd 1994 ed. Pasadena: William Carey Library, 1985.

Rheenen, Gailyn Van. *Communicating Christ in Animistic Contexts.* Pasadena: William Carey Library, 1996.

Rommen, Edward, and Harold Netland, eds. *Christianity and the Religions: A Biblical Theology of World Religions.* Pasadena: William Carey Library, 1995.

Sanneh, Lamin. *Translating the Message: The Missionary Impact on Culture.* 6th 1995 ed. The American Society of Missiology Series, No. 13. New York: Orbis Books, 1989.

Smith, Donald K. *Make Haste Slowly: Developing Effective Cross-cultural communication.* 7th 1995 ed. Portland: IICC, 1984.

Sogaard, Viggo. *Media in chruch and Mission: Communicating the Gospel.* Pasadena: William Carey Library, 1993.

Stafford, Tim. *The Friendship Gap.* Down Grove: IVP, 1984.

Weber, Robert. 그리스도교 커뮤니케이션. 서울: 대한기독교출판사, 1990.

Woodberry, J. Dudley, ed. *Muslims and Christians on the Emmaus Road.* Monrovia: MARC, 1989.

선교전략

김계욱. 선교와 국제법. 서울: 총신대학부설 선교연구소, 1990.

김요한. 세계복음화 전략. 서울: 아가페, 1989.

Anderson, Lorna. *You and Your Refugee Neighbor.* Pasadena: William Carey Library.

Beyerhaus, Peter. 선교정책원론. 김남식 역. 서울: 성광문화사, 1990.

Galloway, Dale E. *20/20 Vision: How to Create a Successful Church with Lay Pastors and Cell Groups.* 2nd ed. Portland: Scott Publishing Company, 1986; *20/20 비전.* 서울: 서울성경학교출판부, 1994.

Hanna, Mark, ed. *The World Is Here.* Cololado Springs: International Students, Inc.

Hiebert, Paul G., and Eloise Hiebert Meneses. *Incarnational Ministry: Planting Churches in Band, Tribal, Peasant, and Urban Societies.* Grand Rapids: Baker Books, 1995.

Imboden, Dave, ed. *Mission Mobilizer's Handbook: Key Resource, Networks, Ministries and Articles for Maximizing Your Church/Fellowshhip's Impact on the Nations of the 10/40 Windows and Beyond.* Pasadena: William Carey Library, 1996.

Law, Lawson. *The World at Your Doorstep.* Downers Grove: IVP, 1984.

McGavran, Donald. *Understanding Church Growth.* revised and edited by C.

	Peter Wagner-3rd ed. Grand Rapids: Eerdmans, 1970.
McGavran, Donald.	*Bridges of God.* paperback ed. New York: Friendship Press, 1981.
McGavran, D. A., J. W.	Pickett, G. H. Singh, and A. L. Warnshuis. *Chruch Growth and Group Conversion.* Pasadena: William Carey Library, 1973.
Montgomery, James.	*DAWN 2000: Seven Milion Chruches to Go. The Personal Story of the DAWN Strategy.* Pasadena: William Carey Library, 1989.
Rheenen, Gailyn Van.	*Missions: Biblical Fundations and Contemporary Strategies*, 1996.
Wagner, Peter.	기독교 선교전략. 전호진 역. 서울: 생명의말씀사, 1990.
Werning, Waldo J.	*Vision and Strategy for Church Growth.* Grand Rapids: Baker, 1983.
Wilson, Sam, and Gordon Aeschliman.	*The Hidden Half: Discovering the World of Unreached Peoples.* MARC/World Vision, 1980.

선교사/훈련, 선교지, 삶

데니스 레인.	선교사와 선교단체. 도문갑 옮김. 서울: 도서출판 두란노, 1993.
Collins, Marjorie A.	*Manual for Today's Missionaries: From Recruitment to Retirement.* Pasadena: William Carey Library, 1986.
Goldsmith, Martin, and etc.	선교사를 돕는 최선의 방법. 서울: 두란노서원, 1989.
Kane, J. Herbert.	*Life and Work on the Mission Field.* Grand Rapids: Baker Book House, 1980; 선교사의 생활과 사역. 백인숙 역. 서울: 두란노서원, 1990.
Kane, J. Herbert.	*Wanted: World Christians.* Grand Rapids: Baker, 1986;. 세계를 품은 그리스도인, 왜 되어야 하는가. 서울: 죠이선교회, 1990.
Morgan, Helen.	*Who'd Be a Missionary.* Ft. Washington, PA: Christian Literature Crusade.
Murray, Andrew.	*The Key to the Missionary Problem.* Fort Washington, PA: Christian Literature Crusade; 선교문제를 해결하는 열쇠. 서보섭 역. 서울: 한국로고스연구원, 1989.
Reed, Lyman E.	*Preparing Missionaries for Intercultural Communication: A Bicultural Approach.* 3rd 1994 ed. Pasadena: William Carey Library, 1985.
Rum, Aida.	땅끝까지 끝날까지. 서울: IVP, 1990.
Smith, Chales.	*What If I Don't Go Overseas?* Downers Grove: IVP, 1984.
Taylor, William D., ed.	*Too Valuable to Lose: Exploring the Causes and Cure of*

	Missionary Attrition, 1997.
Wicks, Doug.	*Forget the Pith Helmet: Perspectives on the Missionary Experience.* Chicago: Moody Press.
Willson, J. Christy.	*Today's Tentmakers: Self-support; An Alternative Model for Worldwide Witness.* Tyndale House, 1979; 현재의 자비량 선교사들. 서울: 순출판사, 1990.
Young, John M. L.	선교의 동기와 목적. 서울: 개혁주의신행협회, 1980.

선교연구

International Bulletin of Missionary Research, Quarterly.

Barrett, David, ed.	*World Christian Encyclopedia.* New York: Oxford University Press, 1982.
Hesselgrave, David J., ed.	*Dynamic Religious Movements: Case Studies of Rapidly Growing Reigious Movements Around the World.* Grand Rapids: Baker, 1978.
Spradley, James P.	*The Ethnographic Interview.* Orlando: Holt, Rinehart and Winston, Inc, 1979.
Watkins, Morris.	*Missions Resource Book: Ideas Promoting Missions in the Local Chruch.* Fullerton, CA: R. C. Law & Co., Inc., 1987.
WCC, ed.	*Index to the World Council of Churches' Official Statements and Report 1948-1994.*

선교 행정

이재범.	어떻게 선교하는 교회가 될 것인가? 서울: 보이스사, 1986.
이태웅.	한국교회의 해외선교: 그 이론과 실제. 증보판. 서울:죠이선교회출판부, 1997.
한국세계선교협의회(KWMA).	한국세계선교 지도자 주소록. 1995.
한국세계선교협의회 편.	한국선교사 및 선교단체 편람. 한국해외선교회 출판부, 1992.
Anderson, Gerald H., Robert T. Coote, Norman A. Horner, and James M. Philips, eds.	*Mission Legacies: Bibliographical Studies of Leaders of the Modern Missionary Movement,* American Society of Missiology Series, No. 19. Maryknoll, N.Y.: Orbis Books, 1994.
Lane, Denis.	*Tuning God's New Instruments.* Singapore: WEF/OMF, 1990; 선교사와 선교단체. 도문갑 옮김. 두란노 선교 시리즈 14. 서울: 두란노, 1993.
Thompson, Robert R. & Gerald R.	*Organizing for Accountability:How to*

Avoid Crisis in Your Nonprofit Ministry. Wheaton, IL: Harold Shaw Publishers, 1991.

한국의 선교

김수읍.	한국교회의 해외선교. 서울: 책사랑, 1989.
손봉호 편.	한국교회와 세계선교. 서울: 엠마오, 1990.
이태웅.	한국교회의 해외선교: 그 이론과 실제. 증보판, 1997.
전호진.	혁명이냐, 개혁이냐. 서울: 교회교육연구원, 1990.
전호진 편집.	한국교회와 선교. 서울: 엠마오, 1985.
정연희.	길따라 믿음따라. 서울: 두란노서원, 1990.
한경철.	한국교회와 한국선교사. 서울: 그루터기, 1990.
한국동반자선교협의회 편.	동반자 선교. 서울: 엠마오, 1988.
한국바울선교회 편.	한국선교사들의 현장. 서울: 바울선교회, 1982.
한인선교사지도력개발회의 편.	*21세기를 향한 한국교회의 비전*, 1996.
Lee, Hyun Mo.	"A Missiological Appraisal of the Korean Church in light of Theological Contextualization." Ph.D., Southwestern Baptist Theological Seminary, 1992.
Park, Timothy Kiho.	"A Two-Third World Mission on the Move: The Missionary Movement of the Presbyterian Chruch in Korea." Ph.D., Fuller Theological Seminary, 1991.

선교저널

"선교 21세기." 월간. 21세기 세계선교회.
"세계를 품는 시간." 격월간. 왕의 아이들.
"청년학생 선교저널." 계간. 선교한국.
"한국인 선교사." 월간. 한국인 선교사.
"현대선교." 무크. 한국해외선교회 출판부.

CHRISTIAN LITERATURE CRUSADE

기독교문서선교회는 청교도적 복음주의신학과 신앙을 선포하는 국제적, 초교파적, 비영리 문서선교기관입니다.

기독교문서선교회는 한국교회를 위한 교육, 전도, 교화에 힘쓰고 있습니다.

만일 당신이 예수 그리스도와 그리스도인의 생활에 대하여 알기를 원하시면 지체말고 서신연락을 주십시오. 주 안에서 기쁜 마음으로 도움을 드리겠습니다.

서울 서초구 방배동 983~2

Tel. 586-8761~3

기독교 문서 선교회

차트 선교학

Chronological and Background Charts of Missiology

1999년 5월 30일 초판 발행
2007년 8월 30일 초판 3쇄 발행

지은이 | 박 용 민

펴낸곳 | 사) 기독교문서선교회
등록 | 제16~25호(1980. 1. 18)
주소 | 서울시 서초구 방배동 983-2
전화 | 02) 586-8761~3(본사) 031) 923-8762~3(영업부)
팩스 | 02) 523-0131(본사) 031) 923-8761(영업부)
홈페이지 | www.clcbook.com
이메일 | clc@clcbook.com

ISBN 89-341-0635-2(93230)
* 낙장 · 파본은 교환해 드립니다.